남성 특권

남성 특권

케이트 만 지음

하인혜 옮김

여성혐오는 어디에서 비롯되는가

오월의봄

이 책에 쏟아진 찬사

나는 이런 책이 나올 필요가 없었으면 한다. 남성 특권이 무엇인지, 그것이 어떻게 우리 여성들을 죽이는지 이토록 명징하고 적확하게 해체하는 책이 나올 필요가 없었으면 좋겠다. 그러나 우리가 사는 현실에 이런 책은 꼭 필요하다. 케이트 만은 바로 그러한 작업을 해낼 수 있는 대체 불가한 지적 브랜드라 할 수 있다. 만은 내가 쓰고 싶었던 책을 써주었다.

—카먼 마리아 마차도Carmen Maria Machado,
《그녀의 몸과 타인들의 파티Her Body and Other Parties》 저자

케이트 만은 우리 시대의 시몬 드 보부아르다. 《남성 특권》에서 저자는 여전히 성차별적인 사회의 규범을 굳건히 뒷받침하고 있는 여러 사회적 가정들을 낱낱이 파헤친다. 만의 글은 날카롭고 주저함이 없으면서 동시에 가볍게 잘 읽힌다. 가부장제와 계속 싸워나갈 모든 사람들에게 필요한 화력을 제공할 책이다.

—어맨다 마코트Amanda Marcotte, 《트롤 네이션Troll Nation》 저자

《남성 특권》에서 케이트 만은 어떤 망설임도 없이 젠더, 권력, 불평등과 관련한 가장 핵심적인 사안에 집중하며, 남성들이 삶 전반에 걸쳐 특권을 행사하고 있는 현실을 열띠게 비판한다. 우리가 살고 있는 현재를 이해하기 위해, 더 나은 내일을 꿈꾸기 위해 필요한 책이다.

—질 필리포빅Jill Fillipovic, 《H 스팟H-Spot》 저자

남성 특권

이 책은 도전적이며 논쟁적이다. 다루고 있는 사안의 외연이 넓고 강력한 필치가 돋보인다. 케이트 만은 탁월한 젊은 철학자로, 이 책에서 가부장제와 여성혐오에 관한 자신의 기존 이론들을 동시대의 다양한 사안들에 적용한다. 일상적 소통에서부터 보건의료 체계와 선거에 이르기까지 가부장제와 여성혐오가 얼마나 만연한지 강력한 증거를 제시한다.

— 제이슨 스탠리Jason Stanley, 《파시즘은 어떻게 작동하는가How Fascism Works》 저자

《남성 특권》은 불의를 바로잡는, 읽기 고통스러운 책이다. 케이트 만은 동시대 문화에서 여성들이 겪는 가장 폭력적인 몇몇 트라우마의 순간들로 독자들을 초청한다. 저자는 (단테의 여정과 비슷한 방식으로) 미투운동 당시 발각된 변태들과 누군가를 살해할 수 있는 인셀들의 사례에서 출발해 여성들이 경험할 수 있는 모든 종류의 지옥으로 우리를 이끈다. 그러나 만의 믿음직한 가이드는 이 공포의 상황을 건널 수 있도록 한다.

— 세이디 도일Sady Doyle,
《죽은 금발 미녀들, 그리고 나쁜 엄마들Dead Blondes, and Bad Mothers》 저자

케이트 만은 명료한 필치로 섹스, 권력, 지식, 여성들의 돌봄에 대한 남성들의 권리 행사, 그리고 의료적 관심과 무죄추정의 원칙 등과 관련해 남성들이 누리는 각종 특권이 여성혐오를 떠받치고 있음을 보여준다. 저자는 흑인여성혐오와 트랜스여성혐오를 모든 여성과 논바이너리를 '주어진 자리'에 묶어두는 적대행위와 나란히 논의함으로써, 시스젠더 남성들의 필요와 욕구를 우위에 두는 것이 인류의 나머지 절반을 해친다는 것을 면밀히 분석한다. — 케이트 하딩Kate Harding, 《요구하라Asking for It》 저자

《남성 특권》은 남성이 오직 남성이라는 이유로 사회로부터 부여받는 이점과 특권이 무엇인지 탁월하게 분석한 책이다. 케이트 만은 일상에서 벌어지는 일들을 정치하게 분석하고, 웅장한 문체와 설득력 있는 주장을 보여준다. 그는 우리가 미처 깨닫지 못했던 왜곡을 거두고 세계를 바라보는 법을 알려준다. — 샐리 해슬랭거Sally Haslanger, MIT 철학 및 여성학 교수

케이트 만은 유려한 문체와 반박 불가한 증거들로 21세기의 분노란 어떤 것인지 보여준다. 《남성 특권》은 구조적 가부장제가 갖는 힘과 가장 근본적인 단계에서 평등주의를 놓고 싸우는 여러 세대의 여성들이 거듭 직면하는 좌절감에 대해 전작에서 풀어낸 사유에서 출발한다. 《남성 특권》은 오늘날 우리가 접할 수 있는 가장 예지적이고 재능 있는 페미니스트의 목소리로, 태양의 빛만큼이나 우리에게 반드시 필요한 저작이다.

—레이첼 루이즈 스나이더Rachel Luis Snyder,
《살릴 수 있었던 여자들No Visible Bruises》 저자

케이트 만의 사유는 우아하다. 또한 남성 특권을 여성들이 영속적으로 남성들에게 채무를 지게 되는 도덕경제 구도로 이론화하는 전례 없는 시도를 보여준다. 그런 점에서 다른 페미니스트 작가들에게 힘을 주고 영감을 불어넣을 것이다. 《남성 특권》은 한 세대에 한 번 나올까 말까 한 저작이다. 언제나 그렇듯 만은 페미니즘을 더욱 풍성하고 활기차게 만들어주었다.

—모이라 도너건Moira Donegan, 《가디언》 칼럼니스트

케이트 만은 자신이 속한 세대에서 가장 위대한 정치철학자 중 한 명이다. 그의 저작은 명료하며, 설득력 있고, 엄청난 지적 충격을 선사한다.

—로리 페니Laurie Penny, 《말할 수 없는 것들Unspeakable Things》 저자

시의적절하게 출간된 《남성 특권》은 페미니스트 정전으로서 앞으로도 계속 읽힐 책이다. —제시카 발렌티Jessica Valenti, 《성적 대상》 저자

케이트 만은 가부장제의 복잡다단한 역학관계를 보여주는 사안들을 페미니즘 이론으로 꿰어낸다. 《남성 특권》은 우리가 반드시 읽어야 할 책이다.

—킴벌리 W. 크렌쇼Kimberlé W. Crenshaw, UCLA 법학과 교수

남성 특권에 관해 케이트 만이 보여준 경이로운 분석은 우리가 사는 세상을 이해하는 데 필수적이다. 중대하고 복잡한 주제에 관한 저자의 사유는 놀라우리만큼 적확하다. 저자의 통찰과 깊은 사유가 돋보이는 책이다. 지금이야말로 당신이 《남성 특권》을 읽어야 할 때이다.

—소라야 셰말리Soraya Chemaly, 《여성이 분노할 때When Rage Becomes Her》 저자

케이트 만의 필치는 경쾌하고 심지어 독자를 흥분시키기까지 한다. 자신의 결심을 적당히 부드럽게 제시하고자 하는 유혹을 떨쳤기 때문에 가능한 일이다. 저자는 수술용 메스를 든 병리학자와 같다. 내부의 병든 세포 조직을 드러내기 위해 뒤죽박죽인 논쟁들을 체계적으로 해부한다.

—《뉴욕 타임스》

권리의식에 관한 케이트 만의 개념화는 여러모로 유용하다. 중력에 관한 이론과 마찬가지로 그 개념은 크고 작은 현상들을 설명하기에 적절하다.

—《뉴요커》

케이트 만은 전문 용어 없이 명징한 언어로 남성 특권이 남성이 여성에게서 전리품을 강탈해 보전하는 행위일 뿐 아니라 하나의 총체적인 도덕 틀이라는 점을 밝힌다.

—《가디언》

케이트 만은 움찔할 정도의 명료함을 가지고 남성들의 변덕스러운 욕구에 맞춰 구성된 이 사회가 어떤 식으로 삶 전반에 걸쳐 편견을 발산하는지 논한다. 보기 드문 깊이의 통찰이다.

—《애틀랜틱》

《남성 특권》은 불완전한 세상과 싸우는 데 가장 적절한 가이드가 되어줄 것이다.

—《고등 교육 신문》

일러두기

- 본문의 주는 모두 옮긴이가 붙인 것이다. 원저자의 주는 미주로 처리했다.
- 〔 〕는 문맥의 이해를 돕기 위해 옮긴이가 추가했으며, ( )는 원저자의 것이다.
- 인명 표기는 국립국어원의 외래어표기법을 따르되, 경우에 따라 원발음에
  가깝게 표기를 조정하거나 관행화된 표기를 따르기도 했다.
- 본문에 언급된 책 중 국내에 출간된 경우에는 그 제목을 따랐다.

한국의 독자들에게

2021년 1월 서울시 임신·출산 정보센터에서 임신 중인 여성들에게 남편을 위해 밑반찬을 준비해두고, 제대로 장을 봐서 냉장고를 채워놓으라는 등의 권고 사항을 제시했다. 거기에는 외모 관리에 소홀하지 말라는 내용과 입고 있는 옷의 사이즈보다 작은 옷들을 눈에 띄는 곳에 걸어놓고 산후 체중 감량의 동기로 삼으라는 구체적인 지침도 담겨 있었다. 추후 삭제되었지만, 이런 식의 권고 목록은 한국 사회에서 발생하는 여성혐오, 성차별주의, 남성 특권주의에 관한 논쟁에 또 한 번 불을 지폈다.

이 책 역시 여성혐오와 성차별주의, 남성들만의 특권주의를 중점적으로 논한다. 미국에 살고 있는 호주인의 시각에서 책을 썼지만, 여기에서 다뤄지는 쟁점들이 다른 곳에서도 동일한 반향을 일으키길 기대한다. 나는 여성혐오가 가부장제적인 규범과 기대치를 적용하고 강제하고 강화한다고 본다. 여성으로 하여금 남성과 혼인하고, 임신하고, 충실하게 남편과 아이들을 섬기도록 강제하는 규범은 문화적 맥락에 따라 다양한 방식으로 발현되면서도, 문화적 차이를 넘어 보편적으로 작동한다. 서울시 임신·출산 정보센터가 제시한 권고안역시 여성들을 지배하고 통제하는 사례에 해당한다. 이 권고안은 여성들에게 일종의 죄책감을 주입한다. 그런 의무를 완벽하게, 애정을 담아, 예쁘게 차려입고 미소를 머금은 채 수행하지 않을 때 죄책감을 느끼도록 말이다. 이 사례를 통해 우리는 성차별주의가 가부장제가 요구하는 사회적 역할을 자연스러운 것으로 만들 뿐 아니라 정당화하고 있음을 엿볼 수 있다. 말하자면 그런 식의 권고에는 여성들이 핵가족 내에서 당연하고도 정당하게 주양육자 역할을 맡게 되어 있다는 암시가 담겨 있다.

논의를 확장해보면, 여성혐오는 남성은 특권을 누리는 반면 여성은 박탈을 경험하는 사회구조를 작동시키고, 성차별은 그런 사회구조를 정당화한다. 이러한 구조 내에서 남성들은 섹스와 같은 재화는 물론, 더욱 교묘하게는 여성들의 사랑과 존경, 애정, 돌봄과 노동 같은 재화까지 마땅히 누릴 권리가 있다고 간주된다. 이와 대조적으로 여성들은 앞서 언급한 재화들을 남성들에게 '제공할' 의무를 띤다. 이러한 사회적 역할을 거부할 경우, 여성들은 나쁘거나, 미쳤거나, 부도덕한 존재로 전락한다. 이렇게 '특권과 의무'라는, 그 자체로 심각한 불의에 해당하는 사회구조가 만들어진다. 이 구조 내에서 여성들은 재화 '제공자'로 기능하는 반면, 남성들은 자유와 쾌락 그리고 자율성을 무한대로 누리는 '존재'로 살 수 있다.

본문에서 언급된 사례들은 현재 내가 살고 있는 사회적 맥락에서 가져온 것들이다. 그렇지만 집필 과정 내내 이와 다른 사회나 문화에서 살고 있는 독자들이 자신만의 고유한 경험을 끌어오길 기대했다. 책에 제시된 사례들과 유사할 수도, 다를 수도 있는 경험을 소환하며 책을 읽어나간다면 좋을 것이다. 남성들은 숭배와 섹스, (섹스 상대의) 동의, 재생산노동과 가사노동을 누릴 특권에 더해 여성의 신체를 통제할 특권을 장악하며, 어떤 대화에든 기본적으로 '지식의 주체'로 참여해 맨스플레인을 일삼는다. 전 세계 수많은 여성 독자들이 이 사실을 익히 알고 있을 것이다. 마찬가지로 마땅히 누릴 권리가 있는 의료서비스에서 배제되는 상황 역시 많은 여성 독자들이 이미 뼈아프게 경험하지 않았을까 싶다. 여성들은 늘 히스테릭하다거나 꾀병을 부린다고 간주되어왔으니 말이다.

이 책을 한국 독자들에게 소개할 수 있어 무척이나 기쁘다. 독자들이 이 책을 읽는 데 내준 시간과 페미니스트로서의 연대에 깊이 감사드린다.

2021년 7월 뉴욕주 이타카에서
케이트 만

차례

1장

남성 특권은 어떻게 작동하는가

브렛 캐버너Brett Kavanaugh는 남성 특권이 무엇인지를 몸소 보여주는 인물이었다.* 53세의 그는 불그레한 얼굴을 한 성마른 사람이었고, (대법관 임명 인사 청문회에서) 질의응답 과정 내내 목소리를 높이고 있었다. 인사 청문회를 가당치 않은 절차, 그러니까 우스운 일 정도로 여기고 있음이 분명했다. 이는 2018년 9월의 일이다. 캐버너는 상원의회 사법위원회에서 고등학교 재학 당시 현재 51세의 심리학 박사인 크리스틴 블레이지 포드Christine Blasey Ford를 성폭행한 혐의로 조사받고 있었다. 이 청문회는 캐버너가 대법관직에 최종 임명될 수 있을지 결정하는 절차이자, 미국에서 벌어지는 성폭력과 남성 특권, 그리고 여성혐오가 작동하는 방식을 보여주는 시험대였다.

미국은 그 시험을 통과하지 못했다. 대략 36년 전쯤 캐버너가 당시 15세였던 포드에게 강간을 시도했다는 상당히 신빙성 있는 증거가 제시되었음에도, 캐버너는 간소한 차이로 다수표를 얻어 대법관직에 임명되었다.

포드는 메릴랜드에서 열린 한 파티에서 캐버너와 그의 친구 마크 저지Mark Judge가 자신을 방 안으로 "밀어넣어" 강간을 시도했다고 증언했다. 캐버너가 자신을 침대에서 꼼짝 못

---

* 　브렛 캐버너는 2018년 7월 9일 도널드 트럼프 전 미국 대통령에 의해 대법관 후보로 지명되었다. 당시 캐버너는 워싱턴 DC 연방 항소법원 판사로 재직 중이었다. 트럼프 전 대통령과 공화당 측이 캐버너의 기소 사실에도 불구하고 그를 밀어붙인 것은 결코 우연이 아니다. 무엇보다 캐버너가 보수적 성향의 헌법 원전주의자라는 점이 중요하게 작용했다고 해석할 수 있다. 종신직인 대법관을 임명하는 사안은 치열한 당파 간 공방전이 벌어지는 장이다. 집권당의 도덕적 편향이나 헌법 해석을 옹호하는 판사를 임명해야 추후 유리한 법리 해석과 판결이 가능하기 때문이다.

하게 만든 다음, 자신을 더듬고, 사타구니를 자신에게 갖다 댔다는 혐의를 제기했다. 포드에 따르면, 캐버너는 포드의 옷을 벗기려 했고 포드가 소리치지 못하도록 입을 틀어막았다고 한다. 포드는 캐버너가 우발적으로 자신을 질식사시킬까봐 두려웠다고 회고했다. 저지가 침대로 뛰어올랐을 때 두 남자를 발로 걷어차고 가까스로 현장에서 도망칠 수 있었다고 포드는 증언했다.[1]

포드는 그 사건과 사건이 남긴 트라우마에 대해 설명하면서 "그들의 웃음소리가 머릿속에서 지워지지 않았다"고 말했다. 그러나 포드(의 증언)를 믿는다고 공공연하게 말하는 많은 사람들조차 포드가 겪은 일이 캐버너의 배경과 사회적 평판에 비춰볼 때 캐버너가 응당 누려야 할 권리를 박탈할 만큼 중요한 일은 아니라고 생각했다.[2] 물론 포드가 거짓말을 하고 있고, 뭔가를 착각했다며 그녀의 증언을 믿지 않은 사람들도 있었다.[3]

* * *

캐버너의 청문회 기사가 모든 일간지의 1면을 장식하던 당시, 나는 남성 특권과 그것이 여성들에게 끼치는 해악에 대해 꽤 오랫동안 고민하고 있었다. 그 청문회 사례는 내가 연구해왔던 사회적 역학의 여러 측면을 압축적으로 제시했다. 그 사건은 특정 집단에게 부여되는 **권리/자격**entitlement이 무엇인지 완벽하게 보여줬다. 특권을 가진 한 남성이 연방대법원 법관으로 임명되는 순간에도 오히려 그가 다른 사람들에게 호의를 베풀고 있다는 관념 말이다.[4] 캐버너가 청문회 기간 동안 보인 억울해하는 태도, 호전적인 언사, 때로 거의 통제되지 않은 행동 등을 보건대 캐버너 자신도 이를 인식하고 있었음이 틀림없다. 포드 박사가 보인 차분하고 침착한 태도, 그리고 상원의원들의 질문에 응답하면서 "협조하고자 했던" 가슴 아픈 노력과 대조적으로 캐버너는 자신이 질문받고 있다는 사실에 비분강개했다. 특히 질문자가 여성인 경우 더 화를 내는 것 같았다. 〔민주당〕 상원의원 에이미 클로부차Amy Klobuchar가 캐버너에게 물었다. 이 질의 응답 과정은 악명 높은 것으로 익히 알려져 있다. "그러니까 의원님은 술을 너무 마셔서 그 전날 밤 무슨 일이 있었는지 전혀 혹은 부분적으로 기억하지 못한 적이 한 번도 없었다는 겁니까?" "일시적 기억상실에 대해 물으신 건가요? 글쎄요. 그쪽은 그런 적이 있습니까?" 캐버너는 경멸조와 징징대는 어조를 섞어가며 이런 식으로 대답했다.[5]

캐버너의 사례는 또한 **힘패시**himpathy가 무엇인지 잘 보여준다. 힘패시란 권력이나 특권을 가진 남성이 성폭력을 저지르거나 여성혐오적 행위를 했을 때 오히려 여성 피해자보다 더 공감과 염려를 받는 현상을 일컫는다. 〔공화당〕 상원의원 린지 그레이엄Lindsey Graham이 청문회 도중 거품을 물고 분노한 것을 보면 남성 가해자를 불쌍히 여기며 그의 안위를 염려하는 태도가 무엇인지 알 수 있다.

그레이엄: (민주당 의원들에게) 의원님들은 이 사람의 인생을 망치고 싶은 거죠? 대법관직을 공석으로 남겨두면서도

2020년 대선에서는 이기고 싶은 건가요? …… (캐버너에게) 당신이 사과할 필요는 없을 겁니다. 소토마요르 대법관이나 케이건 대법관을 만나시거든 제 안부를 전해주세요. 왜냐하면 제가 그분들을 위해 투표했거든요.* (민주당 의원들을 향해) 나는 당신들이 이 사람[캐버너]을 대하는 것처럼 그 대법관들을 대하지는 않을 겁니다. …… (캐버너를 향해) 집단강간을 저질렀습니까?

캐버너: 아니요.

그레이엄: 당신이나 당신 가족이 겪었을 고초를 상상하기도 어렵군요. (민주당 의원들을 향해) 그러니까, 당신들 모두

---

* 연방대법원Supreme Court of the United States, SCOTUS은 대법원장을 포함해 아홉 명의 대법관으로 구성된다. 연방 대법관은 상원의 동의하에 대통령이 임명하는 종신직이며, 사망이나 탄핵, 또는 자의에 의한 사직이나 은퇴를 제외하면 영구적으로 유지된다. 연방 대법관은 자신의 정치적 성향이나 입장을 공식적으로 밝히지 않지만, 개별 대법관을 지명한 대통령과 대통령이 속한 정당을 통해서도 대법관의 성향을 분류하기도 한다.

대법관직에 공석이 나면 재임 중인 대통령이 사법철학과 공직수행 기록 등을 근거로 자신 혹은 자신이 소속된 당과 정치적 견해를 같이하는 대법관 후보를 지명한다. 일례로 오바마 전 미국 대통령 재임 당시 임명된 소니아 소토마요르Sonia Sotomayor 대법관은 히스패닉계로서 최초로, 여성으로서는 (루스 베이더 긴즈버그Ruth Bader Ginsberg에 이어) 세 번째로 대법관직에 임명되어 역사적인 사례로 기록되었다.

대통령의 대법관 후보 지명은 언제나 정치적 논란을 초래한다. 2016년 3월 오바마 전 대통령의 임기가 6개월 정도 남은 시점에 대법관 공석이 났을 때도 마찬가지였다. 오바마 전 대통령은 메릭 갈랜드Merrick Garland를 임명하려 했으나, 공화당 당대표인 미치 매코넬Mitch Mcconell의 반대에 의해 불발됐다. 그는 임명 동의까지 시일이 걸리니 대법관 임명을 다음 대통령에게 넘겨야 한다고 주장했다. 그러나 2020년 10월 트럼프 전 대통령은 이러한 선례에도 불구하고 임기가 두 달 남짓 남은 상황에서 지명을 강행했다. 그 결과 에이미 코니 바렛Amy Coney Barrett이 대법관직에 임명되었다.

임명 동의 절차에서 상원은 대법관 후보의 도덕성과 정치적, 법적 견해를 검증한다. 특히 상원은 대법관 후보에 대한 임명 동의 절차에서 더욱 엄격한 기준을 적용해왔으며, 그 때문에 임명 동의 거부율이 현재 20퍼센트가량에 이른다.

권력을 원하는 거죠. 부디 그 권력을 당신들이 얻지 못하길 바랍니다. 미국 국민들이 이 형편없는 속임수를 다 꿰뚫어 볼 거라 생각해요. …… 당신들은 포드 박사를 보호할 의도가 전혀 없었군요. 전혀요. (캐버너에게) 당신이 피해자인 것만큼이나 포드 박사도 피해자예요. 정말이지 이렇게 말하고 싶지 않지만, 이 사람들은 내 친구들이기도 했어요. 그렇지만 이 사건에 관해서는, 이렇게 말해두지요. 공정한 절차를 원한다고요 캐버너? 당신은 좋지 않은 타이밍에 번지수를 잘못 찾아온 셈이죠. 이게 임용 면접이라고 생각하시나요?

캐버너: 자문과 동의가 임용 면접의 일부라면, 이것도 일종의 임용 면접이라 할 수 있겠죠.

그레이엄: 스스로 생각하기에 당신이 임용 면접을 잘 통과해온 것 같나요?

캐버너: 나는 헌법이 정한 규칙에 따라 자문과 동의 절차를 밟고 있습니다. 그러니까—

그레이엄: 지옥에라도 다녀온 것 같다는 말씀인가요?

캐버너: 말하자면 지옥 근처를 다녀온 것 같습니다.

그레이엄: 이건 [합당한] 임용 면접이 아닙니다.

캐버너: 동의합니다.

그레이엄: 이건 너무나 끔찍한 상황입니다.

그레이엄은 캐버너와 같은 지위에 있는 남성이 미국에서 가장 높은 수준의 도덕적 권위가 보장되어야 하는 직위에 오르기 위해서 심각하고도 신빙성 있는 성폭력 가해 혐의에 응대하는 행위, 그리고 연방수사국FBI의 약소화된 조사를 받는 것을 황당한 수준을 넘어 지독히 모욕적인 일이라고 생각하고 있다. 또한 그레이엄의 이런 태도에 한층 더 대담해진 캐버너가 그와 동일한 생각을 하고 있으며, 자기연민에 빠질 기회를 제대로 잡았음이 분명히 드러난다. 그레이엄은 민주당이 당파적 이득을 위해 캐버너의 진술을 불신했다고 암시하며 캐버너가 피해자인 만큼 포드**도 피해자**라고 립서비스를 했지만, 포드나 그녀의 가족에 대해 비등한 수위의 공감을 내비치지는 않았다. 그레이엄은 이후 폭스 뉴스에 나와 "포드 박사는 문제가 있어요. 캐버너 판사의 인생을 망친다고 해서 자기 문제가 해결되는 건 아닙니다"라고 말한 바 있다.[6]

힘패시가 작동하는 이 상황에서 그레이엄에게는 캐버너가 **진짜** 피해자인 것처럼 보였다. 캐버너와 같은 남성이 대법관으로 임명되는 것에 동의하지 않는 것은 일차적으로 그에게서 기회를 빼앗는 일일 뿐 아니라, 그의 인생을 망치는 것에 버금가는 일이 되었다.[7] 이러한 힘패시 수사법을 활용해 포드를 서슴없이 비난한 사람은 린지 그레이엄 같은 남성들뿐만이 아니었다. 포드를 비난하는 사람들 중에는 상원의원, 언론인, 일반인 등 다양한 배경을 가진 여성들도 상당수 있었다.[8]

결론적으로 캐버너 사례는 여성혐오가 어떤 속성을 갖고, 어떻게 기능하는지 적실히 보여준다. 전작 《다운 걸Down Girl》에서 나는 여성혐오가 여성에 대한 천편일률적이고, 심리적으로 인이 박힌 혐오 방식으로 이해되어선 안 된다고 주장

남성 특권

한 바 있다. 대신 나는 여성혐오가 가부장제의 "법적 실행"의 일부분으로 개념화되어야 한다고 제안했다. 즉 여성혐오라는 구조는 젠더화된 규범과 기대치를 존속시키고 집행하는 동시에 여성들을 극한의 적대적 환경에 몰아넣는다.[9] 다시 말해 여성들은 수많은 요인 중 여성이라는 성별로 인해 그런 환경에 처하게 된다. 포드가 경험한 성폭력은 (참고로 나는 포드의 진술을 믿는다) 여성혐오의 이런 특징을 잘 보여준다. 왜냐하면 여성은 남성에 비해 이런 종류의 폭력을 겪을 확률이 높기 때문이다.[10] 덧붙이자면, 여성혐오는 보통(언제나 그런 것은 아니지만) 여성들이 성별 논리가 내포된 "법과 규칙"을 위반했을 때 촉발되는 반응이다. 권력을 가진 남성이 자신에게 행한 폭력에 대해 말한다는 이유로 포드가 겪은 폭력적인 메시지와 살해 위협 역시 그런 처벌을 명시하는 사례이다.[11]

내가 보기에 여성혐오가 작동하는 방식은 미국 교외지역에서 보이지 않는 경계선 너머로 나가지 못하도록 개들에게 전기 충격을 가하는 목걸이의 기능에 비견될 수 있다. 여성혐오는 분명 고통을 초래할 수 있고, 실제로 빈번히 고통을 초래한다. 적극적으로 누군가를 해하지 않을 때조차 여성들을 어떤 경계 안에 옭아매는 것이 여성혐오다. 우리는 경계를 위반하거나 어떤 과오를 범할 때에야 비로소 애초에 왜 자신이 경계 안에 갇혀 있었는지 그 이유를 깨닫는다.[12] 그렇기에 우리는 포드의 증언이 얼마나 용기 있는 것이었는지 알 수 있다.

성차별은 여성혐오와 대조적으로 가부장제의 이론적, 이데올로기적 부산물이다. 가부장제의 규범과 기대치를 이성적으로 납득시키고, 자연스럽게 만드는 데 복무하는 신념, 관념, 전제들이 전부 여기에 해당된다. 성차별에 기반한 노동 분배와 대대로 남성의 권력과 권위가 작동해온 영역에서 남성이 여성보다 우위를 점하는 일들이 성차별의 예다. 이 책은 성차별보다 여성혐오에 중점을 두지만, 이 두 개념이 함께 작동한다는 사실을 인식해야 한다.

딱히 여성에 대한 성차별적 개념을 갖고 있지 않은 사람이라 할지라도 여성혐오적 행위를 할 수 있다는 사실을 알 필요가 있다. 캐버너는 성적 위법행위를 저질렀다는 혐의를 받자 스스로를 변호하며 자신이 다수의 여성 서기관을 채용했다는 사실을 근거로 내세웠는데, 사실 이것은 제대로 된 근거라 할 수 없다.[13] 어떤 남성들은 여성이 법률, 경영 또는 정치 분야 등에서 지적 성취를 보인다고 생각하며, 바로 그런 이유를 들어 그 분야에서 여성을 자신의 부하직원으로 기꺼이 고용하려 한다. 동시에 이 남성은 여성 노동자나 다른 여성들에게 성폭력 따위의 여성혐오적 행위를 일삼는다. 대개의 남성의 경우 특정 한도 내의 권력을 여성에게도 배분할 의향이 충분히 있다. 물론 여성이 자신을 위협하거나 자신에게 도전하지 않는다는 전제하에서 말이다. 그러나 만일 여성이 자신을 위협하거나 자신에게 도전해오면 남성 권력자는 자신의 지위에 만족하지 못하는 여성을 처벌한다. 나는 이런 남성 권력자가 성차별주의자보다는 여성혐오주의자에 더 가깝다고 해석한다.

여성혐오에 관한 나의 논의는 전반적으로 여성혐오를 **실**

행하는 **개별 남성들**보다 여성혐오의 **대상** 혹은 **피해자**에게 초점을 맞출 것을 제안한다. 이는 적어도 두 가지 측면에서 유용하다. 첫째, 어떤 식으로든 개별적으로 여성혐오를 실행한 사람을 찾을 수 없는 여성혐오 사례들이 있다. 여성혐오란 순전히 사회구조 내에서 벌어지는 현상이며, 사회적 관습, 정책, 넓은 의미의 문화적 통념에 의해 작동한다.[14] 둘째, 여성혐오를 남성들이 마음 깊숙이 **느끼는** 감정이 아니라 여성이 **직면하는** 적대행위로 이해하게 되면 〔가해자의 동기를〕심리학적으로 이해할 수 없다는 덫을 피할 수 있다. 심리상담가가 아니고서야 누군가의 내밀한 마음 상태와 궁극적인 동기를 파악하기란 대체로 어렵다. (설령 상담가라 하더라도 타인의 내면에서 벌어지는 일은 불가해하기 마련이다.) 그러나 내가 여성혐오를 정리하는 방식에 따르면, 우리는 어떤 사람이 여성혐오를 실행에 옮겼거나, 여성혐오가 가능한 환경을 조성했을 때 그 사람이 가슴 깊이 무엇을 느끼고 있는지 알 필요가 없다. 우리가 알아야 할 것은 훨씬 입증하기 쉬운 곳에 있다. 그건 바로 여성이 명백히 성별에 근간을 둔 적대와 마주하고 있다는 사실이다. 단지 **남성이 지배하는 세계에 사는 여성**이라는 이유로, 다시 말해 역사적으로 가부장제가 지배해온 사회에 사는 여성이라는 이유로 말이다.[15] 〔이와 같은 논리를 따라〕여성이 여성혐오를 겪는 건 여성이 **남성의 마음 깊숙한 곳에 살기** 때문이라는 식으로 설명할 필요는 없다. 어떤 경우 그런 지점은 쟁점화되지 않는다. 결국 내가 이전에 언급했듯, 남성뿐 아니라 여성도 여성혐오적 행위를 할 수 있다. 예를 들어 여성이 다른 여성을 평가절하한다든가, 남성의 여성혐오주의적 행위를 면책하는 도덕주의에 연루되어 있으면서도 다른 여성이 그런 면모를 보이면 가차없이 비난하는 행위가 그렇다.

그래서 나는 여성혐오를 여성들이 직면하는 사회적 환경의 특징으로 이해하는 것이 최선이라고 주장한다. 그런 사회 환경에서 여성들은 혐오로 가득하거나 적대적인 대우를 받게될 가능성이 크다. 단지 여성이라는 이유로, 그리고 여러 사례들에서 동시에 드러나듯 여성으로서 하면 안 될 "나쁜" 행동을 했다는 이유로 말이다. 여성혐오주의자로 불려 마땅한 개별 인물들이 존재하는 현실을 더욱더 부정하고 싶지 않은 건 그 때문이다. "여성혐오주의자"라는 단어가 비판과 경멸의 뉘앙스를 띤다는 점은 이 용어를 아무 상황에서나 남발하면 안되는 이유가 된다. 그렇게 되면 이 중요한 단어가 언어적 무기로서 갖는 힘과 "역량"을 잃어버릴 수도 있다. 그래서 나는 여성혐오주의자를 여성혐오를 영속시키기 위해 **과도한 열성을 보이는** 사람을 칭하는 말로 정의할 것을 제안한다. 다시 말해 유독 높은 빈도로, 일관성 있게 여성혐오를 실천하는 사람을 뜻한다. 이러한 정의는 우리 **모두**가 얼마만큼은 여성혐오적 사회구조의 공범이라는 중요한 진실을 일깨워준다. 그러나 동시에 다수의 사람들, 특히 반여성주의에 적극적으로 저항하는 사람들까지 전부 여성혐오주의자로 부르는 것은 옳지 않다. 그러한 딱지는 중대 여성혐오 가해자들에게 붙여야 마땅하다. 이어지는 장에서 우리는 그런 여성혐오주의자들 여럿과 마주할 것이다.

* * *

《다운 걸》을 집필하던 당시 나는 여성혐오가 여성 전반이 직면하는 적대적 태도로 정의되어야 하고 이러한 적대성이 성별화된 규범과 기대치를 유지하고 집행하는 데 기여한다는 추상적 주장에 골몰해 있었다. 그러나 이 정의는 이후 여러 질문들을 촉발했고, 지금껏 나는 그 질문들과 씨름하고 있다. 여성혐오가 유지하고 강요하는 성별화된 규정과 기대치들이란 무엇인가? 특히 내가 위치한 (미국이라는) 환경처럼 상대적으로 평등한 사회라는 평판을 유지하고 있는 사회 안에서 작동하는 성별화된 규범과 기대치는 무엇일까?[16] 여성혐오의 결과로 빚어진, 때로는 미묘한 사회적 역학은 어떤 방식으로 삶의 여러 영역에서 여성과 논바이너리non-binary의 가능성에 제약을 가하는가? 매일의 일상에서 구체적인 방식으로 작동하는 여성혐오라는 구조 안에서 남성들은 어떤 방식으로 불공평한 **이득**을 취하는가? 이러한 문제들을 짚는 과정에서 나는 여성혐오가 다른 유사 사회악들과 긴밀히 연결되어 있음을 점차 깨닫게 되었다. 특히 킴벌리 W. 크렌쇼Kimberlé W. Crenshaw가 선구적으로 제시한 교차성 이론*은 우리가 이러한 접점에 관심을 기울이도록 이끈다. 여성혐오와 교차해서 살필 문제들로는 인종주의 (특히 백인우월주의), 외국인혐오, 계급주의, 동성애혐오, 트랜스젠더혐오, 비장애능력주의ableism 등을 꼽을 수 있다.[17]

여성혐오는 결코 보편적 경험이라는 형태로 존재할 수 없다. 성별화된 규범과 기대치가 언제나 또 다른 불공정한 구조, 즉 여타의 여성 집단들이 직면하게 되는 새로운 형태의 억압을 만들어내는 사회구조와 교차하기 때문이다. 이어지는 장들에서 나는 미국의 트랜스여성과 흑인 여성들이 경험하는 특정 형태의 여성혐오에 집중해 논의를 이어나갈 것이다. (내가 이 분야의 권위자라고 주장하려는 것은 아니다.) 그리고 이런 혐오를 트랜스여성혐오transmisogyny와 흑인여성혐오misogynoir라고 구분지어 명명한다. 시스젠더이자 이성애 백인 여성으로서 나는 이 분야에서 목소리를 내는 사람들 중 특히 탈리아 메이 베처Talia Mae Bettcher, 트레시 맥밀런 코텀Tressie McMillan Cottom, 재즈민 조이너Jazmine Joyner의 통찰에서 큰 도움을 얻었다.

이 책은 여성혐오, 힘패시, 남성 특권이 여타의 억압적 시스템과 결합해 작동하면서 불공평하고 왜곡된, 때로는 기이한 결과를 낳는 과정을 추적한다. 이러한 결과물은 여성들이 대대로 여성적 재화로 여겨져온 것들(예컨대 섹스, 돌봄, 양육, 재생산노동)을 특정 남성, 다시 말해 종종 특권적 지위를 누리는 남성들에게 **제공하도록** 요구받는 데서 기인한다. 동시에 여성

---

* 교차성intersectionality은 흑인 페미니스트 법학자 킴벌리 W. 크렌쇼가 〈인종과 성의 교차를 주류화하기Demarginalizing the Intersection of Race and Sex〉 〈주변부들을 지형화하기Mapping the Margins〉라는 논문에서 밝힌 개념이다. 크렌쇼는 성차별과 인종차별을 동시에 경험하는 흑인 여성이 흑인해방운동이나 여성운동에서 제대로 대변되거나 재현되지 못하는 상황을 다루기 위해 '교차성'이라는 개념을 고안했다. 크렌쇼는 '흑인' 내지는 '여성'이라는 분리된 정체성 범주를 내세우는 정체성 정치학identity politics이 그런 범주 안에 존재하는 다양한 차이들을 뭉뚱그리거나 간과한다고 비판하며, 그 틀로 설명될 수 없는 흑인 여성들 특유의 경험과 이해관계에 주목하고자 했다. 즉 '교차성' 개념은 젠더정치학으로 포괄되지 않는 다양한 인종적, 계층적, 신체적, 성적, 문화적, 종교적 차이들이 복잡다단하게 뒤엉키는 양상을 비판적으로 사유하는 시도이다.

들은 대대로 남성적 재화로 여겨져온 것들(즉 권력, 권위, 지식에 대한 권리)을 소유하지 않도록 요구받는다. 결과적으로 이러한 재화들은 특권적인 남성들이 **마땅히 누릴 권리가 있다**고 암묵적으로 동의가 이루어진 것들이다. 그리고 여성들에게서 강제로 이런 것들을 갈취하는 남성들은 자주 남성(가해자)들에게만 허락되는 관대한 공감을 얻는다. 섹스와 관련된 사안에서만 관대한 공감을 얻는 것은 아니지만, 해당 사안에서는 특히 더 그런 일이 많이 일어난다.

요컨대 이 책은 하나의 위법으로서의 남성 특권이 매우 너른 범주의 여성혐오적 행위를 초래할 수 있음을 제시한다. 여성들은 남성에게 그들이 마땅히 받아야 하는[그렇다고 간주된] 것을 제공하지 못할 경우 처벌과 보복을 받는다. 당사자 남성으로부터든, 그에게 특별히 더 이입하는 지지자들로부터든, 아니면 자신이 몸담고 있는 사회의 여성혐오적 구조로부터든 여성은 처벌과 보복을 피할 수 없다.

더욱이 이 구조 안에서 여성들은 종종 여성석인 것 혹은 남성적인 것으로 여겨지는 재화 모두에 대한 자신의 **고유한 권리**를 불공정하게 빼앗기곤 한다. 그 결과 여성은 자신이 겪는 통증을 제대로 치료하지 못하거나, 대대로 남성이 독점해온 권력을 취하지 못하거나, 자신이 전문가인 분야에서 적법한 권위를 획득하지 못하게 된다.

이어지는 몇몇 장들에서 나는 남성 특권을 위법의 개념으로 이해한 사례를 짚는다. 일부 장들에서 나는 여성 전반과 논바이너리 주체들 모두, 그들이 마땅히 누릴 권리가 있는 재화를 박탈당하는 방식에 지대한 관심을 쏟는다. 물론 사례에 따라 각기 다른 분석과 해결책이 필요할 테지만, 그 사례들 모두가 결국 공통된 문제를 제기한다고 할 수 있다.

여성 전반과 논바이너리 주체가 자신들의 권리를 누리지 못하는 현상에 깔려 있는 논리를 밝히는 일은 다음과 같은 질문을 촉발한다. 낙태 반대 운동과 트랜스젠더 반대 운동은 어떤 공통점을 갖는가? 왜 여성들은 여전히 퇴근 후 귀가해서도 대부분의 가사노동을 전담하는가? 왜 어떤 남성들은 여성이나 다른 취약계층에게 성적 위해를 저지른 후에도 아무런 처벌을 받지 않는가? 맨스플레인mansplain은 왜 여전히 그토록 비일비재한가?[18]

책 전반에 걸쳐 논의하겠지만, 여성혐오를 공고히 하는 강압은 위력적이며, 사회 전반에 만연하다. 여성들은 감히 나서서 문제의 핵심을 공론화한다는 이유로 처벌되거나 비난을 받는다. 여성들은 여성혐오에서 자유로울 수 없다. 많은 이들이 남성은 유죄가 입증되기 전까지 무죄로 추정될 권리가 있다고 믿을 뿐 아니라, 위해행위를 저질렀음에도 반드시 무죄라고 믿는다. 게다가 여성혐오가 힘을 떨치면, 그 피해는 씻기지 않는다. 크리스틴 블레이지 포드는 애초 발생했던 성폭력 사건으로 인해 깊은 심리적 외상을 겪은 것에 더해, 그 일이 실제로 벌어졌다는 것을 명백히 증언해야 한다는 시민으로서의 의무를 수행하는 과정에서 또다시 상당한 트라우마를 겪어야 했을 것이다. 청문회 이후 포드 박사는 그녀와 가족들을 죽이겠다는 협박 때문에 자신의 집에서 떠나 있어야 했다.[19]

반면 브렛 캐버너는 대법원관으로 임명되었을 뿐 아니라 그가 미국 대법원을 곧 낙태 반대 운동의 중요한 지지 세력으로 견인할 수 있음을 상징하게 되었다. 내가 이 글을 쓰는 동안, 도널드 트럼프Donald Trump는 수십 명의 여성들을 강간하거나 성적 괴롭힘을 일삼았다는 타당한 혐의를 받았지만, 현재 미국 대통령으로서 임기를 채우고 있다.[20]*

그러나 다행스럽게도 진보는 '명백한 불의는 실로 불의하다'라는 보편적 동의에 기대지 않고, 기댈 수도 없다. 대신 우리는 개인적으로나 집단적으로 그런 불의에 대항하여 하루하루 용기 있는 행동, 창조성, 정치적 불복종을 실천하면서 해결책을 모색해야 한다. 이것이 내가 점차 확신해가는 바이다. 이러한 행동이 옳은 결과를 낳기에 충분한지는 확신할 수 없지만, 이것만은 알고 있다. 싸우는 것은 중요하며 가치 있는 일이라는 것. 그리고 무엇에 대항하여 싸우는지가 명징해지면 우리가 더 잘 싸울 수 있으리라는 것. 나는 이러한 신념을 가지고 이어지는 장들을 써나갔다.

---

*   저자가 이 책을 집필하고 출간한 시기는 2019년으로 도널드 트럼프가 미국 대통령으로 재임하던 시기였다.

2장

'비자발적' 독신이라는 환상

인셀 그리고 피해자 의식

2014년 5월 23일 금요일 밤 9시 30분경 캘리포니아 주립대학교 산타 바바라 캠퍼스(이하 UCSB)의 소로리티 알파 파이 하우스 문을 누군가 세차게 두드렸다.* 당시 이 기숙사에는 40여 명의 여학생들이 살고 있었다. 하지만 그날은 '메모리얼 데이'[미국 현충일]로 인한 공휴일이었기 때문에 기숙사 문을 열어줄 사람이 거의 없었다. 당시 기숙사 안에 있던 학생의 증언에 따르면, 문을 두드리는 소리가 평상시와 달리 크고 공격적으로 들렸다고 한다. 이후 1분간 누군가 계속 문을 두드리는 동안 학생들은 문을 열지 않았다. 돌이켜 보면 다행스럽고 현명한 결정이었다. 계속해서 문을 두드리던 사람은 엘리엇 로저Elliott Rodger라는 이름의 22세 청년이었다. 그는 손에 장전한 권총을 쥐고 있었고, 기숙사 안에 있던 여학생 전부를 죽일 계획이었다.[1]

로저는 UCSB 캠퍼스로 출발하기 전 업로드한 유튜브 동

---

* 미국의 소로리티 하우스sorority house는 대학교에서 제공하는 일반 기숙사와는 다른 사설 기숙사를 말한다. 대체로 캠퍼스 근처에 있고, 3~4층짜리 단독주택이다. 소로리티 하우스마다 그 규모나 거주자의 수나 구성이 조금씩 다르다. 소로리티 하우스가 여학생들만의 기숙사로 소위 '자매애'를 구현한다면, 남성들만의 '형제애'를 구현하는 사설 기숙사로는 프래터니티 하우스fraternity house가 있다. 주로 프랫 하우스frat house 라는 줄임말로 자주 불린다. 프랫 하우스와 소로리티 하우스 모두 시설의 명칭을 그리스어 알파벳 두세 개를 조합해 붙이는 관계로(이를테면 '알파 파이' '트라이 델타' '알파 델타 파이' 같은 식) 두 시설 모두 그릭 하우스Greek house라고도 불린다.
이런 기숙사들은 대개 인종적, 종교적, 계층적 배타성을 근간으로 한 엘리트 클럽의 성격을 띤다. 이들은 암묵적으로 백인 중심적, 이성애 중심적 사교생활을 표방한다. 특히 프래터니티 하우스의 경우, 구성원들이 미국 내 미투운동 전후로 캠퍼스 내 성폭력 사건의 가해자로 드러나면서, 이 사교 모임이 캠퍼스 내 강간문화를 조장해왔다는 사회적 비난이 제기되었다. 이러한 문화적 맥락에 비춰볼 때 엘리엇 로저가 소로리티 하우스를 최초 공격의 대상으로 삼은 것은 결코 우연이 아니다.

영상에서 [기숙사 방문 이유를] 이렇게 설명했다. "사춘기 이후 지난 8년간 나는 외로움과 거절, 충족되지 않는 욕망들을 견뎌야만 했다. 왜냐하면 나에게 반한 여자가 없었기 때문이다. 여자들은 다른 남자들에게는 잘도 반하고, 섹스하고, 연애하면서 나에게는 한 번도 관심을 보이지 않았다." 그리고 이어서 이렇게 불만을 표출했다. "나는 스물두 살이고, 아직 여자랑 자본 적도 키스를 해본 적도 없다. …… 너무나 고통스럽다. 대학에 오면 모든 사람들이 섹스나 재미, 쾌락을 경험하기 마련인데. 그 시기에 나는 지독한 외로움과 고통으로 시간을 허비해야 했다. 이건 불공평하다." 그리고 도덕적인 판단을 담아 이렇게 말했다.

> 너희 여자들은 나를 단 한 번도 거들떠보지 않았지. 나는 너희들이 왜 나한테서 아무런 매력도 발견하지 못하는지 도무지 이해할 수가 없어. 그렇지만 바로 그 이유로 너희들을 처벌할 거야. 내게서 어떤 매력도 발견하지 못한다면, 그게 바로 불의고, 범죄야. 나는 완벽한 남자인데 너희들은 나같이 최고로 젠틀한 남자를 제쳐두고, 역겨운 남자들에게 몸을 던지지.

로저는 이러한 이유들을 내세우며 스스로 "복수의 날"이라 이름 붙인 계획을 구상한다. "가장 섹시한 여자들이 모여 있는 UCSB의 소로리티 하우스에 들어가서 그 버릇없고 오만한 금발 계집애들 모두를 처참하게 죽여버릴 거야."[2]

결국 알파 파이 하우스 입구에서 출입을 거절당한 로저는 때마침 길모퉁이를 걸어가던 다른 여학생 세 명(근처에 있던 또 다른 소로리티 트라이 델타 하우스 소속 학생들)에게 총을 쏘았다. 그중 두 명이 사망했고, 한 명은 부상을 입었다. 로저는 계속해서 총을 쏘며 차를 몰다가 남자 한 명을 죽였고, 14명의 사람들에게 상해를 입혔다.[3]

★　★　★

　　자기 뒤에 있는 벽에서 세 차례에 걸친 날카로운 울림을 들었을 때, 케이트 피어슨은 핫요가 스튜디오의 스테레오가 책장에서 떨어졌다고 생각했다. 그러나 그것은 총소리였다. 미리 등록하지 않고 당일 수업을 듣기 위해 찾아온 스콧 폴 비얼리Scott Paul Bierle는 40세의 남성이었다. 그는 플로리다주 탈하시에 위치한 요가 스튜디오에 오후 4시 30분까지 도착하기 위해 수백 마일을 운전해서 왔다. 신용카드로 20달러를 결제한 후, 몇 명 정도가 그 수업에 올지 물었다. 11명만이 사전 등록을 했다는 이야기를 듣고 실망한 비얼리는 요가 스튜디오가 가장 붐비는 시간이 언제인지 물었다. (그리고 토요일 오전이 가장 붐빈다는 것을 알아냈다.) 그는 여자들 무리와 남자 한 명이 수업을 듣기 위해 들어오는 걸 지켜보고 있었다. 요가 강사는 핫요가 룸 바깥에 위치한 수납장에 소지품을 넣고 오라고 비얼리에게 말했다. 그는 강사에게 질문이 있다고 말했다. 그러고는 방음 귀마개를 착용하고 〔폴리머 소재의 자동 권총〕 글록glock을 꺼내들었다. 비얼리는 권총을 손에 쥔 채 잠시 멈췄다가 자신의 가장 가까운 곳에 서 있던 여성에게 총을 겨눴다. 그리고 무차별적으로 총을 난사하기 시작했다. 그의 목적은 사춘기 시절과 그 이후 그를 화나게 만들었던 특정 유형의 여성들을 살해하는 것이었다. 그는 사춘기 내내 "거절당한 청소년"이라는 보복 판타지 서사를 썼다. 결국 비얼리는 여섯 명에게 총을 쏘았고, 그중 두 명이 사망했다.[4]

이 사건은 2018년 11월에 벌어졌다. 총격을 벌이기 전 비얼리는 온라인에 동영상을 올리면서 엘리엇 로저가 자신에게 영감을 주었다고 밝혔다. 26세의 크리스 하퍼-머서Chris Harper-Mercer도 로저에게서 영감을 받아 오리건주 커뮤니티 칼리지에서 총격을 벌였다고 말했다. 이로 인해 여덟 명의 학생과 조교수 한 명이 사망했고, 다른 여덟 명이 부상을 입었다. 토론토에서 인도로 차를 몰아 보행자 열 명을 죽이고, 16명의 사람에게 부상을 입힌 25세의 알렉 미나시안Alek Minassian 역시 로저에게서 영감을 받아 사건을 일으켰다고 말했다. 미나시안은 이와 같은 살상을 벌이기 전 자신의 페이스북에 "이제 인셀의 저항이 시작되었다! 우리는 채드Chad*와 스테이시Stacey**를 죽일 것이다! 모든 이들이여, 위대하신 엘리엇 로저 앞에 엎드려 절하라!"라고 썼다.[5]

---

*   주로 인셀들이 모이는 온라인 게시판에서 성적으로 왕성한 활동력을 보이는 알파 남성을 비꼬기 위해 사용되는 은어로, 대표적으로 윤택한 환경에서 자란 자신감이 넘치는 매력적인 백인 남성을 꼽을 수 있다. 그런 점에서 이들은 인셀들의 선망과 질시의 대상이 된다. 미국의 고등학교·대학교의 미식축구 쿼터백이나 프랫 하우스에서 리더십을 보이는 백인 남성들이 채드의 전형이라 할 수 있다.

'인셀incel'이라는 단어는 비자발적 독신 상태involuntary celibate를 뜻한다. 아이러니하게도 이 말은 바이섹슈얼이자 진보적 캐나다인인 알레나Alana라는 이름의 여성이 1990년대에 '알레나의 비자발적 독신 프로젝트'라는 홈페이지를 개설할 때 만든 단어다.[6] 알레나는 이 단어를 만들어 자신처럼 데이트를 하지 못해서 외로움이나 성적 불만족 같은 어려움을 겪는 사람들이 문제를 해결해나갈 수 있도록 돕고자 했다.[7] 그러나 요즘 '인셀'이란 말은 거의 이성애자 남성이 자신을 정체화할 때 독점적으로 쓰인다. 이 단어를 사용하는 대부분의 남성들은 상당히 젊은 편이고, 인셀의 이데올로기를 퍼뜨리는 익명 또는 가명에 기반한 인터넷 게시판을 자주 드나든다.[8] 인셀은 자신이 "핫한" 젊은 여성들(그들이 '스테이시'라고 부르는 이들)과 섹스할 권리가 있으며, 그동안 그런 권리를 박탈당해왔다고 믿는다. 때때로 인셀은 사랑 혹은 여성에 대한 추상적 욕망을 표출한다. 좀 더 구체적으로 말하면, 여성들이 자신에게 (로저가 박탈당했다고 탄식했던 바로 그) 관심과 사랑을 제공해주기를 막연히 기대한다. 그러나 인셀이 대체로 섹스와 사랑을 갈구하는 것

***

** 알파 남성인 채드의 성적 파트너로 상정되는 외모가 뛰어난 백인 여성들을 지칭하는 인셀들의 온라인상 은어로, 인셀들이 보기에 이들은 빼어나게 예쁘지만 오만하고, 때로 무례하다. 스테이시로 분류되는 여성들은 계층적으로나 외모로나 소로리티 하우스 멤버들과 겹치기도 한다. 인셀들의 시각에서 보면 스테이시는 '그들만의 리그'에 사는 여성이고, 자신들에게 수치심과 박탈감, 파괴 욕구를 동시에 불러일으키는 대상이다. 스테이시의 통상적인 철자 표기는 'Stacy'이지만, 저자는 'Stacy'에서 파생된 'Stacey'로 철자를 표기했기에 그것을 존중했다.

은 자기 자신의 성적 욕망을 최우선으로 충족시키기 위해서나 섹스와 사랑 그 자체를 원해서가 아니다. 인셀의 수사법은 인셀이 섹스와 사랑을 재화로 여기며, **도구적** 이유로 추구하고 있음을 드러낸다. 여성들의 애정 혹은 그들과의 섹스를 '채드'에 상응하는 남성적 위계에서 지위를 구매하기 위한 현찰쯤으로 여기는 것이다. '채드'라 불리는 인기 많은 남성들은 일종의 '알파 남성'이며 이들의 남성적 능력은 인셀의 (다시 말하지만 추정컨대) 낮은 지위와 대조된다. 이런 맥락에서 인셀들은 단순히 여성들만을 목표물로 삼아 복수 계획을 세우지 않는다. 여성뿐 아니라 자신들을 압도하고 비참하게 만든 남성들 또한 복수의 대상이다. 엘리엇 로저는 앞서 말한 동영상에서 이렇게 밝혔다.

내가 욕망했던 모든 여자들은, 내가 성적으로 접근하면 (경멸조로 비웃으며) 스스로 그 끔찍한 짐승들에게 몸을 던졌지. 나를 거절하거나 열등한 남자로 여기며 깔봤어. 나는 그런 너희들을 살육하는 게 너무나 재미있다.
너희들은 결국 내가 진정 우월한 존재임을 보게 될 거야. 진정한 상남자지.(웃음) 그래. 소로리티 하우스에서 여자들을 모두 무참히 죽이고 나면, 아일라비스타 거리로 나가 거리에 있는 사람들 전부 하나하나 죽여버릴 거야. 내가 평생 외로움에 썩어가고 있을 때 쾌락을 누리며 살던 인기 많은 놈들을 모두 죽일 거야. 그놈들은 내가 자기들 모임에 끼려고 기웃거릴 때마다 한결같이 나를 우습게 여겼지. 나를 마치 쥐새끼처럼 대했어.

이제 나는 너희들에 비하면 신과 같은 존재야.

　　이런 불평의 내용이나 화법을 미친 사람이 늘어놓는 장광설로 일축하고 싶은 마음이 들 수 있다. 그리고 그건 완전히 틀린 판단이 아니다. 만화에나 나올 법한 이런 악인들은 우스꽝스럽고, 심지어 우습다. 그러나 불행히도 그런 이유로 인셀의 언사를 가볍게 넘길 수는 없다. 우선 일부 인셀들은 극도로 위험한 존재인데, 분노를 행위로 옮길 때 이들이 절망에 빠져 바닥을 친 상태이기 때문이다. 이들이 위험천만한 건 바로 그래서다. 이들은 잃을 것이 아무것도 없다고 생각하기 때문에 폭력의 화력을 최대치로 끌어올려 자신들의 분노를 표출할 계획을 세운다. 로저, 비얼리, 하퍼-머서는 결국 스스로에게 총을 쏘아 자살함으로써 광란의 무도극을 끝냈다. 넷 중 미나시안만이 경찰에 체포되었다. 모방범죄 심리의 특성상 그런 폭력이 널리 퍼지게 될 것을 염려하지 않을 수 없다. 인셀이 보이는 폭력의 특징과 근원을 이해하는 일이 중요한 이유다.

　　게다가 좀 더 섬세히 따져보면, 인셀이 더욱 폭넓고 뿌리 깊은 문화적 현상의 징후라는 것을 알 수 있다. 말하자면 인셀은 타인이 자신을 지속적으로, 애정과 존경을 담아 우러러보길 기대하는 남성들이 가진 유해한 특권의식의 결정체다. 그리고 이들은 그런 눈길로 자신들을 추앙하지 않았거나 그렇게 하기를 거부한 사람들을 겨냥하고 심지어 파괴한다. 그런 애정과 추앙을 마땅히 받아야 한다고 믿는 특권의식이 가정폭력, 데이트폭력, 그리고 친밀관계에 있는 파트너에게 폭력을 가하는 상당수 남성들과 공유하는 특질이기도 하다는 것을 이 책에서 밝히고자 한다.

*   *   *

앞서 내가 지적했듯, 인셀들이 섹스를 못해서 이런 행위를 한다고 생각하면 큰 착각이다. 어떤 인셀들은 사랑(또는 외양상 그와 유사한 어떤 감정)뿐 아니라, 인기 많은 여성들과 잠자리를 가짐으로써 (자기 혼자 상정한 게임 안에서) 인기 많은 남성들을 제칠 수 있는 수단을 획득하는 것에 관심을 두기도 한다. 그런 점에서 섹스는 이들이 가진 열등감을 해소시켜주리라는 확신을 주며, 적어도 그들의 리비도를 충족시켜준다.

　또한 다른 남성들에 비해 자신들이 열등한 사회적 지위에 속해 있다는 인셀들 스스로의 평가를 곧이곧대로 믿어서는 안 된다. 예컨대 《뉴욕》 매거진에 실린 최근의 기사가 보여줬듯, 남성의 미美를 판단하는 기준에 따를 때 인셀 남성들은 완벽하리만큼 평범한 외모를 가진 청년들이고, 심지어 일부는 준수한 외모를 갖기까지 했다. 그럼에도 이들 인셀은 다른 턱선을 갈망했다. 어떤 이들은 볼에 임플란트를 삽입한다거나 안면보정술과 같은 초고가의 성형수술을 하는 데 돈을 투자할 정도로, (자기 시각에서) 좀 더 남성적인 외모를 갖고 싶어 했다.[9]

　인셀에 대해 범하기 쉬운 오판은 섹스가 이들이 처한 문제 상황을 해결해준다는 생각이다. 만약 인셀이 섹스를 하거나, 누군가와 연애관계를 맺게 된다면 그는 어떻게 변할까? 몇몇 반론들을 상기해봐도 이들이 좋은 파트너가 될 거라고 생각하기는 어렵다.[10] 한때 싱글 인셀이었던 남성은 누구를 만나건 상대 여성에게 재앙과 같은 존재가 될 것이다. 사람은 누구나 외로움을 느낀다. 그러나 여성의 성적, 물질적, 재생산적, 감정적 노동을 그저 남성이라는 이유로 마땅히 받고 누려야 한다는 왜곡된 믿음은 연애관계가 시작되기 전이라면 인셀의 기질로 이어질 것이고, 관계가 시작된 이후라면 친밀한 파트너에 대한 폭력으로 이어질 것이다. 즉 자신이 좌절감을 느끼거나 앙심을 품거나 질투를 하게 될 때 상대방에게 폭력을 휘두를 것이다. 다시 말해 인셀은 잠재적으로 파트너에게 폭력을 가할 수 있는 존재다.

인셀은 폭력을 공격적으로 표출하는지, 특정 상황에서 폭력성을 드러내는지에 따라 그 유형이 나뉜다. 엘리엇 로저는 대체로 후자에 속한다. 로저가 쓴 선언문 〈뒤틀린 세상My Twisted World〉은 사실상 회고록에 가까운, 10만 자가 넘는 긴 글이다. 이 글을 통해 추측해보건대, 로저는 데이트 신청에 진지한 노력을 기울인 적이 없다. 그는 여성들이 그를 거절할 것이라 추정했을 뿐(물론 이것은 정확한 예측이었다고 할 수 있다) 실제 알파 파이 소로리티 하우스에 사는 여성들에게 데이트 신청 한 번 해본 적이 없었다. 그는 데이트 신청을 시도하기보다 실패의 위험을 감수하지 않으려 했다. 대신 멀리서 그들을 스토킹했다. 최후의 폭력을 행사하기 한참 전부터 로저는 자신의 질투와 분노를 유발하는, 행복해 보이는 커플들에게 치졸

한 복수를 일삼곤 했다. 그는 특히 커플의 얼굴에 음료수를 끼얹는 행태를 보였다. 한 번은 뜨거운 커피였고, 다른 한 번은 오렌지주스였다. 로저의 기록이 정확하다면 이것이 그가 인기 많은 커플들에게 최대한 가까이 물리적으로 근접해본 경험이었다.

반면 스콧 비얼리는 여성들의 동의 없이 그들 신체를 만지는 고약한 버릇을 갖고 있었다. 그는 소위 손버릇이 나쁜 남자였다. 충격 사건 당시 비얼리는 여학생에게 부적절한 접촉을 시도해 강사 직위에서 일시적 근신 처분을 받은 상태였다(그는 여학생의 브래지어선 아래쪽 배에 손을 갖다 대며 간지러운지 물었다). 일전에 그는 여러 여성들의 신체를 더듬은 일로 군대에서 불명예 제대를 한 바 있었다. 그리고 캠퍼스에서의 일련의 사건들 이후 비얼리는 플로리다 주립대 탈하시 캠퍼스(비얼리 자신이 행정학 석사학위를 취득한 곳)로부터 출입을 금지당했다. 기숙사 식당에서 요가 팬츠를 입은 세 젊은 여성의 엉덩이를 더듬은 일도 그 사건에 포함된다.[11]

이처럼 비얼리와 로저는 남성의 특권적 행위라는 스펙트럼의 정반대 축에 있었다. 주도적으로 폭력을 행사하는 극단과 낙담하는 극단. 비얼리가 공격적으로 다가가 동의 없이 신체 접촉을 시도하는 식으로 여성들의 신체에 대한 자신의 특권의식을 드러낸 반면, 로저는 **자신에게** 다가오지 않던 여성들에게 앙심을 품는 방식으로 자신의 남성 특권을 표출했다. 로저는 분명 여성이 자기 무릎 위로 올라오거나, 적어도 문앞에 나타나기를 기대했다. 그 꿈이 실현되지 않아 손상된 그의

남성 특권의식이 직접 **여성의** 거주지 앞에 가서 복수를 실행에 옮기도록 추동한 것이다.[12]

둘 중 어떤 행위가 다른 것보다 낮다고 말하려는 것은 아니다. 이 두 행위는 행위상으로는 구별될지언정 도덕적 책임의 측면에서는 아무런 차이도 없다. 무엇보다 이 두 가지 인셀 행위의 어떤 공통된 경향을 인지하는 것이 중요한데, 공격적인 인셀 행위와 일견 온순한 인셀 행위의 표면적 차이에 몰두한 나머지 그 행위들 저변에 깔려 있는 유사성을 놓쳐서는 안 되기 때문이다. 특히 후자의 경우 유해하지 않은 "나이스 가이nice guy"로 오인되기 십상이다. 심지어 이들이 나이스하지 않다는 명확한 증거가 발견된 뒤에도 말이다.

인셀은 종종 극심한 인종차별주의자다. 그렇다고 모든 인셀이 백인이라고 주장하려는 것은 아니다. 실제로 유색인 인셀들의 비율도 상당해서 "카레셀curry-cel"이나 "라이스셀rice-cel"같은 인종차별주의적 명칭이 이들에게 붙기도 한다.[13] 그러나 이들 또한 보통 백인우월주의 이데올로기에 **순응한다.** 이를테면 엘리엇 로저는 백인과 중국인 혼혈이고, 자신이 쓴 글에서 드러나듯 인종차별주의적 자기혐오로 가득 차 있다. 그는 자신에게 결여된 백인성을 안타까워했고, 금발머리를 지닌 백인이 되기를 갈망했다.

나는 혼혈이라서 남들과 다르다. 나는 절반은 백인이고, 절반은 아시아인인 혼혈이다. 그리고 그 점이 내가 어울리고 싶었던 보통의 완벽한 백인 친구들과 나를 구별지었다.

나는 쿨한 아이들을 부러워했다. 그리고 그런 애들이 되고 싶었다. 내 부모가 과거에 나를 그런 아이들처럼 키우지 않았다는 사실에 짜증이 났다. 부모란 인간들은 나를 유행하는 스타일로 입히지 않았고, 세련된 헤어스타일을 갖도록 신경써주지도 않았다. 나는 이 모든 걸 바로잡아야 했다. 적응해야 했다.

가장 먼저, 머리를 탈색해서 금발을 할 수 있도록 부모의 허락을 구했다. 나는 금발머리를 가진 사람들을 늘 질시하고 선망했다. 그들은 언제나 훨씬 더 아름다워 보였다.[14]

"핫하고 금발머리를 가진 년들", 그러니까 (사실과 다르게) 자신을 거부했다고 생각한 존재들을 공격하려 UCSB로 차를 몰고 가기 전, 로저는 자신의 하우스메이트 두 명과 그들의 방문객을 칼로 찔러 치명상을 입혔다. 그 세 명의 남자는 모두 아시아인이었다. 그가 살해한 여섯 명 중 처음 세 명에 해당하는 이 아시아인들은 인종 때문에 공격받은 것으로 보인다.[15]

로저는 또한 흑인에게 적대적인 편견을 갖고 있었다. 〈뒤틀린 세상〉을 살펴보면, 그가 혼혈 커플에 대해, 특히 흑인 남성과 백인 여성 커플에 대해 극도의 분노를 표출했음을 알 수 있다. 로저는 아일라비스타의 하우스메이트 두 명(결과적으로 목숨을 구한 이들)을 "좋은 사람"으로 묘사했지만 이들에 대해 이렇게 불평했다.

하우스메이트들은 계속해서 '챈스'라는 이름을 가진 자기들 친구를 집으로 불렀다. 챈스는 우리 셰어하우스에 거의 붙어살다시피 하는 흑인 남자애였다. 나는 남성적 자신감이 넘치는 그의 태도가 싫었다. 챈스와 나 사이에 불쾌한 사건이 벌어질 수밖에 없었다. 내가 주방에서 밥을 먹고 있을 때 챈스는 우리 집에 와서 자기가 어떻게 여자들을 성공적으로 꼬셨는지 내 하우스메이트들에게 늘어놓았다. 나는 참을 수 없었고, 그에게 가서 그 여자애들이 전부 성 경험이 없냐고 물었다. 하우스메이트들과 챈스는 이상하다는 듯이 나를 쳐다보았다. 그리고 챈스는 그 여자애들이 이미 성 경험이 있었다고 말했다. 나는 너무나 열등감을 느꼈다. 왜냐하면 그 대화가 내가 인생에서 놓치고 산 것이 무엇인지 알려주었기 때문이다. 그리고 챈스라는 이름을 가진 이 흑인 녀석은 자기가 열세 살 때 처음 성관계를 했다고 말했다! 게다가 그는 자기가 처음 동정을 잃은 상대가 금발머리의 백인 여자애였다고 말했다. 나는 너무나 화가 나서 마시던 오렌지주스를 그 아이에게 뿌릴 뻔했다. ......

저렇게 열등하고 못생긴 흑인 놈이 백인 여자를 차지할 수 있는데 어째서 난 안 되는 거지? 나는 반반하게 생겼고, 백인의 피가 반은 섞여 있는데 말이다. 심지어 나는 영국 귀족의 후손이고, 그놈은 노예의 후손이다. 내가 더 많은 걸 차지할 권리가 있다. 나는 챈스가 한 형편없는 말들을 다 잊고 싶었지만, 이미 그 말들은 내뱉어졌고, 내 머릿속에서 지워지지 않았다. 만일 그 말이 다 사실이라서 내가 평생

동정을 지키는 동안 저렇게 못난 흑인 녀석은 고작 열세 살에 금발의 백인 여자와 잘 수 있었다는 게 말이 되나? 이게 여자란 얼마나 웃기지도 않은 존재인지 증명하는 것 아닐까? 그 여자들은 이런 추잡한 쓰레기와는 자면서, **나**를 거부하다니! 이런 불의가 다 있나![16]

스콧 비얼리는 이와 비슷한 식으로 자신의 유해한 감정을 유튜브 동영상 시리즈에 풀어놓았다.

인종이 다른 커플들을 볼 때면 나는 둘 중 하나를 생각한다. 남자가 더 나은 선택을 할 수는 없었던 건지. …… 아니면 여자가 아무 남자랑 자기 바쁜 건지. …… 군대에 가면 이런 커플이 차고 넘친다. 나는 군인들이 아시아인 또는 흑인 부인을 둔 경우를 많이 봤다. 이게 바로 스스로를 낮추는 방식이라 할 수 있다. 이 남자들은 이런 여자들과 결혼함으로써 최악의 실수를 저지르는 거다. 차라리 우편으로 신붓감을 구매하는 게 낫지. …… 러시아나 우크라이나의 신부를 우편으로 주문할 수 있지 않은가. 이구아나, 도마뱀과 결혼해서 스스로를 망치는 일을 할 필요가 없는데 말이다.[17]

서로 다른 인종 간의 출산에 관한 이런 끔찍한 편견은 인셀이 집착해 마지않는 남성중심적 위계와 긴밀히 엮여 있다. 예를 들어, 인셀들은 인종주의적인 사회 위계에서 낮은 위상을 차지하는 남성이 백인 여성과 성적, 정서적 유대를 형성하는 것에 분노한다.[18] 이 경우 인셀이 해당 남성과 여성에게 가하는 공격은 동일할 것이고, 그 인셀은 백인이 아닐 수도 있다. 그렇다 할지라도 그때의 혐오는 분명 백인우월주의에 찌든 가부장제 혹은 그런 가부장제에서 비롯된 특권의식의 산물이다.

＊ ＊ ＊

비자발적 독신, 즉 인셀이라는 용어에 내포된 비자발성이란 개념은 보면 볼수록 흥미롭고, 그 안에 이질적인 요소들이 중첩되어 있다. 보통 우리는 어떤 행위가 의도에 따라 혹은 자유롭게 행해지지 않았다는 의미를 띨 때 '비자발적'이라는 형용사를 사용한다. 예를 들어, '과실치사'라는 용어는 미필적 고의로 볼 수는 있지만 명백한 의도성은 없는 살해를 지칭한다. 이와 비슷한 맥락에서 강제노동은 적법치 않은 방식으로 강요되는 노동, 즉 협의에 따른 계약에 근간하여 자유롭게 행해지지 않는 노동을 뜻한다.

따라서 개인의 **독신 상태**가 비자발적임〔자신의 의지에 따른 것이 아님〕을 뜻하는 이 개념, 즉 단순한 낙담 상태와 대립되는 이 인셀 개념은 많은 것을 드러낸다. 비자발적 독신 상태는 "싱글이지만 상대를 찾고 있는 상태" "데이트를 못해 절박한 상태" 따위와 철저히 다르며, 훨씬 해롭다. 이 단어는 마치 독신 생활이 인셀에게 **강요되었다거나** 그의 의지에 반하여 강제되었다는 암시를 강하게 준다. 그러나 섹스에 관한 한 그 함의는 완벽히 틀린 생각이다. 인셀이 자신에게 여성과 섹스할 권리가 있다고, 그러니까 여성은 자신과 섹스할 의무가 있다고 믿어 의심치 않을 때, 그는 그 행위가 **여성의 의지**에 반해 행해질 수 있다는 것을 철저히 무시한다. 따라서 (독신 상태가 아니라) 명백히 성적 **행위**가 (비)자발적으로 일어난다고 이해하는 것이 정확하다.

이런 점들에 기대 인셀이 여성들의 내밀한 삶에 무지하고, 여성을 비이성적 존재, 사물, 비인간 동물 같은 인간 이하의 존재로 여긴다고 결론 내리고 싶어질 수도 있다. 실제로 몇몇 인셀들이 활용한 수사법에서 이러한 근거가 발견된다. 스콧 비얼리가 앞서 인용된 구절에서 여성을 이구아나나 도마뱀으로 비하한 경우가 그렇다.

그러나 나는 이런 결론을 피해야 한다고 생각한다. 지나치게 단순하고 손쉬운 결론이기 때문이다. 첫째, 인셀은 분명 여성들의 정신적 삶을 **인정**하고 있다. 자신이 그 여성들에게 욕망과 칭송의 대상이 되길 원하거나, 여성들에게 그런 행위를 요구할 때만큼은 말이다. 로저의 글은 이런 지점을 전형적으로 잘 보여준다. 그는 왜 여성들이 그에게 매력을 느끼지 못하는지, 왜 그 "끔찍한 짐승들"을 자신보다 좋아하며 "그들에게 스스로 몸을 던지는지"를 비관적이고도 매우 상세하게 추론한 바 있다. 그는 왜 여성들이 자신에게서 "아무런 매력도 발견하지 못하는지 도무지 이해할 수 없"다고 불평했다. 로저가 분명 이 여성들의 주체성, 욕망, 자율적인 성적 취향을 인정했다는 것을 알 수 있는 대목이다. 그래서 여성들이 "최고로

남성 특권

젠틀한 남자"인 자신보다 다른 남자들을 좋아했을 때 그의 분노가 폭발한 것이다.[19]

달리 말하면 여성들의 자유(그들 스스로 선택할 능력)가 의심된 적은 없다. 로저는 여성들의 선택이 자신을 반기지 않을 때 원한을 품었던 것이다.

스콧 비얼리가 사춘기 시절 쓴 소설 제목(《거부당한 청년 Rejected Youth》)을 떠올려보자. 이 소설은 출판된 적이 없지만, 《워싱턴 포스트》는 이렇게 설명한다.

> 남자 중학생이 자신을 거절하거나 자신에게 굴욕을 준 여학생들에게 원한을 품고 쓴 7만 자 분량의 복수 판타지. 주인공인 스콧 브래들리는 여학생들의 외모를 비난하고, 그들의 남자친구들을 비웃는다. 그리고 그들에게 무시를 당하고 분개한다. 그는 "인기 많은 여자애들이 나를 극혐하는데, 그 이유를 알 수 없다"고 통탄한다.
> 그 중학생은 여학생들의 몸을 찬탄하면서도 잔인한 방식으로 한 명씩 살해한다. 마지막 장면에서 경찰의 추격에 쫓겨 지붕에서 몸을 던지기 전, 그는 가장 인기가 많았던 여학생의 목을 긋는다.[20]

로저의 [사실상 회고록에 가까운] 선언문이나 폭력행위와 유사한 지점들이 발견되긴 하지만, 비얼리는 이 소설을 고등학교 재학 중인 1990년대 **후반**에 썼다. 당시 로저는 초등학생이었고, 자신의 기록에 따르면 행복한 유년기를 보내고 있었다.

그렇다면 왜 인셀들은 여성들을 피모이드femoid(줄여서 포이드foid)*라고 부르는 등 여성들에 관해 말할 때 그토록 여성을 비인간화하고 사물화하는 언어에 의존할까?[21] 우리가 이미 살펴보았듯 그 이유는 인셀이 문자 그대로 여성을 비인간 동물, 단순한 성적 대상, 로봇 또는 그와 유사한 무엇으로 여겨서가 아니다. 간단히 답하자면, 그것은 여성을 비하하고 싶은 욕망과 분노가 투영된 표현이다. 분노가 그러한 욕망을 촉발한다. 인셀들은 사회적 위계를 공고히 하는 데 열정을 쏟는다. 존재의 거대한 고리를 닮은, 그러니까 신이 최상단에, 비인간 동물들이 하단에, 여러 인간들은 그 사이 어딘가에 위치하는 존재론적 위계를 옹호한다. 그렇기에 여성을 비인간을 닮은 무엇으로 암시하는 것은 궁극의 모욕행위이다. 그러나 여성이 범했다고 여겨지는 도덕상의 범죄는 여성들이 마땅히 받아야 한다고 여겨지는 처벌만큼이나 인간적인, 너무나 인간적인 위반이다. 그것은 오직 인간만이 저지를 수 있는 행위이다. 비인간 동물은 인간 주인이 자신을 실망시킨다 하더라도 주인을 배신하지 않으며, 마찬가지로 인간 주인이 비인간 동물에게 보복행위를 하는 경우 또한 대개 없다.[22] 만일 동물에게 보복을 가한다면 그 행위 자체가 윤리적으로 정당하지 않을 뿐 아니라 아예 보복이라는 개념 자체가 성립할 수 없다. 이것이 흔

---

* 'female'(여성)과 'humanoid/android'(로봇) 두 단어의 조합으로 이루어진 인셀들의 비속어로, 여성을 온전치 않은 인간 혹은 인간 이하의 존재로 비하하려는 목적에서 만들어졌다. 실제로 인셀들은 피모이드에 상응하는 대명사로 (인칭대명사가 아닌) 'it'을 사용한다.

히 참고서에서 말하는《모비딕Moby Dick》의 교훈이다.

인셀이 여성을 온전한 인간으로 여기지 않는다는 주장에는 어딘가 지나치게 편리한 구석이 있다. 이러한 개념은 **다른** 남성들, 그러니까 여성을 개돼지로 부르지는 않지만 인셀이 갖고 있는 특권적 이데올로기의 어떤 면모들을 공유하고 있는 남성들이 인셀들을 쉽게 변호할 수 있도록 부추긴다. 여성 혐오적 행위를 했다는 혐의를 받을 때 남성들은 종종 자신들이 아내, 여동생, 어머니, 그 외 다른 여성 친척들의 인간성을 인지하고 있다고 밝히는 식으로 이런 혐의에 응수한다. 남성들이 이 불균형한 도덕적 관계에서 그 어떤 여성도 자신의 소유물이 아니며, 자신에게 그 어떤 여성의 사랑, 돌봄, 찬사를 받을 권리 또한 없다는 것을 깨닫는다면 훨씬 나을 것이다. 반성적 사고를 통해 여성이 온전한 인간이라는 자명한 사실을 깨닫는 것은 어려운 일이 아니다. 진정 어려운 일은 여성이 온전한 인간 **존재임을**, 그저 사랑과 섹스와 도덕적 지지를 **제공하는 존재** 그 이상임을 인정하는 것이다. 여성은 자기 자신으로 고유하게 존재하고, 다른 사람과 〔자율적으로〕 관계 맺는 존재로 살 수 있어야 한다.

*　*　*

인셀이 도덕성을 완전히 결여한 존재인 것은 아니다. (물론 그들은 대단히 **부도덕**하다.) 그들은 특정한 도덕 질서를 신봉한다. 인셀들은 단순히 분노하는 것이 아니다. 그들은 억울해한다. 단순히 낙담한 수준을 넘어 분개하고, 자신이 명백히 배반당했다고 생각한다. 좁게는 여성이라는 특정 주체가, 넓게는 온 세상이 자신을 배신했다고 생각한다. 이들은 세상이 자신들에게 어떤 호의를 베풀어야 한다고 믿어 의심치 않는다. 이들은 종종 자신들이 취약하고, 피해자의 처지에 놓여 있다고 생각한다. 인셀은 자신이 민감하고 심지어는 트라우마에 시달린다고 믿는다. 로저는 자신이 최초로 여자 때문에 수치심을 느낀 열한 살의 여름 캠프에 대해 이렇게 회고한다.

나는 캠프에서 사귄 친구들과 순진한 아이처럼 놀고 있었다. 친구들은 나를 간지럽혔다. 어떤 애들은 내가 간지럼을 잘 탄다는 이유로 항상 나를 간지럽혔다. 내가 나와 동갑인 여자애와 우연히 부딪혔을 때, 그 아이는 크게 화를 냈다. 그 애는 나에게 욕을 했고, 나를 밀쳐냈다. 내 친구들 앞에서 나에게 망신을 준 것이다. 나는 그 여자애가 누군지도 몰랐다…… 그 아이는 무척이나 예뻤고, 나보다 키가 컸다. 친구 중 한 명이 나에게 괜찮은지 물었고, 나는 대답하지 않았다. 그날 하루 종일 아무 말도 하지 않았다.
내게 벌어진 일을 믿을 수 없었다. 여자들의 잔인한 행동이 남자들의 잔인한 행동보다 열 배는 더 나를 괴롭게 했다. 스스로가 하찮고 보잘것없게 느껴졌다. 아무 짝에도 쓸모없는 못난 생쥐처럼.[23] 그 여자애가 나에게 그토록 못되게 굴었다는 사실을 믿을 수 없었다. 나는 그 애가 나를 루저로 생각해서 그렇게 대했다고 생각했다. 이게 내가 최초로 감내했던 여자의 잔인한 행동이다. 그 경험은 나를 끝도 없

50

는 트라우마의 나락으로 빠뜨렸다. 그 이후로 여자애들 앞에 설 때면 더욱더 긴장하고, 극도로 주의를 기울이게 되었다.

"트라우마"라는 단어 혹은 "트라우마를 입었다"는 표현은 이른바 선언문이라 불리는 글에서 로저가 스스로를 지칭할 때 열 번 이상 등장한다. 말하자면 로저는 인셀 형제들 사이에서 이례적 존재가 아니다. 트라우마 같은 주제는 인셀의 글에서 매우 흔히 발견된다. 인셀스코incelsco*의 익명 유저는 이런 기록을 남겼다. "우리에게 그 어떤 기회도 주지 않은 여성들에 대한 혐오 때문에 우리는 평생에 걸쳐 뼈저리게 고통을 겪어야 했다. 그들은 유전적으로 열등하다는 이유로 우리를 **혐오한다**." 그는 계속해서 이렇게 썼다. "그 여성들은 고통을 겪어야 한다. 위선은 범죄행위이기에 그들은 그 창녀같은 일생 내내 벌을 받아야 한다."

유감스러운 진실은 인셀이 수많은 범죄자들과 마찬가지로 스스로를 취약한 존재로 인식한다는 것이다. 이들은 타인에게 폭력적인 방식으로 분노를 표출할 때조차 자신을 진정

---

* 인셀들 사이에서 잘 알려진 익명 온라인 커뮤니티이다. 여성에 대한 증오와 혐오라는 공통의 관심사를 가진 이들이 모여드는 이곳에서 인셀들은 (폭력성이 다분한) 익명의 발언을 통해 자신의 울분을 토하거나, 현실에서 폭력을 실현하기 위한 준비 작업을 했다. 폭력성의 정도와 이용자의 성향 및 특색 등에서 차이가 있지만, 한국의 대학 재학생 커뮤니티 '에브리타임'의 익명 게시판에서도 이와 비슷한 일들이 벌어진다. 무엇보다 여성혐오적 언어 및 발언, 그리고 그것이 촉발하는 실제적 위협과 위해 등은 인셀스코의 그것과 매우 유사한 형태를 띤다.

피해자로 여겼고, 가장 개탄스러운 범죄를 저지를 때조차 자신이 옳다고 생각했다. 이는 매력 자산으로 짜인 불공평한 위계에서 자신이 다른 남성들에 비해 낮은 지위에 있다고 믿는 인셀들의 자기 고백에 의구심을 갖고 접근해야 할 중요한 이유이기도 하다. 즉 인셀들이 일부러 불공정한 위계질서를 **찾아다니고** 그 사다리의 하단에 자신을 배치할 가능성이 매우 높다. 그런 식으로 이전부터 갖고 있던 열등감과 원한을 정당화할 구실을 찾는 것이다.[24] 즉 인셀들이 불평하는 원인이 애초에 존재하지 않는다고 의심해볼 수 있다. 이러한 불평은 이전의 어떤 사건에서 기인한 근거 없는 피해자 의식(사실상 자신에게 잘못을 저지르지도, 자신을 좌절시키거나 거절하지도 않은 사람들에 의해 자신이 억압당했거나 고통을 당했다고 생각하는 것)을 정당화할 뿐이다. 특히 범죄로 간주되는 그 행위들에 분개하는 여성 인셀들은 그저 자기 방식대로 살고, 자기 인생에만 신경 쓰는 경우가 많다.

   이런 논의들은 우리가 인셀의 특권적 사고에 젖어 있는 사람들을 어떻게 다뤄야 할지(혹은 다루지 않을지)에 대한 참조점을 제공한다. 일반적인 윤리에 따르면, 누군가 고통을 겪을 때 우리는 모든 사람이 동등하다는 전제 위에서 최대한 그들을 위로하고 고통을 덜어줄 방법을 찾아야 한다. 비록 그들이 우리가 도울 수 없는 상황이라 하더라도, 적어도 공감은 표해야 한다. 그리고 인셀들은 분명 종종 고통에 **시달린다.** (그 고통이 때로 부풀려지더라도 말이다.)[25] 그러나 고통을 덜어주고자 하는 타인의 행동을 자신이 마땅히 누려야 한다고 믿는 부풀려진 특권의식 때문에 다른 누군가가 고통을 겪는다면, (이런 결과를 예상치 못했다 하더라도) 그런 사람의 고통을 덜어주는 일은 윤리적으로 문제가 있는 행위가 된다. 인셀들의 고통에 그저 안타까움을 표하는 일조차 타인(특히 여성들)이 자신의 필요를 충족시켜주고, 자신의 자아를 만족시켜주기 위해 존재한다는 인셀들의 거짓되고 위험한 생각을 부추길 위험이 있다.[26] 바로 그런 이유로 우리는 그 어디에서도 남성 특권의식을 견지한 이들에게 공감해야 한다는 압박에 굴복해서는 안 된다.

*　*　*

최근 들어 인셀들이 수많은 뉴스의 헤드라인을 장식했다. 인셀들이 여성혐오에 기반하여 끔찍한 폭력행위를 보여온 것을 고려하면 그 이유를 어렵지 않게 짐작할 수 있다. 사실 그런 폭력은 세간에 잘 알려지지 않은 일상의 사건들, 즉 가정폭력이나 강간, 성적 착취 및 강압행위의 연속선상에 있다. 인셀이 저지르는 가장 극단적인 행위와 친밀한 파트너 사이에서 벌어지는 폭력행위는 너무나 밀접하게 엮여 있어 종종 같은 것으로 인식되곤 한다.

　　브랜든 클라크Brandon Clark(21세)가 비앙카 데빈스Bianca Devins(17세)를 살해했을 때, 트위터상의 초기 사건 보도는 그를 인셀로 설명했다. 그러나 그는 인셀이 아닌 듯하다. 그가 그런 인터넷 커뮤니티에 가입하고 활동했다는 증거가 없기 때문이다. 클라크와 데빈스가 소셜미디어, 정확히 말해 인스타그램에서 만난 것은 사실이다. 그러나 피해자의 가족은 그들이 실제로 뉴욕 북부에서 두 달간 데이트한 사실이 있다고 밝혔다.[27] 클라크는 데빈스와 연애하는 동안 데빈스 가족들의 신뢰를 얻었다. 그래서 둘이 함께 뉴욕시로 콘서트를 보러 간다고 했을 때 아무도 염려하지 않았다.[28]

그날 밤 무슨 일이 있었는지 모든 것이 명쾌하게 밝혀진 것은 아니다. 그러나 어떤 뉴스는 데빈스가 콘서트에서 다른 남자에게 관심을 보이거나 키스를 해서 클라크를 화나게 했다고 보도했다. 데빈스와 클라크가 논쟁을 벌였다는 것은 사실이다. 일부 언론은 클라크가 칼로 데빈스의 목을 너무나 세게 그어버린 나머지 거의 참수에 가까웠다고 묘사했다. 그런 뒤 클라크는 자살 소동을 벌이다 체포 직전 목숨에 위험이 가지 않을 정도로 자신의 목을 찔렀다. 경찰은 그를 병원으로 송치했다. (이후 클라크는 완쾌했고, 2급 살인죄로 기소되었다.)[29] 체포되기 전 클라크는 자신이 살해한 여자친구 사진을 자신이 입은 상처를 드러낸 셀피selfie와 함께 채팅 앱 디스코드Discord에 올리며 데빈스의 팔로워들에게 "너희들 주변을 맴도는 누군가가 없는지 다시 잘 살펴야 할 거야"라고 경고했다. 클라크는 데빈스가 자기에게 충분한 관심을 주지 않으면서 다른 사람들의 관심을 끈 것에 앙심을 품었던 것으로 보인다.[30]

법학과 교수이자 개인정보 전문가인 로리 앤드루스Lori Andrews는 클라크처럼 여성에게 저지른 범죄의 증거를 사진 찍어 온라인에 올리는 남자들에 대해 이렇게 평했다. "그런 남자들은 사진을 보는 이들이 정말로 자신에게 감정이입할 거라고 기대합니다. 여성 피해자에게 교훈을 줄 권리가 자신에게 있다는 데 사람들이 동조해줄 거라고 기대하는 거죠." 미디어 심리학 연구소장인 파멜라 러틀리지Pamela Rutledge는 그런 행위에 대해 "사회적 인정을 얻고 자신이 특별하다는 느낌을 받으려는 옳지 않은 시도"라고 평가했다. 이어서 러틀리지는 "이런 종류의 숭배를 받고자 하는 열망이 범죄 사실이 발각될 수 있다는 우려를 압도한다"고 지적했다.[31]

이 사건은 클라크의 소름끼치는 자기홍보 덕분에 유명해졌다. 비록 클라크가 인셀들이 이용하는 게시판에 참여했다거나 인셀의 이데올로기를 내면화한 것처럼 보이지는 않지만, 그가 데빈스를 살해한 행위는 인터넷상에서 인셀들을 열광하게 만들기에 충분했다. 인셀스코의 한 이용자는 "데빈스의 죽음은 나를 기쁘게 했다"고 썼다. 누군가는 "솔직히 그 창녀는 스크린샷에서만 봐도 형편없는 인간이었고, 자기가 뿌린 씨앗을 거둔 셈"이라고 썼다. 또 다른 이용자는 "브랜든은 오직 신만이 알 정도로 오랫동안 비앙카 곁을 맴돌았지만, 그녀는 그를 얕봤고 그가 스스로를 보잘것없는 인간으로 느끼도록 했다. 자기 남자친구를 형편없이 대한 거지"라고 썼다. 그 이용자는 엘리엇 로저의 아바타를 자신의 것으로 사용하고 있었다.[32]

수많은 가정폭력, 데이트폭력, 친밀한 파트너 사이에서 발생하는 폭력 사례들은 서로 유사한 형태를 띤다. 무해해 보이는 시작, 질투가 발현되는 지점, 그리고 배신으로 간주된 행위에 대한 끔찍한 보복. 그러나 이런 일들이 우리의 집단적 의식에 미치는 영향은 거의 전무하다. 미국에서는 일평균 두세 명의 여성이 현재 혹은 과거의 파트너에게 살해당하고 있다.[33] 지금까지의 통계치에 따르면, 여성은 남성 연인과 헤어질 때, 또는 헤어질 조짐을 보일 때, 즉 상대 남성에게 질투나 화, 버림받을 수 있다는 공포를 불러일으키는 시점에 가장 큰 위험에 처한다고 한다.[34] 가정폭력 전문가인 신디 사우스워스Cindy Southworth에 따르면, 남성 가해자가 벌이는 최후의 범죄는 "여성 파트너의 세계를 지배하고, 그녀의 인생에서 유일하게 가장 중요한 사람이 되고 싶어 하는 것"으로 요약된다. 사우스워스는 비앙카 데빈스의 경우도 그런 사례에 해당한다고 평했다.

> 이 사건은 단지 인스타그램을 달구는 이야기가 아니다. 이 사건은 데이트폭력과 살인, 권력과 통제욕을 보여주는 이야기이며, 남성에게 여성의 생명을 빼앗을 권리가 있다고 믿으며, 게임 플랫폼에 여자친구를 살해한 사진을 올릴 정도로 대담한 남성에 관한 이야기다.[35]

그렇다고 해서 클라크와 데빈스 사건을 인셀의 사례로 특정하려는 것은 아니다. 이 장에서 다룬 사건들은 결국 남성 특권의식에서 비롯된 폭력에 관한 **모든** 것을 포괄하는 이야기이다.

3장

가해자 감싸기

강간 사건과 힘패시

미네소타주에 거주하는 50대 중반의 여성 레이 플로렉Rae Florek
은 후두암으로 오랫동안 투병 생활을 했다. 2013년부터 그는
대략 열다섯 차례에 걸쳐 수술을 받았고, 자주 통증에 시달렸
다. 그러나 문제의 그날, 그는 팔에서 통증을 느꼈다. 그는 "바
로 전날 저는 눈을 치웠어요. 그래서 〔팔의 통증이 심한 나머지〕
'대체 내가 뭘 한 거지?' 하고 생각했죠"라고 목멘 소리로 말
했다.[1]

그는 당시 사귀었다 헤어졌다를 반복하던 남자친구인 랜
디 바넷Randy Vanett에게 담배와 (약간의 알코올 성분이 있는) 트위
스티드 티Twisted Tea 여섯 개 묶음을 사달라고 부탁했다. 랜디는
그 부탁을 들어주었고, 영수증을 내려놓았다. 레이가 키친타
올로 급조한 팔걸이붕대에 팔을 걸쳐둔 걸 눈치채지 못한 채.
레이는 담뱃값과 찻값을 즉시 랜디에게 건넸고, 고마움의 표
시로 점심을 사주겠노라고 제안했다. 그러나 랜디는 점심을
먹고 싶지 않다고 했다. 그는 섹스를 원했다. 레이는 "지금 몸
이 좋지 않아, 그러니까…… 오늘은 좀 그래"라고 거절 의사를
밝혔다. 랜디는 "괜찮아, 자기야. 지난번에 자기가 취해서 뻗
었을 때 내가 자기랑 두 번 더 섹스를 했거든"이라고 말했다.

레이가 자신이 들은 말이 무엇을 의미하는지 제대로 파
악하기까지는 시간이 필요했다. "그런 일을 하면 안 되지, 그
건 데이트 강간이야"라고 레이는 랜디에게 말했다.

실제로 랜디의 행위는 **그 자체로** 강간에 해당한다.[2] 랜디
가 언급한 날 밤 레이와 랜디는 서로 동의하에 섹스를 했다.
그 후 레이는 인후통을 달래기 위해 진통제를 먹었고, 트위스

티드 티 두 잔을 마셨다. 그러고는 잠이 들었고 이내 숙면에 빠졌다. 랜디가 두 번의 섹스(강간)를 하는 동안 레이는 의식이 없었다.

이후 레이는 "너무 배신감이 들었고, …… 그 일에 대해 아무 말도 할 수 없었다"고 말했다. 그는 "랜디가 의식이 없던 내 몸에 무슨 짓을 했는지 알 수 없는 노릇이었다"고 털어놓았다.[3]

그 일을 어떻게 처리해야 할지 고민하며 3주를 보낸 레이는 법 집행 기관에 근무하는 남편을 둔 친구에게 연락을 했다. 친구의 남편은 해당 지역의 치안 담당관에게 전화를 걸었다. 그 후 치안 담당관의 대리인이 레이의 집을 방문했고, 레이는 랜디가 사실을 털어놓을 상황을 만든 뒤 몰래 녹화해보면 어떨지 물었다. 대리인은 그런 행위는 '상대를 함정에 빠뜨리는 것'이라며 '안 된다'고 말했다. 하지만 레이는 직접 월마트에서 비디오카메라를 구입해 자신의 생각을 실행에 옮겼다. 그는 곰인형의 배를 갈라 그 안에 카메라를 설치한 뒤 랜디와의 대화 두 건을 몰래 녹화했다. 대화 도중 랜디는 자신이 한 일을 시인했다. 아래는 그 대화 중 첫 번째로 녹취된 내용이다.

레이: 자기가 알다시피 그때 내가 의식이 없는 상태였잖아. 지난번에 자기가 주방에서 "지난번에 자기가 취해서 의식이 없었을 때 내가 두 번 더 섹스를 했거든" 하고 말했지.
랜디: 아니. 나는 자기가 "의식이 없었다"고 말한 적이 없어.
레이: 그럼 뭐라고 말했는데? 당신이 뭐라고 그랬지? "의식

이 없었다"라고 말한 게 아니었는데. 맞다, 자기는 내가 "뻗었다"고 말했어.

랜디: 기억이 안 나. "의식이 없었다"라고 말한 것 같지는 않아. 그래, 그러니까 "우리 모두 자고 있었을 때".

레이: "뻗었을 때."

랜디: "자고 있었을 때", 당신이 잠들었을 때. 당신이 잠들어 있을 때 내가 자기랑 했지.

레이: "당신이 잠들어 있을 때 내가 자기랑 했지", 그래 그 말을 했어.

랜디: 그래.

레이: 그 말이 맞아.

랜디: 맞아. 내가 그랬어.

첫 번째 녹화가 제대로 되었는지 확신이 서지 않았던 레이는 다음 날 다시 랜디를 집으로 불렀다. 피자를 먹으면서 그들이 한 대화의 내용은 다음과 같다.

레이: 랜디, 노골적으로 말해야 할 것 같아. 내가 취해서 뻗어 있을 때 자기는 나랑 섹스한 거지, 그렇지?

랜디: 자기는 뻗어 있을 때 예뻐. 그래서 내가 자기랑 섹스를 한 거야. 그만하자. 이런 얘기는 좀 그만하자고. 자기는 정말 예뻐.

레이는 녹취 내용을 가지고 경찰서에 갔다. 그날 따라 레이의 목 상태는 더 좋지 않았고, 그래서 그녀는 거칠게 쉰 목소리로 간신히 말을 이어갔다. 때때로 레이의 목소리는 잘 들리지 않았다. 그러나 레이는 명확하게 진술했다. 자신이 약을 먹고 잠들었을 때 랜디가 자신의 의지에 반해 섹스를 했다고. (딘 셔프 형사는 "그걸 지금 신고하겠다는 건가요?"라고 물었고, 레이는 "물론이죠"라고 답했다.) 그러나 딘 셔프Dean Sherf 형사는 반복해서 레이에게 경고했다.

모든 진술에는 양면이 있어요. 그리고 이런 사건은 열에 아홉이 이래요. '남자는 이렇게 말했고, 여자는 저렇게 말했고' 그런 식이에요. 그래도 당신은 진술하고 싶겠죠.

일주일 후 셔프 형사는 랜디를 경찰서로 소환했다. 그들의 대화는 화기애애했다.

셔프 형사: 어제 전화로 말씀드린 것처럼 레이가 신고한 내용에 대해 고지하고, 그 사건에 대한 당신의 입장은 어떤지 듣고 싶습니다. 당신을 구속하거나 할 생각은 없어요. 랜디…… 오늘 여기에서 나에게 무엇을 말하든 당신이 유치장에 갇히거나 하는 일은 없을 거예요, 알겠죠? 어떤 항목으로도 기소되지 않을 겁니다. 구속되거나 그럴 일은 없을 거예요. 이건 단지……
랜디: 정말로 딱하기 짝이 없는 이야기죠.
셔프 형사: 네. 압니다. 누구도 하고 싶지 않은 이야기죠. 그

렇지만 우리는 이야기를 해봐야 해요.

랜디: 감사합니다.

셔프 형사: 신고가 들어왔고요. 이런 경우 그러니까…… 레이는 분명히 심각한 고발 혐의를 제기했어요. 그러니까 레이가 약물에 취한 상태일 때 당신과 레이 사이에 성적 접촉이 있었다는 내용이죠. 레이가 그렇게 말했습니다.

랜디는 셔프 형사에게 자신이 레이에게 했던 것과 본질적으로 다를 바 없는 이야기를 들려주었다. 레이가 의식이 없었을 때 그녀와 섹스를 했다고. "레이는 섹스에 대해 동의하거나 거부하는 의사를 밝히지 않았다"고 그는 기억했다. 랜디는 강간한 사실은 없다고 부인했고, 자기가 벌인 일을 낭만적인 행위로 진술했다. 랜디는 "이번 일은 제게 너무나 고통스러운 일이고, 앞으로도 그럴 겁니다"라고 덧붙였다. 랜디는 형사에게 암묵적으로 힘패시를 구한 것이다.

*　*　*

내가 정의한 바에 따르면 힘패시는 남성 가해자가 자기와 비슷한 특권을 누리거나, 그런 특권을 누리지 못하는 여성 피해자를 대상으로 범죄행위, 즉 성폭행, 성추행 혹은 다른 여성혐오 행위를 한 사실이 밝혀졌을 때, 남성 가해자에게 쏟아지는 압도적 수준의 공감을 뜻한다. 여성혐오가 보통 여성이 한 "나쁜" 행동을 처벌하거나 비난하는 것을 포함한다고 할 때(이 맥락에서 나쁘다는 건 가부장제 규범과 그 기대치에 어긋나는 행위를 뜻한다), 힘패시는 제대로 연구된 적 없는 여성혐오의 이면이라 할 수 있다. 말하자면 여성혐오에 자연스레 따라붙는 (비록 극도로 불공정한 일이지만) 보완물이다. 여성혐오는 여성을 짓밟고, 힘패시는 여성을 짓밟는 폭압자를 "좋은 남자"로 포장함으로써 보호한다.

힘패시는 여성혐오의 피해자나 표적을 비난하거나, 그를 논의에서 배제하는 방식으로 작동한다. 공감의 대상이 남성 가해자로 옮겨가게 되면, 여성 피해자는 남성의 과오에 이목을 집중시켰다는 이유로 의심과 공격의 대상이 된다.[4] 여성 피해자의 증언이 적절한 이해를 얻지 못하는 반면, 남성 가해자와 연대하는 사람들은 가해자를 위한 끊임없는 핑계를 생산한다.

주목할 만한 사례 중 하나로 브록 터너Brock Turner의 경우를 들 수 있다. 터너는 사건 당시 19세였고, 스탠퍼드대학교의 프래터니티 하우스*에서 열리는 파티에서 의식이 없던 22세의 샤넬 밀러Chanel Miller를 성폭행했다.[5] 밀러를 강간하던 현장인 쓰레기 집하장 뒤편에서 연행되었음에도(스웨덴 출신 대학원생 두 명이 시민 정신을 발휘한 덕택이었다), 터너가 강간범일 수 있다는 사실에 수많은 이들이 회의적인 반응을 보였다.[6] 터너의 친구 중 하나는 그가 저지른 범죄가 "여성이 주차장에서 자신의 차로 걸어가던 도중 납치되어 강간당한 것과는 완전히 다

---

* 프래터니티 하우스나 소로리티 하우스에 대한 설명은 2장의 옮긴이 주(31쪽)를 보라.

른 것"이라고 피력했다. 그 여성 참고인은 "그건 진짜 강간범이죠. 그렇지만 브록은 그런 사람과 달라요"라고 그의 좋은 성격을 입증하는 진술서에 기록했다. 터너의 여성 참고인은 그런 일이 발생한 건 "캠프 같은 대학 환경" 때문이라고 지적하면서, 그런 환경에서는 "일이 꼬이기 마련"이라고 주장했다. 또한 그는 판사에게 "자신이 마신 술의 양을 제외하고는 아무것도 기억하지 못하는 여자애"의 진술에 따라 양형 기준을 설정하면 안 된다고 간청했다. 많은 이들이 **여전히** 밀러의 당시 주량을 이 사건의 주요한 요인으로 언급한다. 물론, 이건 전형적인 피해자 비난하기다.[7]

터너에게 힘패시를 보인 사람들은 피해자를 비난하는 대신 그를 이 사건에서 지우려고 했다. 그런 행위를 나는 '여성(피해자) 지우기herasure'라고 부른다. 수많은 뉴스들이 밀러의 미래에 대해서는 일절 언급하지 않은 채 터너의 수영 실력과 그가 전도유망한 앞날을 잃게 된 것을 앞다퉈 보도했다. 밀러는 브록을 지지하는 수많은 이들에 대해 이렇게 썼다.

유죄 선고 이후에도 브록의 지지자들은 그가 처벌받지 않을 권리가 있다고 믿었다. 그들의 지지는 견고했고, 강간을 강간이라 부르지 않고 "끔찍한 난장판" 또는 "불운한 상황"이라고 불렀다. 그리고 브록의 지지자들은 여전히 "브록은 자신이 법 위에 있다거나 그 어떤 특별한 특권을 갖고 있다고 생각하지 않는다. …… 한 명의 여성으로서 말하건대, 나는 단 한 번도 그에게 위협을 느껴본 적이 없다"고 말한다. 브록의 모친이 쓴 세 쪽 반에 달하는 진술서에 나는 단 한 번도 언급되지 않았다. 여성 (피해자) 지우기는 억압의 한 형태이며, 실제 벌어진 사건을 직시하지 않고 거부하겠다는 의지를 드러낸다.[8]

한편 터너의 아버지는 자기 아들이 입맛을 잃어 더 이상 립아이 스테이크를 그릴에 구워 즉석에서 먹는 즐거움을 누릴 수 없게 됐다고 한탄했다. 터너가 "특유의 낙천성"과 "느긋함"을 잃어버린 것이 그에게는 아들이 저지른 범죄행위에 대한 적법한 결과물이 아니라 일종의 조롱으로 여겨진 것이다. 그러나 더욱 충격적이게도 이 사건의 판사인 에런 퍼스키Aaron Persky는 터너가 "좋은 남자"였다는 그의 가족과 친구들의 진술을 선선히 믿을 준비가 되어 있었다. 앞서 언급한 터너의 여성 친구의 진술에 대해 퍼스키는 이렇게 말했다. "그 진술에는 진정성이 있다. 이 사건이 있던 날 밤 전까지 그의 성격이 낙천적이었다는 것을 확증해준다고 볼 수 있다." 비슷한 맥락에서 터너의 아버지는 자기 아들의 범죄에 대해 "20년이 조금 넘은 그 아이의 일생에서 20분 정도의 행동"에 불과하다고 설명했다.

그러나 주지하다시피 성범죄자들은 반복적으로 같은 범행을 저지른다. 그런 점에서 터너가 (이후에) 달리 선량하게 살아갈 거라고 가정하는 것은 지나친 낙관이다. 실제로 재판 종료 후 터너가 스탠퍼드대학 수영팀의 한 여성 선수를 음흉하게 쳐다보며 적절치 않은 말을 했다는 사실이 불거졌다.[9] 또 다른 두 명의 젊은 여성 역시 스탠퍼드대학의 프래터니티 하우스에서 열렸던 또 다른 파티에서 터너가 자신들에게 "불필요한 접촉을 시도하고" "징그럽게" 춤을 춘 사실을 경찰에 신고했다. (비록 신고가 터너가 밀러를 강간한 일이 있은 지 6개월이 지난 후에 접수되긴 했지만) 이 일은 터너가 밀러를 강간하기 일주일 전에 발생한 것이었다. 밀러가 지적한 것처럼, 이러한 이야기들은 "터너를 아끼는 사람들과 미디어가 만들어낸 그의 이미지에 전혀 없었던 것들"이었다. 《워싱턴 포스트》는 그를 "말쑥하고" "동안을 가진" 이로 묘사했다.[10]

힘패시와 여성 (피해자) 지우기가 실행된 탓에 터너는 카운티 교도소에서 6개월 징역(과 3년 집행유예)을 선고받았고, 그마저도 3개월만 복역했다. 퍼스키 판사는 양형이 길어지면 터너의 장래에 "지대한 영향"을 끼칠 수 있음을 염려했다.[11] 그렇다면 그가 피해를 입힌 여성들과 앞으로 그에게 피해를 당할지도 모를 여성들의 장래는 어떻게 되는 걸까?

*　*　*

AP통신은 〈경찰에 따르면 메릴랜드 고등학교 총격범은 분명 실연을 겪은 십대〉라는 제목의 헤드라인을 뽑았다. 이 기사는 자신의 전 여자친구 제일린 윌리Jaelynn Willey를 포함해 두 명의 학우를 살해한 17세의 고등학생 오스틴 롤린스Austin Rollins에 대해 묘사하고 있다. 윌리는 뇌사 상태에 빠졌고, 하루 뒤 생명보조장치가 제거되어 롤린스는 살인범이 되었다. 몇몇 사람들은 이 헤드라인이 총격범에 대한 연민을 조장한다며 항의했지만 ABC, MSN, 《타임》을 포함한 여타의 주요 뉴스 채널 역시 그와 유사한 프레임으로 사건을 보도하는 경우가 비일비재했다.[12]

《로스앤젤레스 타임스》는 〈사망자 어머니 고백, 텍사스 고등학교 총격범이 자신의 접근을 거절해 수업 중 자신을 민망하게 만든 여학생 총기 살해〉라는 제목의 헤드라인을 뽑았다.[13] 17세 소년 디미트리오스 파고치스Dimitrios Pagourtzis는 이후 자신이 열 명의 사람을 총으로 쏘아 죽였다고 털어놓았다. 그중엔 그를 거절한 소녀 샤나 피셔Shana Fisher도 포함되어 있었다. 피셔의 어머니 세이디 로드리게스는 딸이 "이 남자아이로부터 넉 달간 시달림을 당했다"고 말했다. "그는 딸아이에게 접근해왔고, 딸은 그에게 관심이 없다고 반복해서 말했다."[14] 파고치스는 점점 더 그녀를 부담스럽게 했고, 피셔는 수업 중에 그에게 '아니no'라고 말하면서 반 전체 아이들 앞에서 무안을 주었다. 일주일 후 파고치스는 다른 일곱 명의 학우와 두 명의 교사와 함께 피셔를 살해했다.

파고치스의 가족들은 성명서를 통해 "다른 모든 사람들과 마찬가지로 우리 역시 해당 사건으로 인해 충격받았고 혼란스럽다"고 밝혔다. 더욱이

다른 산타페 고등학교 재학생들이 디미트리가 우리가 알던 바로 그 아이라고 대외적으로 언급해준 것에 고마움을 느낀다. 그 아이는 총명하고 조용하고 다정다감한 아이였다. 미디어를 통해 알게 된 디미트리는 우리가 사랑하는 그

남성 특권

아이와 너무나 달라 양립하기 어렵다.[15]

총격범의 "다정다감함"에 대한 증언이 당사자 가족들에게는 위로가 되었을 수 있다. 하지만 그런 발언은 사실을 끔찍히 왜곡하며, 피해자들이 치명상에 더해 극도의 도덕적 모욕을 입도록 한다.

최초의 헤드라인은 〈브리스번 차량 화재 비극: 전前 호주 럭비 리그 선수였던 로완 백스터가 그의 세 아이와 별거 중인 아내와 함께 죽은 채 발견〉이었다.[16] 이 사고에 관한 또 다른 기사에 게재된 사진에는 "전 호주 럭비 리그 선수였던 로완 백스터, 세 자녀에게 사랑과 애정을 쏟는 재미있는 아버지였던 듯"이라는 캡션이 붙었다.[17] 로완 백스터Rowan Baxter는 차에 휘발유를 붓고 불을 붙여 당시 막 별거한 아내 해나 클라크Hannah Clarke와 세 아이인 알리야, 라이아나, 트레이를 살해했다. 그는 스스로에게 입힌 자상으로 사고 이후 곧 사망했다. 담당 형사인 마크 톰슨Mark Thompson은 호주 퀸즐랜드에서 발생한 이 사건에 대해 "어떤 결론도 내리지 않고" 지켜보겠다고 말했다. 호주 언론인 베티나 아른트Bettina Arndt는 트위터에 다음과 같은 식으로 자신의 견해를 밝혔다.

퀸즐랜드 경찰들에게 축하의 말을 건넵니다. 이들은 로완 백스터가 '폭주했을' 가능성까지 고려해 함부로 사건의 결론을 내는 걸 피하고 있습니다. 확실한 증거를 기다리고 있다고 하네요. 하지만 분노가 엉뚱한 곳으로 표출된다는 데 주목하시길. 여성이 자신의 파트너를 칼로 찔러 죽이거나, 자기 아이를 댐에 빠뜨려 죽인다면, 경찰은 그러한 사건을 감히 페미니즘적 시각에서 벗어나 해명할 수나 있을까요? [그런 식으로 여성의 범죄는 옹호하면서] 지금처럼 남성이 동일한 범죄를 저질렀을 때는 그가 모든 남성들 속에 내재된 잔혹한 폭력성을 드러내고 있다는 식으로 몰아가는 게 가당키나 합니까?[18]

2020년 초반에 아른트는 "사회평론가로서 지역사회에 지대한 공헌을 하고, 남성의 권익을 옹호함으로써 양성평등에 기여"한 공로를 인정받아 (대영제국 훈장OBE에 버금가는 영예인) 호주 훈장Order of Australia을 받았다.[19]

힘패시는 종종 남성이 여성에게, 그리고 어떤 경우 아동에게 가한 폭력을 근본적으로 왜곡한다.[20] 힘패시는 잔혹한 범죄를 이해받을 만한 애정으로 인한 범죄, 또는 공감받을 만한 절박한 행동 정도로 기발하게 변모시키며, 강간과 같은 여타의 범죄들을 단순한 오해와 술이 초래한 해프닝 정도로 기발하게 전환시킨다.

* * *

레이 플로렉 사건의 경우, 랜디 바넷은 구속되지 않았다. 혐의를 받거나 자신이 시인한 범죄로 기소되지도 않았다.[21] 딘 셔프는 레이와 랜디 모두를 면담한 형사다. 그는 해당 카운티에서 거의 30년가량 치안 담당관 대리인으로 근속하다가 퇴직

했다. 마크 그린블랫Mark Greenblatt 기자는 셔프의 자택에서 인터뷰를 진행하며 왜 이 사건이 구속으로 이어지지 않았는지 질문했다.

그린블랫: 실제로 피해자가 제기한 혐의 내용의 핵심은 레이가 잠들어 있거나 의식이 없는 상태일 때 랜디가 레이와 섹스를 했다는 것이지 않습니까.

셔프: 으흠, 그런 셈이죠······ (수긍)

그린블랫: 그리고 그 섹스에 대해 레이는 동의한 바가 없고요.

셔프: 맞습니다.

그린블랫: 그게 범죄 요건을 구성하나요?

셔프: 그럴 수 있죠. 네, 그렇습니다. 그럴 수 있다는 말은 취소해야겠습니다. 그건 범죄행위입니다. 그렇지만 그 외의 다른 요소들이 충분히 범죄 요건을 구성할 수 있을까요?

그린블랫: 용의자가 상대가 잠든 틈을 타 그 사람과 성행위를 했다는 사실을 인정한 마당에 어떤 다른 증거가 필요하죠? 이외에 어떤 증거가 필요한 겁니까?

셔프: 글쎄요. 사건 당사자가 둘인데, 한 명은 강간을 당했다고 이야기하고, 다른 한 명은 "아니요, 저는 그런 일을 한 적이 없습니다"라면서 혐의를 부정합니다. 그게 우리가 가진 정황이죠. 다른 물증도 없고, 사건을 입증해줄 어떤 목격자도 없습니다. 두 사람의 대화 내용은 있지만, 물증이 없단 말이죠. 두 사람이 각기 다른 이야기를 하는 상황인

겁니다. 대화 녹취록이 있고요.

그린블랫: 그렇지만 형사님, 실례가 되지 않는다면, 남자가 한 말이 바로 여자가 한 말과 같지 않습니까. 랜디는 자신이 생각하기에 취했거나 의식이 없는 사람과 섹스를 했다는 사실을 시인했습니다. 여기서 쌍방의 입장이 갈리는 진술이 있습니까?

레이 플로렉 사건이나 이와 유사한 많은 사건들에서 남성 가해자와 여성 피해자의 진술이 모순된다는 것은 현실에서 하나도 중요하지 않다. 중요한 것은 사실관계와 관련해 별다른 이견이 없을 때조차, 즉 여성 피해자가 주장하는 내용과 남성 가해자가 부인하고 있는 사실에 어떤 모순도 없을 때조차 양자의 **이해관계**가 충돌한다는 점이다. 이 사건과 마찬가지로 어떤 사례에서는 남성 가해자가 자신의 범죄를 솔직하게 시인하기도 한다. 그러나 그런 경우에도 경찰은 가해자에게 어떠한 조치도 취하지 않는다. 어떤 경우 우리가 앞으로 살펴볼 내용처럼 남성 가해자가 도리어 〔혐의를 제기한〕 여성의 피해자로 인식되기도 한다. 그린블랫과 셔프의 인터뷰는 계속되었다.

그린블랫: 형사님은 성폭력 사건에서 어떤 요건이 충족되어야 용의자를 구속해야 한다고 확신하게 되십니까?

셔프: 어떤 경우 엄청나게 많은 요건들이 필요하지만, 또 어떤 경우에는 그렇지 않기도 합니다. 경우에 따라 다 다르죠.

남성 특권

그린블랫: 녹화되고 있는 심문 도중에 용의자가 형사님 앞에서 자신의 행위를 인정할 경우에는……

셔프: 기자님과 법적인 논쟁을 하고 싶진 않군요. 저는 랜디를 구속하지 않기로 결정했고요. 그는 기소되지 않았습니다. 일이 그렇게 된 거죠. 저는 다음 사건으로 넘어갔고요. 그 외에는 기자님에게 더 말씀드릴 게 없습니다.

애초에 형사는 자신의 판단 근거에 대해 이렇게 말했다.

셔프: 합리적 의심 그 이상의 증거가 없었다고 보기는 어렵지만, 어쨌든 그 사건에서 구속을 결정할 만한 확실한 증거는 없었다고 봐야죠. 그저 두 당사자 간에 의견이 다른 사건이었어요. 신고가 들어왔을 때로부터 시간이 많이 흘렀고요. 이 두 사람은 동의에 기반한 연애를 하고 있었습니다. 구속할 만한 사건이 아니었던 겁니다.

합리적 의심 그 이상의 증거가 있다고 믿지만 그게 상당한 근거probable cause로 작용하지 않는다는 주장은 어불성설이라는 점을 강조하고 싶다. 범죄 입증 증거로서 전자의 기준은 후자의 그것보다 훨씬 높다.[22]

인터뷰는 이렇게 종결되었다.

그린블랫: 이 사건은 여성이 면식범에게 강간당할 수 있다는 걸 알린 사건 아닌가요?

셔프: 그런 셈이지요. 그런 일이 일어날 수 있겠죠. 그렇지만 기자님께서 그런 종류의 사례를 모아 그중 몇 명이나 기소되었는지를 살펴보면, 실제 기소된 수는 아주 적다는 걸 알게 될 겁니다. 이유가 무엇이 됐든 기소되지 않아요. 다시 말씀드리지만, 기소는 검사와 법정과 우리의 좋은 시스템에 달려 있는 겁니다.[23]

사건 담당 검사인 토드 웹Todd Webb은 원고 측에서 랜디 바넷에 대한 기소를 기각한 이유에 대해 이 사건의 피해자가 "실제 무슨 일이 벌어졌는지 자기 자신조차 제대로 알지 못해 증언을 할 수 없기 때문"이라고 설명했다. 이런 식의 언급은 하나도 놀랍지 않다. 자신이 성폭력의 대상이 되었을 때 레이는 의식이 없는 상태였다. 그리고 살인 사건의 피해자는 [아예 증언 자체를 할 수 없으니] 이보다 훨씬 더 악조건에 처해 있다고 할 수 있다. 그러나 이 경우 검찰 측은 [피해자의] 부재 중에도 어떻게든 계속 [기소를] 밀고 나간다.

또 다른 사건 담당 검사였던 짐 앨스테드Jim Alstead는 곰인형 배 안에 들어 있던 카메라의 기록이 랜디에게 불공정하다고 지적했다. 그러면서 그는 랜디가 미리 파둔 함정에 빠진 셈이라고 했다. 레이가 정의를 구현하지 않고 왜 랜디에게 죄를 뒤집어씌우겠냐는 질문을 받자, 앨스테드는 "아마도 레이가 저소득 보호 대상자인지도 모르겠다"고, 혹은 자신이 불법 약물 복용자라는 사실을 속이고 있을지도 모른다고 아무런 증거도 없이 이론을 펼쳤다.

남성 특권

힘패시, 여성 (피해자) 지우기, 피해자 비난하기에 관해서라면 모든 것이 가능하다. 강간 사건을 다룬다는 것이 일부 나쁜 가해자를 가려내고 비판하는 것 이상의 일임을 이해해야 한다. 강간 범죄는 악한 행위자들이 있어야 성립한다. 이들은 남성 가해자를 감싸는 사회구조 덕분에 강간을 실행에 옮길 수 있고, 그 구조 내에서 보호받는다. 심지어 그 구조가 이들을 부추기기도 한다.

* * *

이처럼 시스템이 실패하는 양상 역시 매우 다양하다. 경찰이 임의로 구속을 거부하는 것은 물론, 검사조차 기소를 거부하는 것이 그 예에 해당한다. 강간 사건은 미국의 다수 사법관할 지역에서 '예외적 허가exceptional clearance'라는 명목으로 폐기되곤 한다. 2018년 (캘리포니아주에 위치한 비영리 언론 조직) 수사보고센터The Center for Investigative Reporting의 기자들은, 프로퍼블리카ProPublica와 뉴지Newsy에서 근무하는 기자들과 합동으로 1년에 걸쳐 이러한 관행에 대해 조사했다. 이들은 정보자유법Freedom of Information Act에 따라 도합 110개의 주요 도시와 카운티에 정보를 요청했으나, 그중 오직 60개의 자료만을 확보했다. 공동 조사단은 이 중 경찰이 강간 사건을 종결시키기 위해 예외적 허가를 활용한 경우가 절반에 해당한다는 사실을 알아냈다.[24]

필라델피아의 성범죄 전속팀 지휘관 톰 맥데빗Tom McDevitt 부서장에 따르면, 이러한 분류는 오직 "범죄 사실을 인식할 수 있고, 범죄가 일어났음을 증명할 수 있고, 피해자가 존재하고,

해당 피해자의 소재와 정체를 알 수 있는 경우 혹은 검사가 기소를 원하지 않거나 피해자가 사건 진행을 원하지 않을 경우"에만 적용하도록 고안되었다고 한다.[25] 법무부 공무원은 예외적 허가가 말 그대로 '예외적' 사례에 적용하도록 고안된 조항이라고 지적한다. 즉 구속할 근거가 충분함에도 어떤 이유로 그것을 실행할 수 없는 예외적인 상황에만 적용하도록 설계된 조항이다. 예를 들어 용의자가 이미 형을 살고 있거나 사망한 경우, 또는 피해자가 협조를 거부하는 경우가 여기에 해당한다.[26] 살인 사건의 경우 예외적 허가로 종결된 사건이 전체 종결 사건의 10퍼센트 정도를 차지하는데, 이는 나머지 90퍼센트가 구속을 통해 처리된다는 것을 뜻한다. (다시 말해 상당수의 사건을 해결하지 않은 채로, 미결인 채로, 혹은 가능성을 열어둔 채로 방치하는 셈이다.)[27]

그러나 다수의 경찰들은 실제 강간 사건을 처리할 때 경찰 고유의 이러한 방침을 공공연히 위반한다. 공동 조사단이 발단부터 종결까지 추적한 사건들 중 하나에 따르면, 한 젊은 여성은 기소 의지를 드러냈음에도 예외적 허가로 인해 자신이 당한 강간 사건이 종료되는 일을 겪었다. (성폭력 피해 발생 시 법의학적 증거를 모으기 위한 도구 세트인) 강간 키트에서도 강간 피해자가 피해 사실을 신고하며 말했던 것과 일치하는 부상과 멍을 입은 사실이 드러났다. 피해자는 경찰에 전적으로 협조했고, 정의가 실현되길 바란다고 반복해서 말하기도 했다. 경찰은 피해자가 혐의를 제기한 사람의 신원을 파악했다. (추후 이 남성은 성폭력으로 추정되는 그 사건이 상호 동의하에 이뤄진 일이라고 주장했다.) 경찰에 신고를 한 지 2년이 지나 이 여성은 청천벽력처럼 자신의 강간 사건이 예외적 허가로 인해 2주 전에 종결되었다는 서한을 받았다. 더 이상 그가 할 수 있는 일은 없었다. 사건은 종료되었다.[28]

실제 구속으로 인해 해결된 것인지 예외적 허가로 인해 종결된 것인지 구분도 하지 않은 채 사건을 종결하는 비율이 높은 도시와 카운티가 적지 않다. 예외적 허가로 인한 사건 종결은 대중이 경찰의 효율성을 불신하게 만들 수 있다는 점에서 위험하다.

예외적 허가로 인해 종결되는 사건 비율이 강간 사건에서 유독 높다는 사실이 많은 이들에게 새로운 정보일지 모르겠지만, 자유주의 진영에서는 이제야 막 제대로 분석되지 않은 강간 키트에 관심을 갖기 시작했을 뿐이다. 분석되지 않은 1만 건의 강간 키트를 최근 다시 분석하면서 연쇄강간범 817명의 신원이 식별되었다. 웨인 카운티의 킴 워시Kym Worthy 검사에 따르면, 미국 전역에서 대략 40만 건의 강간 검사 결과물이 미분석 상태로 남겨져 있다고 한다. 그리고 이미 나와 있는 증거에 따르면, "강간범은 구속되기 전 평균 7~11회에 이르는 범행을 저지르는 것"으로 밝혀졌다. 워시 검사는 이렇게 말했다.

미국 전역의 여러 사법관할 지역이 강간 키트를 수거한 후 그 어떤 분석도 시도하지 않은 채 방치하고 있습니다. 그들은 강간 검사가 경찰의 입회하에 이뤄지지 않았다고 주장합니다. …… (그렇지만) 강간 사건을 제대로 직시한다면 과연 이런 말을 할 수 있을지 이해가 가지 않습니다. 만일 우리가 살인 사건에 대해 이야기한다면 어느 누구도 이렇게 말하거나, 질문할 수 없을 겁니다. …… 하지만 강간의 경우에는 이유가 무엇이 됐든 범죄 사실을 은폐하기가 너무도 쉽습니다.[29]

강간 키트의 결과가 분석되지 않은 강간 피해자의 86퍼센트가 유색인 여성이라는 통계는 정신이 번쩍 들게 한다. 워시 검사는 이렇게 말했다. "(분석되지 않은 강간 키트 중) 금발에 푸른 눈을 가진 백인 여성의 것을 찾기는 어려울 겁니다. …… 이들의 검사 결과는 다른 대접을 받거든요. 이들이 겪은 강간 사건은 해결됩니다. …… 불행히도 강간 사건에서 인종은 여러 면에서 유색인 여성들의 검사 결과가 방치되는 주요한 이유로 작용합니다. 형사 정의 실현을 내거는 시스템 내부에 이런 사례가 정말 흔하게 널려 있습니다."[30]

이런 무심함, 즉 이 적대적이며 두드러진 무관심을 어떻게 설명해야 할까? 우리는 대개 강간을 극악무도하고 끔찍한 범죄로 간주하지 않는가? 관념상으로는 그렇다. 하지만 실제상에서는 왜 강간 사건이 발생했는데도 강간범이 피해자에게 저지른 행위에 대해 법적 책임을 묻지 않으려 하는가?

이 질문에 대한 하나의 답으로 그런 일에 관심을 기울이지 않는 우리의 인색함을 꼽을 수 있을 것이다. 그러나 더욱 정확한 답은 이 현상이 특정 남성이 특정 여성에게 섹스를 요

남성 특권

구할 **권리**가 있다고 여기는 인식에서 비롯되었다는 것이다. 자신과 동등한 수준에서 특권을 누리거나 상대적으로 특권을 덜 가진 여성과 교제 중이거나 과거에 그런 경험이 있었던 백인 남성의 경우 종종 그 여성을 성적으로 "소유할" 권리를 인정받는다.[31] 특히 여성이 (유색인 여성·남성과 교제하는 경우 외에) 자신과 비슷한 수준의 특권을 갖고 있는 사람과 교제 중일 경우 이런 일은 비일비재하다. 권력을 쥔 남성 중에서도 가장 막강한 권력을 쥔 남성은 별다른 대가를 치르지 않고 세상 모든 사람을 성적으로 "소유할" 권리를 인정받는다. 브렛 캐버너나 대통령 당선 전 (타당한 증거에 기반해) 여러 여성들에게 성폭력을 저지른 혐의로 기소된 도널드 트럼프 같은 이들 말이다.[32] 또한 현시점에 악명을 떨치고 있는 제프리 엡스타인 Jeffrey Epstein도 살펴봐야 한다. 그는 저명한 투자 은행가이자 자산관리가였고, 80명이 넘는 여성들에게 성적 학대를 가한 혐의로 기소되었다. 그에게 학대를 당한 여성들 중 상당수가 미성년자였다. 엡스타인은 팜 비치에 있는 자신의 저택에서 이 어린 소녀들을 대상으로 '그루밍 성범죄'를 저지른 것으로 알려져 있다.* 엡스타인은 자택에서 이 미성년 여성들을 만지거나 (그들을 앞에 세워두고) 자위하기 전, 그리고 때로는 강간을 하기 전 이들에게 마사지를 요청했다고 한다. 그러나 2019년까지만 해도 그는 자신의 행위에 대한 대가를 거의 치르지 않았다.[33]

---

*   그루밍grooming의 사전적 정의 중 하나인 '길들이기'에서 파생된 용어로, 친분을 쌓아 상대를 심리적으로 지배한 후 성폭행을 저지르는 범죄행위를 말한다. 성에 대한 인식이 상대적으로 낮은 아동이나 청소년이 피해를 입는 경우가 많다.

흑인, 트랜스젠더, 장애인이라는 이유 등 여러 기준에 따라 주변화된 미성년 여성과 성인 여성들의 강간 키트는 분석될 가치조차 없다고 여겨진다. 처벌에 대한 염려 없이 이들을 강간할 남성들이 너무나 많기 때문이다. 따라서 강간 키트의 중요성은 축소되고, 여성 피해자들이 누려야 할 도덕과 정의에 대한 기본적인 권리 또한 약화된다. "정의에 걸맞은 결과를 손에 쥘 수 있으리라 예상했던 나 자신이 놀랍다"고 트레이시 리오스Tracy Rios는 말했다. 리오스의 강간범이 그를 애리조나주 템피시의 빈 아파트로 불러들여 강간한 사건이 발생한 이후 대략 15년 동안 그의 강간 키트는 제대로 분석된 적이 없었다. "나는 시스템에 대한 신뢰를 잃었다. 사람들은 내가 겪은 일에 관심을 갖지 않는 듯했다"고 리오스는 말한다.[34]

리오스를 강간한 강간범은 이제 7년형을 선고받았다. 그러나 이것은 보기 드문 결과가 아니다. 이론적으로 강간이 종신형이 선고될 만한 범죄라고 해보자. 만일 당신을 강간한 범죄자가 기소될 만한 증거가 있는데도 유유히 법망을 빠져나간다면 이 사회는 **당신의** 가치를 어떤 식으로 평가하는 것인가? 결국 당신이 싸구려 인생이라고 말하는 게 아니겠는가?

물론 강간이 종신형으로 처리되어야 한다고 말하려는 것은 아니다. (나의 동료 자유주의자들과 마찬가지로 나는 종신형에 반대한다.)[35] 여기서 중요한 건 강간범과 얽혀 있는 피해자들을 괴롭히는 방치와 이중잣대를 밝혀내야 한다는 점이다. 우리가 정의를 어떻게 규정하든(옳게 규정하든, 잘못 규정하든), 자명한 것은 대부분의 강간 사건에서 정의가 실현되지 않는다는 사

남성 특권

실이다. RAINN(Rape, Abuse and Incest National Network, 강간, 학대, 근친상간 근절 전국 네트워크)의 통계 자료에 따르면, 가해자가 구금되는 비율은 전체 강간 사건의 0.6퍼센트에 불과하다.[36] 유사 범주에 속하는 다른 범죄(공갈 폭행이나 강도)에 비해 한참이나 밑도는 비율이다.[37]

✳ ✳ ✳

종종 레이더에 포착되지 않는 강간문화의 또 다른 면모가 있다. 바로 미성년자 강간범이 마주한 슬픈 현실이다. 미성년자가 저지른 성폭력은 구금을 통한 해결(구금이 여타의 범죄에 대한 처벌로써 정당한지에 대한 논쟁은 차치하고라도)과 도덕적 책임에 관한 일반적인 관념들 모두에서 벗어나 있다. 자신의 잘못에 대해 전적으로 비난받거나 책임을 지기에는 성폭력범이 지나치게 어리기 때문이다.[38]

　록산 게이Roxane Gay는 자신의 참혹한 경험을 담은 회고록 《헝거Hunger》에서 10대 초반의 자신을 잔인하게 집단강간한 또래 남자아이들에 대해 썼다. 그 가해자들은 "아직 성인이 되지 않은 미성년자들이었지만, 이미 성인 남성처럼 상대를 짓밟을 줄 알았다". 게이는 수십 년간 강간에 대해 쓰는 것은 물론이고 말조차 하지 못했다. 게이는 책을 쓰며 마침내 그 기억과 고군분투해야 했다.

　나는 그 애들의 냄새, 얼굴의 각진 모양, 그들이 내 몸을 누르는 무게, 땀에서 나는 쉰내, 그들의 팔다리가 가진 놀라운 힘을 기억한다. 그들이 그 과정을 즐겼고, 자주 웃었던 것을 기억한다. 그들이 나를 그 무엇도 아닌 순전한 경멸의 대상으로 취급했던 것을 기억한다.[39]

유색인 여성이자 스스로 규정하기에 뚱뚱한 게이는 그 강간으로 인해 여러 형태의 주변화와 겹겹이 쌓인 적대적 침묵과 직면해야 했다.

이 책 서두에서 내가 제시한 여성혐오의 정의를 상기해보자. 나는 여성혐오를 남성 개개인의 가슴에 깊이 뿌리박힌 적대감이 아니라 여성들이 가부장제적 강압이 불러일으킨 적대감에 직면하는 상황으로 정의했다. 이러한 정의에 따르면, (보통 사춘기 시기의) 미성년 남성이 미성년 여성에게 가하는 성적 공격은 분명 여성혐오에 해당된다. 이때 **남성 가해자** 또한 여성혐오와 강간문화의 피해자일 수 있는데, 강간문화가 나이 어린 남성들(즉 더 나은 행동 방식이 있다는 걸 인지하거나 자신이 무슨 짓을 하고 있는지 이해하지 못하는 남성들)에게 유해한 행동을 하도록 부추겨 도덕을 손상시키기 때문이다. 하지만 이 점을 인정한다 해도 성적 공격이 여성혐오 행위라는 사실은 바뀌지 않는다.

미투운동에서 이런 교훈을 직접적으로 얻을 수 있다. 〔사회운동가〕 타라나 버크Tarana Burke는 10년 넘게 이 운동을 이끌었고, 알리사 밀라노Alyssa Milano 같은 연예인들은 2017년 10월부터 미투운동을 대중적으로 알리는 데 힘썼다. 권력을 쥔 남성들이 연이어 성폭력범으로 밝혀진 덕에 마침내 지각 변동이 일어났다고 결론짓고 싶은 마음이 든다. 드디어 그들의 성적 위법행위를 중대하게 다룰 수 있게 된 것이다. 다른 가능성도 있다. 가해자들의 어떤 특성이 변했다. 즉 가해자들의 연령대가 높아져 성범죄 가해자를 "혐오스러운 노인"으로 정형화하기 쉬워졌다. 이 프레임은 연령차별주의가 만연한 문화에서 흔히 쓰이는 비유가 좀 더 강화된 형태라 할 수 있지만, 성범죄자를 딱한 존재로 그려낸다. 주지하다시피 후기 자본주의 관점에 따르면, 나이 든 노동 주체는 젊은 노동 주체보다 쓸모가 덜하다. 나이 든 이들의 노동 유통기한이 바짝 다가오고 있는 것이다. 그리고 어떤 경우에 나이 든 성범죄자는 젊은 층에 비해 더 손쉽게 폐기처분될 수 있다.

그러나 성범죄는 (노인이 되어) 저하된 사물 인식 능력이나 중년의 위기에서 비롯되는 것이 아니다. 범죄자 스스로 보고한 기준에 따르면, 성폭력 가해자는 통상 청소년기에 첫 범행을 저지른다.[40] 게다가 미성년자에 의해 발생한 의제강간(도덕적으로 복잡한 사안이 얽혀 있는 사례)을 제외하더라도, 상당수 성범죄 사건이 미성년 범죄자에 의해 발생한다. 최근의 통계치에 따르면, 미성년자가 가해자인 사건은 미국 내 법정 범죄의 4분의 1을, 성범죄의 3분의 1을 차지한다. 이들 미성년 성범죄자는 성인 성범죄자와 마찬가지로 남성의 비율이 압도적으로 높다.[41]

미투운동 시기 상당수의 헤드라인을 장식한 사건들은 어느 정도 이런 사실을 입증한다. 케빈 스페이시Kevin Spacey와 하비 와인스틴Harvey Weinstein에게 제기된 혐의 내용에 따르면, 이들의 범죄는 각각 1980년대 초반에서 중반까지 거슬러 올라간다. 당시 스페이시는 24세쯤, 와인스틴은 30세쯤 되었을 것이다. 성범죄자였던 이들의 과거를 현재 시점에서 상상해볼 수밖에 없는 우리로서는 이들의 성범죄 사실에 대한 피해자들의 진술에 늙은 남자의 모습을 대입하게 된다.

그러나 3년 전 한 여성이 용기를 내 당시 30세였던 영국 배우 에드 웨스트윅Ed Westwick에게 강간을 당했다고 증언했을 때, 트위터상에서는 대체로 웨스트윅은 너무 젊고 매력이 넘쳐서 성적으로 누군가를 착취할 만한 인물이 아니라는 식의 반응이 주를 이뤘다. 다른 두 명의 여성 역시 웨스트윅의 성범죄 사실을 증언했으나, 많은 이들이 아직도 이 고발을 "진실로 믿지" 않는다. 경찰은 증거불충분을 이유로 사건을 기각했다. 웨스트윅이 갖고 있는 여러 특권 중 젊음과 백인 남성 신체라는 특권이 승리를 거둔 셈이다. 그는 여전히 절대적 옹호와 지지를 받는 남성 아이콘이다. 따라서 그는 할리우드에서 여전히 돈을 잘 번다. (돈을 잘 벌기 때문에 사랑받고 있는 것일지도)

* * *

지금까지 살폈듯이, 여성혐오는 여성 일반을 목표물로 삼지 않는다. 가부장제적 규범과 기대치라는 기준에 부합하지 않는 "나쁜" 여성들을 골라 처벌하면 되기 때문이다. 이때 그들이 실제로 나쁜지 아닌지는 중요하지 않다. 그러나 이 점을 과도하게 일반화해서는 안 된다. 여성들 개인의 행동, 즉 한 개인의 젠더화된 "착한" 행동에 관계없이 그 어떤 여성이라도 여성혐오의 목표물 혹은 피해자가 될 수 있다는 것은 엄연한 사실이다. 실제로 여성들이 특정 "유형"의 여성을 대표하는 양 여겨지고, 한 여성의 잘못이 여성 집단 전체의 실책이라도 되는 듯 공격받고 처벌받는다. 또한 여성혐오에 기반한 공격은 여러 불만(예컨대 남성이 자본주의적 착취에 시달려 품게 되는)에서 비롯될 뿐 아니라, '전치displacement'*를 수반한다. 쉽게 말해, 취약하고 만만한 상대를 "짓밟는" 행위가 여성을 대상으로 벌어진다. 만일 어떤 여성이 역사적으로 가부장제가 지배하는 사회(다시 말해 남성이 자신의 분노나 좌절감을 분출하는 것을 오랫동안 허용해온 사회)에 살고 있다는 이유로 이런 식의 전치된 공격을 경험한다면, 그 여성은 여전히 여성혐오의 피해자라는 것이 나의 분석이다. 마지막으로 여성혐오적 사회구조가 목표치를 훨씬 넘어서는 파급력을 갖는다는 것, 그런 방식으로 애초 목표물로 삼은 여성 외에도 무수히 많은 여성들을 처벌한다는 것을 언급해야겠다.

마찬가지로, 가부장제적 질서를 공공연히 무시하(거나 무시한다고 여겨지)는 여성들이 여성혐오적 보복의 대상이 되는 경우를 살필 필요가 있다. 여성혐오는 그런 보복과 학대에 불평하지 말라는 것을 최우선의 강령으로 삼는다.

가장 끔찍한 사례는 여성들이 자신이 여성혐오의 **피해**

---

* '방어 기제'를 일컫는 심리학 용어로, 실현되지 않는 바람을 실현 가능한 다른 형태로 바꿈으로써 불안을 줄이고자 하는 심리적 메커니즘을 말한다. 여성혐오 범죄에서는 자본주의 사회에서 실패한 경험이 있는 남성이 그 분노의 방향을 바꿔 여성에게 표출하는 예가 대표적인 '전치' 사례에 해당한다.

자라고 밝히거나 주장해서 처벌받는 경우이다. 그런 여성들은 자신이 겪은 여성혐오적 처우들을 방증해주는 강력한 증거가 있어도 구조적 불신이나 비방을 겪는다.[42] 일례로 2009년 워싱턴주에서 한 여성이 칼로 위협받은 상태에서 강간을 당했다고 고발했지만, 도리어 무고죄로 500달러의 벌금형을 받은 일이 있었다. 이 고발은 사실로 밝혀졌다. 사건은 2011년에 다시 조명되었는데, 정강이에 독특한 달걀 모양의 점이 있는 동일범이 인근 지역에 거주 중이던 다른 강간 피해자에 의해 신고된 덕택이었다.[43]

2009년부터 2014년 사이 영국에서는 100명이 훨씬 넘는 여성들이 허위로 강간 신고를 했다는 이유로 처벌받았다. 그중 한 명인 라일라 이브라임Layla Ibrahim은 법 집행을 방해했다는 이유로 3년형을 선고받았다. 성폭행을 당했다는 그의 진술은 애초 채택되지 않았고, 그가 사건 고발 시점부터 [피해자가 아닌] 용의자로 여겨졌다는 것을 그의 어머니와 변호사가 증언했다.[44] 2018년 후반 호주에서는 배우 제프리 러시Geoffrey Rush가 한 사건에 연루되었다. 그와 함께 연극무대에 오르는 동료 배우 에린 진 노빌Eryn Jean Norvill이 그를 성추행 혐의로 고발한 것이다. 자신의 손을 노빌의 셔츠 안에 넣어 등을 만지고, 노빌의 몸을 더듬는 제스처를 반복하고, 침을 흘리는 (또는 아마도 신음하는) 듯한 이모지와 "사회적으로 허용되는 수준 이상으로 당신 생각이 나네"라는 문자 메시지를 보낸 혐의를 받았다. 노빌은 또한 러시가 〈리어왕〉의 마지막 장면을 연기할 때 자신의 가슴을 스치듯 만졌다고 주장했다. 노빌이 구체적인 성추행 증거를 제출했으나, 그녀의 진술은 받아들여지지 않았다.[45] 그리고 러시는 노빌을 명예훼손으로 고발해 (호주 달러 기준으로) 거의 290만 달러[23억 원가량]의 돈을 배상받았다.[46]

2006년 일곱 명의 유색인 퀴어 여성이 강간과 성추행에 대항해 투쟁하다가 상당한 법적 대가를 치렀다. 이들을 공격한 남성의 이름은 드웨인 버클Dwayne Buckle로, 그는 자신의 캣콜링catcalling*이 무시당하자 (그 무리 중 한 여성이 "이봐 아저씨, 나는 게이야"라고 응수하며 그의 접근을 저지했다) 격노했다. 그는 "그 여자들을 싹 다 강간해버릴 거야"라고 위협했고, 이내 주먹다짐이 오갔다. 누가 먼저 주먹질을 시작했는지에 대해서는 의견이 분분했다. 이어서 버클은 그 여성들 중 한 명의 머리채를 잡았고, 또 다른 한 명의 목을 졸라 죽이려고 했다. 이어진 4분간의 싸움 도중 버클은 부엌칼에 찔려 병원으로 이송됐다. 그는 《뉴욕 타임스》와 가진 인터뷰에서 자신을 "이성애 남성을 대상으로 한 혐오범죄의 희생양"이라고 밝혔다. 반면 그 일곱 명의 여성들은 "살인마 레즈비언" "늑대 떼거리"로 묘사되었다. 결국 이 여성들은 집단폭행과 살인미수를 비롯한 중범죄로 기소되었다. 기소된 일곱 명 중 세 피고인은 폭행죄를 인

---

*　남성들이 길거리를 지나가는 불특정 여성을 향해 휘파람을 불거나 다소간 거리를 두고 말을 붙이는 행위를 뜻한다. 무해한 호감 표시일 가능성도 있지만, 추근거리는 멘트나 성적으로 부적절한 발언이 대부분을 차지하기 때문에 (노상 또는 공공장소에서의) 성추행으로 보는 것이 정확하다. 이뿐만 아니라 캣콜링을 여성에게 성추행을 시도하기 전 일종의 전주prelude로 활용하는 일부 남성들도 존재한다. 2018년 프랑스 국회는 캣콜링 금지 법안을 통과시킴으로써 캣콜링이 정확히 성추행 혹은 성적 괴롭힘에 해당한다는 것을 공식화했다.

정했고, 나머지 네 명(이후 뉴저지 4인으로 호명된 이들)은 항소를 제기했으나 패소했다. 이들은 3년 6개월에서 11년에 이르는 징역형을 선고받았다.[47] 이들을 지지하는 사람들은 여성은 자신을 변호하려고만 해도 유죄가 된다고 주장했다.

　이로써 우리는 모든 연령대의 남성들, 특히 특권으로 무장한 남성들이 여성혐오적 행위에 대해 대가를 치르는 것이 강간 사건을 일으켰을 때조차 이례적인 일임을 살펴보았다. 여성이라는 성별 외에도 (우선 몇 가지 요소만 꼽자면) 인종, 섹슈얼리티, 장애 등과 같은 이유로 억압받는 여성들에게 강간 혹은 가해를 저지른 자들은 아무런 처벌도 받지 않은 채 유유히 사건에서 빠져나가고, 도리어 그 여성들이 이런 불의에 **저항했다**는 이유로 처벌받는다.[48]

*　*　*

내가 이 장 도입부에서 언급한 일화는 좀 더 나은 결말을 맞는다. 딱히 해피엔딩이라 말하기는 어렵지만. 레이 플로렉은 후일 민사소송에서 랜디 바넷이 초래한 정서적 손상에 대해 5000달러[600만 원가량]를 배상받았다. 합의 결정을 내리기 위한 청문회가 끝나고 레이는 자신의 변호사, 친구들과 함께 붐비는 바bar에서 축하 모임을 가졌다. 이들의 대화는 이렇게 흘러갔다.

　친구: 건배. 하고 싶은 말 있어?
　레이: 정의에 건배를!

친구: 승리에 건배를!

레이: 정의. 기뻐서 현기증이 날 것만 같아. 어지러워. 내가 예상했던 것보다 훨씬 큰 정의를 얻었어.

레이는 그것을 정의라 불렀다. 랜디는 판결에 불복했다. 또한 그는 상의를 입지 않은 레이의 사진을 온라인에 올렸다. 미네소타주에서 소위 이런 리벤지 포르노revenge porno*는 징역형으로 처벌될 수 있다.[49] 랜디가 처벌될지는 두고 볼 일이다.

---

*   자신의 의사에 반해 이별을 통보한 연인에게 복수하기 위해 유포하는 성적 이미지 혹은 성행위 등이 담긴 동영상을 지칭하는 표현이다. 그러나 저자 역시 주석에서 별도로 설명(293쪽)하고 있듯이 "동의에 기초하지 않은 보복성 성적 콘텐츠"가 더 공정하고 정확한 정의이다. 즉 '리벤지 포르노'는 가해자의 입장에만 초점을 둔다는 점에서 다소 문제적인 용어이다. 마치 사안의 쟁점을 흐리기 위해 '성적 불평등'을 '젠더 갈등'으로 교묘히 대체하는 것과 유사한 논리라 할 수 있다.

2010년대 이후 스마트폰을 비롯한 각종 (불법)촬영 기기가 범람하고 통신 기술이 비약적으로 발전하면서 불법촬영물의 건수는 폭발적으로 증가했고, 유포 속도 역시 전례가 없을 정도로 빨라졌다. 특히 최근 한국에서는 텔레그램 같은 메신저를 통해 불법촬영물을 제작 및 유포하는 시도들이 늘고 있다. 해당 사이트나 플랫폼에서 삭제하더라도, 원본을 가진 누군가가 다른 사이트에 교묘히 재편집해 업로드하는 탓에 완전 삭제가 거의 불가능하다는 게 전문가들의 지적이다. 이러한 촬영물이 불특정 (남성) 이용자들에 의해 '소비'되는 상황이 심각한 사회문제로 부상하고 있고, 피해자가 2차, 3차 …… n차 가해에 지속적으로 노출되는데도(법적 처벌이 이루어지더라도 마찬가지다) 제대로 된 법적 규제와 양형은 미비한 상태이다. 남성 가해자에게 더 유리한 수사와 처벌은 물론, 통신을 의사 표현의 수단으로 보고 최소 규제 원칙을 따르는 현 법체계의 문제가 크다.

4장

달갑지 않은 섹스

'동의'라는 함정

"창녀 같으니라고." 크리스틴 루페니언Kristen Roupenian이 쓴 단편 소설 〈캣 퍼슨Cat Person〉은 남성 주인공의 이와 같은 마지막 대사로 끝난다. 2017년 엄청난 속도로 유명해진[1] 이 단편은 한 남성과 여성, 즉 34세의 로버트와 20세의 마고에 관한 이야기로, 둘 사이에 이루어진 성적 접촉을 생생하게 묘사하고 있다. 그날 밤 이 둘 사이에 벌어진 일은 분명 두 사람 모두의 동의에 따른 것이다. 그러나 동의에 따랐다고 해서 윤리적으로 문제가 없는 것은 아니다. 둘 사이에 강압이나 위력이 있어서라기보다, 그보다 더 미묘한 요인들이 있기 때문이다.

확실히 이 단편에는 전반적으로 로버트에 대해 비판할 수 있는 거리들이 많다. 그는 마고와 데이트하기에는 나이가 너무 많다. 적어도 내 판단에는 그렇다. 그리고 그는 마고를 유혹하기 위해 사소한 속임수를 쓴다. 자신이 더 부드러운 사람으로 보이도록 없는 고양이 두 마리를 있다고 말한다. 또 마고가 그에게 이별을 고하자 그녀에게 전형적인 여성혐오적 발언을 퍼붓는다. 그렇지만 둘 사이의 섹스는 어떠한가? 그들의 섹스는 별로이고, 어색하기 짝이 없고, 불쾌한 경험으로 그려진다. 그런 일은 일어나지 말았어야 했다. 로버트에 대한 처음의 관심이 사그러든 마고는 그와 함께 있기를 꺼리지만, 이를 드러내지는 않는다. 그러나 마고가 애써 감추려던 감정을 깨닫지 못한다고 해서 로버트를 탓하기란 어려운 일이다. 마고는 그저 그에게 "무례하게" 행동하지 않기 위해(적어도 이게 주된 이유다) 섹스한 것뿐이다.

우리 독자들은 마고가 정중히 섹스를 거절했을 경우 로

버트가 어떻게 반응했을지 알지 못한다. (다만 그가 마지막에 마고에게 던진 말을 통해, 그녀가 솔직했거나 그를 떠나버렸을 경우 로버트가 어떻게 반응했을지 어렵지 않게 추정해볼 수 있다.) 아마 그가 형편없이 난폭하게 반응했을 거라고 예상할 수 있는 것과 마찬가지로, 그런 조건법적 서술 역시 그의 성격에 대해 많은 것을 시사한다. 그렇지만 그런 서술은 그의 행동을 어떻게 평가할지에 대해서는 별다른 단서를 주지 못한다. 《뉴욕 타임스》에 칼럼을 쓰는 바리 와이스Bari Weiss가 쓴 다른 사건(하지만 이 단편소설과 연관되어 있는 사건)에 대한 촌평의 관점에 따르면, 로버트는 유죄가 될 만하다. 상대의 마음을 헤아리지 못했기 때문이다.[2]

와이스는 〈캣 퍼슨〉이 웹상에서 엄청난 유명세를 떨치기 시작한 지 몇 주 만에 벌어진 실제 사건에 대해 무죄라고 평했다. '그레이스'라는 가명의 22세 여성이 〈베이브〉*의 리포터 케이티 웨이Katie Way에게 당시 34세였던 배우 겸 코미디언인 아지즈 안사리Aziz Ansari가 자신의 일상을 완전히 뒤흔든 끔찍한 밤의 범인이라고 증언한 사건이 있었다.[3] 그러나 이 사건과 〈캣 퍼슨〉에서 전개되는 허구의 만남 사이에는 한 가지 중대한 차이가 있다. 그레이스가 안사리와 자신 사이에 벌어지

---

* 10대 후반부터 20대 여성들을 주 독자층으로 하는 미국의 온라인 매체. 공신력이 있는 언론이라기보다는 선정적이거나 논쟁적인 정치, 사회문화, 예술, 젠더 관련 사안들을 즉각적으로 업데이트해 조회수를 늘리거나 트렌드로 만드는 식으로 움직인다. 2018년 12월을 마지막으로 더 이상 기사가 업데이트되지 않았고, 현재 사이트 역시 폐쇄된 상태이다.

남성 특권

고 있는 일을 어떻게든 늦추고 중단하기 위해 반복적으로 애를 썼다는 사실이다. 그레이스는 성행위를 중단할 방법을 찾고 있었고, 안사리는 그런 상대의 바람에 지독히도 무감했다. 둘 사이에 일어난 일을 상상할 때도 강압에 의한 성폭력부터 비윤리적이지만 합법적인 성행위까지 여러 방식을 염두에 둘 수 있다. 그러나 그레이스의 진술을 액면 그대로 받아들인다면(나는 충분히 그럴 의향이 있다), 최소한 안사리는 데이트 상대가 자신과의 섹스를 원치 않는다는 것을 파악하기 위해 좀 더 많은 것을 할 수 있었을 것이다. 그 사실을 일찍이 알아차리지 못했더라도, 적어도 암묵적으로는 알고 있었을 수 있다.[4] 이는 안사리의 사건에 대해 와이스가 내린 판단이 소름끼칠 만큼 남성 가해자에게 이입했음은 물론 (그런 판단이 순전히 거짓이 아니라면) 얼마나 부적절한지 보여준다. 성적 행위에 따르는 단 하나의 명백한 윤리적 의무가 있다면, 그건 상대가 그 행위를 **원하거나** 진심으로 동참하고자 하는지를 적극적으로 파악해야 할 의무다. 실제로 모호한 면이 남아 있다면, 극도의 신중을 기하는 것이 낫다. 신속하게 그 행위를 멈추고 단념하면 된다.

그러나 이 모든 일은 또 다른 경우의 가능성에 대해 짐작케 한다. 즉 만약 의심할 여지없이 적극적 동의로 보였던 [마고의] 행동이 일종의 **연기**라면 어떨까? 〈캣 퍼슨〉은 바로 이런 지점에 대해 곱씹어보도록 한다. 마고는 로버트의 몸, 그가 어색하게 접근해오는 방식, 형편없는 키스에 역겨움을 느낀다. (그 자신은 "제대로 발기된" 상태라 주장하지만, 그렇게 보이지 않는다.) 그렇지만 마고는 그냥 그 일[섹스]을 처리하고 끝내버리기로 결심한다. 로버트가 자신의 어리고 성적 매력이 있는 신체에서 지대한 쾌락을 얻는다는 사실에서 성적 쾌락을 찾는다. 그런 효과를 배가하고자 마고는 열의 있는 척하며 자신의 역할을 수행한다. 실제로는 티끌만큼의 쾌락도 느끼지 못하면서 말이다.

　이는 정치적으로나 미학적으로 편히 다루기 어려운 화두다. 이 모든 일이 일상적으로 벌어진다. 그리고 원치 않는 섹스 혹은 강압에 의해 벌어지는 (그러나 그 **누구도** 강요하지 않은) 섹스가 어떠한지 보여준다. 그런 압박은 가부장제적 사회가 짜놓은 대본과 만연해 있는 남성의 성적 특권에서 비롯되며, 마고가 로버트를 두고 나오는 일이 무례하다거나 심지어 **잘못되었다**는 느낌을 준다. 우리는 성적 자율성을 완벽하리만큼 철저히 실행에 옮기고, 섹스가 끝난 후의 어색한 상황을 사려 깊고 기품 있게 처리하는 남자들이 있을 수 있다고 상상해볼 수 있다. 하지만 그렇다 하더라도 마고와 같은 사람들(이러한 사실을 모르거나, 알아도 "버릇없거나 변덕스러워" 보이기를 원치 않는 부류)이 몸에 밴 사회적 관습에 따라 섹스를 수행하는 것 또한 상상해볼 수 있다.

　그러므로 다음과 같은 질문을 제기할 필요가 있다. 우리는 왜 그리고 어떻게 (성적으로) 거절당한 남성의 상심을 그토록 중요하고 신성한 것으로 여기는가? 왜 우리는 여성들이 남성들의 다친 자존심을 보호하거나 소중히 다뤄줄 책임이 있다고 여기는 것인가?(이 질문은 바로 앞의 질문과 관련이 있다.)

남성 특권

〈캣 퍼슨〉이 끝난 것과 거의 같은 방식으로 시작된 현실세계의 사건이 있었다. 한 남성이 트위터상에서 세라 실버먼Sarah Silverman이라는 코미디언에게 명확한 이유도, 부차적인 설명도 없이 "창녀"라고 말한 것이다. 실버먼은 해당 남성의 트위터 피드를 추적했고, 그가 겪은 고통에 대해 알고 있다고 말했다. 실버먼은 자신이 그 남성을 이해하고 공감했으며, 그라는 사람을 신뢰했다는 등의 말을 했다. 또한 그 남성을 용서했고, 처방받은 진통제에 중독된 그의 재활 프로그램 비용을 대겠다고 했다. 이 사건은 미담으로, 비슷비슷한 수많은 뉴스 헤드라인 중 하나가 제시한 것처럼 "마스터클래스급 연민"으로 소개되었다.[5]

내가 아는 한 미디어에서 다음과 같은 분명한 사실을 지적한 이는 없었다. 실버먼이 의심할 여지없이 선한 의도를 갖고 있고, 흔한 (추정컨대 젠더화된) 사회적 규범에 따라 행동하고 있지만, 그것이 그 남성의 나쁜 행동을 **부추긴다**는 사실 말이다. 실버먼의 이런 행동은 비난받기는커녕 열렬히 칭송되었다.

요약하자면 이렇다. 여성은 남성의 상처난 마음을 어루만져줄 때 보상을 받는다. 남성의 마음을 보듬지 않으면 여성은 처벌받게 되어 있다.

* * *

케이틀린 플래너건Caitlin Flanagan은 〈아지즈 안사리의 수치〉라는 헤드라인을 뽑았다. 플래너건은 《애틀랜틱》에 실은 기사에서 그레이스와 같이 "분노한 젊은 여성들"이 행사하는 "일시적 권력"에 대해 한탄했다. 태그라인에서 드러났듯, 이들 여성은 갑자기 "위험천만한" 존재가 되었다.[6] 플래너건의 기사는 그레이스의 이야기에 당혹스러움을 피력하는 것으로 시작한다. ("당신은 그레이스가 쓴 어휘와 문장 구조를 이해할 수 있다. 그러나 그 사건은 당신이 인식할 수 있는 영역 밖에 있다. 당신이 너무 늙은 것이다.") 그리고 나서 기사는 곧바로 이 사건의 주제적 시의성을 짚는 방향으로 자연스레 흘러간다. ("이 사건이 최근 《뉴요커》에 실린 단편 〈캣 퍼슨〉의 이야기, 다시 말해 문자를 주고받다가 서로에 대해 알게 된 두 사람이 영혼도 없고 실망스러운, 오직 섹스를 위한 섹스를 하는 그런 이야기처럼 다수의 젊은 층에게 반향을 일으킨 의미심장한 사건임을 알 수 있었다.") 두 사람 사이에 무슨 일이 벌어졌는지 플래너건이 묘사한 바는 그가 누구에게 더 이입하고 공감하는지 뚜렷하게 보여준다. 플래너건은 "불명예스러운"(플래너건 자신이 평가한 바) 행동을 한 피해자 대신 온전히 안사리의 입장에 공감한다.[7]

[저녁 식사를 마치고] 돌아온 지 몇 분이 채 지나지 않아 [그레이스는] 주방 조리대에 앉아 있었고, [안사리는] 명백한 동의하에 그녀에게 오럴섹스를 하고 있었다. (나이 든 독자라면 한때 경험한 "원나잇 스탠드"의 첫 동작과는 너무도 상이한 이 대목에서 눈이 휘둥그레질 것이다.) 그리고 그레이스의 진술에 따르면 그다지 고결하지 않은 방식의 여러 섹스 행위를 계속해서 강요했다고 한다. 그 밤이 그런 식으로 흘러간

데 대한 자신의 감정을 끝내 억누르지 못한 그레이스는 결국 안사리에게 "너희 남자들은 다 똑같이 엿같아"라고 말한 뒤 울면서 자리를 떴다고 한다. 나는 바로 이 말이 이 일화에서 가장 중요한 대목이라 생각했다. 그레이스는 이런 일을 수없이 겪었던 것이다. 그녀는 어째서 이번 섹스가 이전의 경험들과 다를 거라고 믿었던 걸까?

플래너건은 피해자를 비난하는 온갖 방법을 동원하는 것은 물론 그레이스의 말을 함부로 확대 해석하는 우를 범한다. 그레이스의 진술 그 어디에도 플래너건이 추측한 것처럼 그런 일이 "이전에도 수없이 많았음"을 암시하는 대목은 없다. 그 말["너희 남자들은 다 똑같이 엿같아"]은 남성들이 가진 성적 특권의 여러 변형들을 목도한 그레이스의 전반적인 실망감을 담고 있을 뿐이다.

플래너건은 이전 세대의 여성들이 이런 상황에서 했을 법한 행동을 [현 시대의] 여성들에게 권한다. 자신의 유명한 데이트 상대 남성에게 "신선하다" 말한 뒤 따귀를 때리고 그 자리를 빠져나오라는 식이다. 그러나 그릇된 명목을 내세워 더 이상 옳은 행동을 권장하지 않는 문화가 아마도 그레이스를 두려움에 빠뜨렸을 것이다. 소설 속 인물 마고가 두려워한 것 (유명한 남성의 성적 자아를 꺾어버림으로써 무례한 사람, 더 나아가 "쌍년"이 되는 것)을 마찬가지로 두려워하도록 말이다. 그런 문화는 여성들에게 불편한 성적 접촉에서 벗어날 사회적으로 용인된 구실을 제공한다. (자기결정권이 아니라) 정절을 지킨다는 명목이 바로 그것이다. 그레이스가 "얼어붙었고, 공포에 질렸고, 그 자리에서 꼼짝할 수 없었다는" 증거가 없다는 (비록 그렇게 느꼈으리라는 걸 충분히 짐작할 수 있지만) 플래너건의 지적은 틀리지 않다. 그레이스에겐 세련된 방식으로 불편한 상황에서 벗어나는 기술이 없었다. 그레이스는 플래너건을 격분하게 만드는 그런 행위의 위험성을 결코 모르지 않았을 것이다. 비록 다른 방법을 동원했지만 말이다. 다시 말해 그레이스는 안사리에게 "굴욕"과 고통을 안김으로써 "착한 남자"라는 안사리 스스로가 만든 이미지에 균열을 냈다. 그레이스는 이런 식으로 불편한 상황에서 벗어났다. 그레이스는 남성 데이트 상대의 아파트를 박차고 나와 그의 참으로 무책임한 행동에 세간의 이목을 집중시켰다는 이유로 여성이 무책임한 존재로 여겨지는 세상으로 진입한 셈이다. 그레이스는 비난받아 마땅한 사람이 되었고, 안사리는 신속히 용서받았다. 플래너건은 다음과 같이 그레이스에게 분을 쏟아냈다.

그레이스와 그녀의 이야기를 적은 작가는 3000자 길이의 리벤지 포르노를 썼다. 그 이야기를 전달하는 지나치리만큼 상세한 디테일은 그레이스의 말이 진실임을 입증하기 위해서가 아니라, 안사리에게 해를 끼치고 그를 몰락시키려는 의도에서 썼다. 그 작가와 그레이스 모두 안사리의 커리어를 망쳤다. 이는 남성들이 일삼는 모든 종류의 성적 비행(그로테스크한 기행부터 실망스러운 행동까지)에 대한 처벌이다.

넷플릭스의 제작 콘텐츠 사장 신디 홀랜드Cindy Holland는 안사리의 TV 시리즈를 언급하며 "우리는 아지즈와 함께 〈마스터 오브 제로Master of None〉의 다음 시즌을 기꺼이 만들 것"이라고 말했다. 플래너건이 절망적 예견을 제시한 지 고작 6개월 만의 일이었다.[8] 넷플릭스 스트리밍 서비스는 추후 안사리의 스탠드업 코미디 특별 회차를 따로 제작했다. 물론 누군가는 그가 백인 남성이었다면 더욱 많은 가해자 편향의 동정과 지지, 대중의 용서를 받을 수 있는 편안한 길이 열렸을 것이라고 예상하기도 한다. 대신 앞서 언급한 강간 혐의를 받은 에드 웨스트윅의 사례처럼, 이 사건은 안사리에게 별반 흠을 남기지 않았다. '모두에게 널리 사랑받는 남성 아이콘'이라는 그의 명성은 여전하다.

*　*　*

다시 '무례한 사람이 되는 것'이라는 화두로 돌아오자. 여성은 그토록 사소해 보이는 사회적 결과를 피하기 위해 왜 그토록 극단적인 선택(근본적으로 자신의 의지에 반하는 행동)을 하는 것일까? 그러나 우리가 알다시피 실제로 사람들은 종종 어떻게 행동해야 할지 문화적 각본이 짜여 있는 사회적 상황에서 벗어나지 않으려고 각고의 노력을 기울인다. 그런 행동을 의무적으로 강요받거나 누군가 권위 있는 인물에게서 제안받을 때 특히 그렇다.

이런 현상은 1960년대 초반 진행된 그 유명한 밀그램 실험에서 가장 극적으로 드러났다. 피험자들은 무고해 보이는 남성에게 강도를 일정하게 늘려가며 전기 충격을 가하도록 지시받았다.[9] (그 남성은 실험을 주도하는 사람과 공모한 상태였고, 노련한 배우였다. "교사" 역할을 맡은 피험자들은 "학생" 역할을 맡은 그 남성에게 정해진 답을 요구하도록 되어 있었다.) 이 사실을 모르는 피험자들은 그 남성을 만나 악수를 나눴다. 대부분의 피험자들이 그에게 호감을 표했다. 피험자들은 45볼트의 전기 충격을 직접 체험한 탓에 남성이 오답을 말했을 때 어느 정도의 고통에 처하는지 알고 있었다. 이 실험은 처벌이 인간 기억력에 미치는 영향에 관한 연구로 고지되어 있었다. 그러나 3분의 2에 해당하는 피험자[교사]가 자신이 어떤 고통을 가하는지 인식하고 있음에도 (계속 오답을 제시하는) 무력해 보이는 그 남성[학생]에게 일련의 전기 충격을 가하며 줄곧 실험 설계자의 지시를 따랐다. 이후 전기 충격은 450볼트까지 올라갔고, "경고: 극도의 위험" 또는 "XXX"라는 최후의 경고가 새겨진 버튼을 눌러야 했다. 피험자들은 남성이 다 들릴 정도로 크게 신음하고, 울고, 고통스럽게 비명을 지르고, 그만하라고 빌고, 벽을 두드리고, 종국에는 기이한 침묵에 잠겼음에도 계속해서 전기 충격을 가했다. 최악의 사실은 남성이 심장 이상 증세를 호소했다는 것이다.

이 실험의 결과는 익히 알려져 있다. 비교적 덜 알려져 있고, 이 맥락에서 더 공들여 살펴야 할 부분은 피험자 대다수가 자신들이 수행해야 할 업무에 분명히, 그리고 본능적으로 **고통을 느꼈다**는 점이다. [이 실험을 고안한 사회심리학자] 스탠리 밀그램Stanley Milgram에 따르면, 피험자들은 의무를 수행할 때조차 "자신들이 하고 있는 일에 동의하지 않았다"고 한다.[10] 자신이 가하는 고통에 무감하거나, 기계적이고 반복적으로 업무를 수행하며 "그저 명령에 복종한다"는 사고방식을 보이기는커녕, 대부분의 이들이 그 상황을 거부하거나 거기서 벗어나려고 했다. 피험자들 117명의 음성 녹취본을 분석한 최근 자료에 따르면, 실험 과정 중 90명의 피험자가 "하고 싶지 않다"거나 "할 수 없다"는 말을 했다.[11] 하지만 그럼에도 대다수의 피험자들은 설계자의 명령에 따라 실험을 계속해나갔다. 진땀을 흘리거나, 연이어 담배를 피운다거나, 울거나, 어떤 경우 반복적으로 노래를 부르는 등 여러 가지 방식으로 스트레스를 표출하면서도 자신에게 부여된 임무를 완수한 것이다.

한 남성 피험자가 반복적으로 부른 노래의 내용은 의미심장하다. "이 일은 계속되어야 해. 계속되어야 해.[12] 이 구절은 밀그램의 주장을 뒷받침한다. 저서 《권위에 대한 복종Obedience to Authority》에서 밀그램은 피험자들이 설계자의 지시에 순응해야 한다는 허구이지만 강력한 **도덕적 의무감**을 갖고 주어진 일을 수행했다고 상세히 밝힌다.[13] 사람들이 그 순간에 도덕적 양심을 잃었다는 것이 아니라, 실험 설계자의 모습을 하고 있는 현장에 존재하는 권위자의 명령에 순응해야 한다는 허구이지만 다른 어떤 가치보다 우선시되는 의무감을 주입하는 것이 생각보다 쉽다는 사실이다. 이 경우 권위자는 예일대학교 과학자라는 신상을 가진 하얀 가운을 입은 남성의 형상을 하고 있다.[14] 피험자들은 이 남성과 초면이었고, 그는 피험자들의 장래에 특별한 영향력을 행사할 만한 인물도 아니었다.

피험자들은 고작 4달러의 참가비(와 교통비 50센트)를 받았을 뿐이다. 그러나 대부분의 피험자들은 자신을 순응하게 만드는 것을 설계자의 **특권**으로 여겼다. 피험자들이 반대하거나 실험 과정을 중단하고자 할 때, 설계자는 다음과 같은 말 중 하나를 순서대로 제시했다.

"계속하세요." 또는 "하던 대로 진행하세요."
"이 실험에서 당신은 하던 것을 계속해야 합니다."
"하던 일을 반드시 계속해야만 합니다."
그리고 최후의 수단으로는
"당신에게는 다른 선택권이 없습니다. 계속해야 합니다."[15]

흥미롭게도 과도하게 강압적인 마지막 지시의 효과가 가장 **떨어지는** 것으로 밝혀졌다. 마지막 지시를 들은 피험자들은 실험실을 박차고 나갔다.[16]

이런 실험들은 특히 권위를 가진 인물이 자신과 직접적으로 관련되어 있을 때(그러니까 권위자의 영향력에서 놓여나기 위해 무례할 만큼 저항해야 할 때) 사회적으로 짜인 각본이 힘을 발휘한다는 것을 보여준다.[17] 그러한 상황은 완벽하리만큼 평범한 사람들이 양심의 힘을 강력하게 피력하면서도 무고한 피해자를 고문할 수 있도록 만든다. 밀그램 실험이 보여주는 것은 단지 개인이 그런 환경에서 **타인들에게** 어떤 행동을 할 수 있는지가 아니다. 이 실험은 사람들이 설계된 환경에서 **결의나 양심을 저버리고** 무엇을 할 준비가 되어 있는지 보여준다.

남성 특권

* * *

하비 와인스틴은 24세의 모델 암브라 구티에레즈Ambra Gutierrez 에게 2분간 열한 번이나 "제발"이라고 말했다. 이것은 몰래 녹취된 내용의 일부로, 2017년 말에 공개됐다. 이 녹취 내용은 그를 몰락시키는 데 이바지했다.[18] 당시 65세였던 와인스틴은 전날 구티에레즈의 가슴을 만졌다. 구티에레즈는 와인스틴을 경찰에 고발하기로 결심했고, 그다음 날 와인스틴과 만날 때 도청 장치를 장착하고 가기로 동의했다. 이날 와인스틴은 구티에레즈에게 같이 호텔에 가자고 강권하고 있었다. 그는 드러내놓고 강압적인 어조로 말하기 시작했다. (와인스틴: "지금 말하는데, 여기 타." 그리고 얼마 뒤: "넌 지금 여기 타야 해." 비록 희미하게 들리긴 했지만 구티에레즈는 신속하고 명료하게 "싫어요"라고 말했다.) 와인스틴은 기민하고 음흉하게 전략을 바꿨다. 밀그램 실험의 첫 단계와 유사하게 말이다. (다음에 이어진 그의 말은 "제발?"이었다.) 와인스틴이 (앞서 부탁조로 "제발"이라고 한 것처럼) 이 "제발"을 반복한 탓에, 상대는 거절하기가 점점 더 힘들어졌다. 말하자면 [상대가 그렇게까지 애원하는데] 이런 식으로 거절하는 것은 사회적으로 기대되는 행동을 저버리는 일이 된다. 와인스틴이 누가 봐도 가벼운 말투로, 그러나 집요하게 반복적으로 압박을 가한 것도 바로 그 이유 때문이다. 그는 구티에레즈가 [거절하며] 느낄 압박감에 관심이 없었을 뿐 아니라, 바로 그런 고통을 **유발해서** 결국 상대가 자신의 요청을 수락하지 않을 수 없게 만들 작정이었다. 와인스틴이 구티에레즈의 거절을 수락으로 받아들였다는 것은 아니다. 그 거절

이 그에게 **아무런 의미를 갖지 않았다**는 뜻이다. 구티에레즈의 거절은 와인스틴이 계속해서 부탁하고, 요구하고, 자신의 욕구를 인지하는 계기에 불과했다. 와인스틴은 계속해서 구티에레즈에게 자신이 누구인지("나는 유명한 사람이야") 일깨웠고, 그런 식으로 구티에레즈가 사회적 각본에서 일탈하려 한다는 것을 상기시켰다("너는 나를 창피하게 만들고 있어"). 구티에레즈는 그가 원하는 방향으로 일하길 거부했고, 따라서 그와 함께 일하는 것이 불가능해졌다.

와인스틴의 강력한 페르소나(맥락상 그가 얼마나 중요한 사람인지 상기할 뿐 그가 어떤 권리를 갖는지와는 별개인 문제)는 분명 자신의 공격적인 접근 대상을 충분히 취약하게 만들 수 있었다. 그런 남성은 자신의 접근을 거부하는 여성 수하에게 두려움(이런 두려움은 대체로 정당하다)은 물론이고 그릇된 의무감을 심어준다. 상대 여성은 그가 자신의 인격을 성적으로 착취하는 일에 적극적으로 참여하게 될 수도 있다. 섹스를 거부하는 일뿐 아니라 남성 권력자에게 계속해서 거부 의사를 밝히기가 점점 더 어려워지기 때문이다. 이런 이유로 여성은 그 남성과 원치 않는 성관계, 쾌락을 위해서라도 절대 하고 싶지 않은 성관계를 갖게 된다. 여성이 이런 일에 끝내 동의하게 되는 것은 사회생활에서 기피 대상이 되지 않기 위해서다.

와인스틴은 에마 드 코네Emma de Caunes라는 또 다른 목표물을 자신의 호텔방으로 불러들였고, 자신의 작업 방식을 편지에 밝혔다. 그는 샤워를 마치고 나와 드 코네에게 자기와 함께 침대에 들어가자고 권했다. 드 코네는 단박에 거절했다. 와인스틴은 놀랐다. "우린 아무것도 하지 않았어!"라고 와인스틴이 외친 것을 드 코네는 기억했다. 그는 드 코네에게 이 시나리오가 낭만적이라는 것을 납득시키려 했다. "이건 마치 월트 디즈니 영화에 있는 일 같은 거야"라고 제안했다. (와인스틴의 또 다른 피해자는 그가 저지른 성적 착취를 두고 "끔찍한 동화"라고 표현한 바 있다.) 드 코네는 온 힘을 그러모았다. "저는 와인스틴을 쳐다보고 이렇게 말했어요. 제 안에 있는 용기를 다 끌어모아서요. '전 늘 월트 디즈니 영화를 싫어했어요.' 그리고 그 방을 빠져나왔죠. 문을 쾅 닫고요." 드 코네는 끔찍한 고통에 시달리며 부들부들 떨었고, 겁에 질려 온몸이 굳는 걸 느꼈다.[19]

이것은 단순히 이런 종류의 권력을 휘두를 수 있는 특권적 남성에 대한 일화가 아니다. 이런 일은 수시로 일어나며, 결혼 관계 안에서도 발생한다. 잡지 《복스》*에 실린 최근의 기사에서 한 여성은 "자신의 가장 깊숙한 곳에 감춰진 어두운 진실"에 대해 쓰며 부부 상담에 얽힌 내막을 마침내 밝혔다. 이 여성은 8년간의 결혼생활에서 남편에게 강간당하는 느낌을 받았다고 고백했다.[20] "원치 않는 성관계를 해야 하는 게 때로 역겨운 일처럼 느껴졌다"고 글쓴이는 말했다. "한번은 침대에서 화장실까지 곧장 뛰어가 변기에 속을 게워내야 했던 적

---

* 복스 미디어Vox Media가 운영하는 13개의 잡지 중 하나로, 2014년 4월 에즈라 클라인Ezra Klein, 맷 이글레시아스Matt Yglesias, 멜리사 벨Mellisa Bell이 창간했다. 정치, 사회, 문화 등의 현안 등을 신속하게 다루면서, 당면 사안에 대해 '어떻게'와 '왜'라는 질문을 던지는 설명 저널리즘explanatory journalism을 시도한 것으로 잘 알려져 있다. 여타 매체들처럼 유튜브 채널과 여러 팟캐스트 채널을 활용하여 영향력을 높이고 있다.

도 있다." 그러나 부부 상담 이후 15년 동안 그는 이 끔찍한 현실을 인정하는 데 큰 어려움을 겪었다. 남편에게 더 이상 관계를 갖고 싶지 않다고 말하는 것, 남편의 욕구를 거절하는 것은 그에게 두려운 현실이었다. 또한 그런 상태를 자기 자신에게조차 납득시키기 두려웠다고 한다. 대신 그는 이렇게 쓴다. "성관계를 피하는 방법을 어떤 식으로든 찾아내곤 했다. 관계 갖는 것을 거절할 정도로 충분히 아픈 상태를 기꺼이 즐겼다. 비록 머리로는 언제든 내게 성관계를 거절할 권리가 있다는 걸 알고 있는데도 말이다." 성관계를 피할 수 없을 때 그는 남편이 섹스를 하도록 내버려두었고, 그러는 동안 자신은 책을 읽으며 관심을 다른 데로 돌렸다고 한다. 그는 남편이 자신에게 키스하지 못하도록 했다. "그게 우리의 규칙이었다. 나와 섹스를 할 수는 있어도 키스는 할 수 없다는 것, 그리고 내가 섹스를 좋아하는 척할 필요가 없다는 것. 남편은 이 조건에 동의했다." 글쓴이는 이렇게 덧붙인다.

내가 성관계를 원치 않는다는 것, 부부 사이를 이어주는 정서적 연결고리가 없어서 깊은 아픔을 느끼고 있다는 것을 알고 있는 남자, 그런 사실을 분명히 알고 있는 남자와의 섹스에 굴복하는 것이 강간으로 느껴졌다. 내 안의 무언가가 부서지는 듯했다. 남편이 상대가 원치 않는 섹스를 통해서도 여전히 쾌락을 얻고 정서적으로 충족될 수 있다는 사실은 우리의 결혼생활에 대한 나의 생각을 산산조각 냈다. 내가 섹스돌sexdoll처럼 느껴졌다. 내 자아는 무너져 내렸다.

하지만 나는 자책했다.

글쓴이는 이 현실을 미투운동 중에, 남편을 떠난 지 한참이 지난 시점에 다시 곱씹기 시작했다고 한다. 그의 글은 이렇게 흘러간다.

나는 수치를 겪고, 강압과 협박에 의해 섹스를 하게 되는 여성들을 대변하는 엄청난 분노를 목격하면서 …… 궁금해 졌다. 내가 한 말(그에게 강간당하는 느낌을 받는다는 고백)을 제대로 들었다던 남편이, 과연 그 말을 한 번이라도 제대로 들었다면 그날 밤 그렇게 푹 잘 수 있었을까? 나와 계속 관계를 갖겠다고 고집부리는 것은 차치하고서라도.

나는 이 일화에 단연 남성 특권이라는 진단을 내릴 것이다. 그러나 이런 일화는 여성들이 스스로 내면화한 남성의 성적 특권을 거부하기를 얼마나 어려워하는지 여실히 보여준다. 글쓴이는 이렇게 묻는다. "어떻게 타인에게 고통을 주면서까지 자신의 권리를 주장할 수 있는 것인가?" 이 글을 쓰던 당시 나는 이 질문에 답할 수 없었다.

여기 놀라운 사실이 하나 있다. 그 익명의 글쓴이는 페미니즘 이론을 가르치는 인문학 교수였다. 그러나 그는 이렇게 고백한다. "내가 읽었던 그 모든 페미니즘 문헌들이 내가 사회와 대중문화에서 흡수한 것들을 완전히 없애주지는 못했다. 나는 나 스스로의 감정과 무관하게 남편에게 성적 만족감을 제공하는 것이 나의 의무라고 생각했다."

*　*　*

여성은 자신이 끔찍한 사회적 결과(직업상의 보복에서부터 파경까지)를 맞이하게 될지 모른다는 두려움을 느끼는 한편, 남성들(자신이 성적 만족을 누릴 특권은 물론 여성의 열렬한 동의와 참여를 즐길 권리까지 갖고 있다고 생각하는 이들)에게 거절 의사를 밝힐 때 극도의 죄책감과 수치를 경험하게 된다.

　이런 시각에서 볼 때, 안사리의 수치심을 염려한 플래너건의 반응은 기이할 정도로 (너무나) 일방적이다. 남성의 의지를 꺾은 여성은 종종 개인적으로든 공적으로든 수치를 겪는다. 그 고통이 여성을 침묵에 빠뜨린다.[21]

　배우 셀마 헤이엑Salma Hayek 역시 《뉴욕 타임스》에 하비 와인스틴에 대한 강력한 글을 썼다. 그 글에서 헤이엑은 오랜 침묵을 깨고 와인스틴이 자신을 학대했음을 밝혔다.[22] 와인스틴은 헤이엑의 창조적인 꿈이 실현 가능해 보이도록 만들어주었다. 그는 헤이엑에게 그녀가 미래에 굉장한 사람이 될 거라는 믿음을 주었다. 그러고 나서는 헤이엑이 자신을 성적으로 만족시키지 못했다며 잔인하게, 복수심을 가득 담아 화를 퍼부었다. 구체적으로 말하면 헤이엑이 그와의 관계를 거부하자(대략 헤이엑이 그에게 거절을 표하자), 그녀를 하찮게 취급한 것이었다. 와인스틴은 헤이엑을 폄훼했고, 죽이겠다고 협박했다. 성적 강압은 와인스틴의 무기고 안에 저장된 수많은 무기 중 하나였다.[23]

헤이엑의 회상에 따르면, 와인스틴은 헤이엑이 자신의 기준에 부합할 만큼의 섹시한 프리다 칼로를 연기해내지 못하자 미친 듯이 화를 냈다. 와인스틴은 그런 식으로 자신의 욕구가 거부당할 때 폭발했다. 그는 헤이엑을 다른 사람들에게서 고립시키고, 수치심을 안긴 후에 헤이엑에게 상의를 벗은 상태에서 섹스신(헤이엑의 몸 자체가 거부한 신)을 찍도록 강요했다. 와인스틴의 눈이 자신의 벌거벗은 몸에 닿을 것을 생각하자 헤이엑은 극도의 공포감을 느꼈고, 구토하고 흐느껴 울었다. 말하자면 날것의 수치심이 터져나온 셈이다. 그런 남성들은 여성들의 의지에 반하여 수치심을 무기로 활용한다.

그러나 다시 말하건대 와인스틴같이 권력을 쥔 남성만이 이런 일을 할 수 있는 것은 아니다. (물론 권력을 쥔 남성이 성적 강압을 행사할 여분의 자원을 갖는다는 사실을 부정하는 것은 아니다.) 남성 권력자 중에는 남성 특권을 누리면서도 인생 전반의 경험, 특히 여성들이 자신에게 보인 반응을 상기하며 **억울해하고**, 주눅들고, 낙담하는 이들도 있다. 〈캣 퍼슨〉의 남자 주인공 로버트가 바로 그런 예다. 다소간 의기소침하고, 쉽게 상처받는 성격의 남성 말이다. HBO 시리즈 〈걸스Girls〉에 등장하는 척 팔머 또한 그렇다.[24] 2017년 초에 방영된 〈미국 쌍년들 American Bitch〉이라는 제목의 에피소드에서 해나 호바스는 저명한 중년 작가인 척 팔머의 집을 방문하게 된다. 그는 강연이나 마스터클래스를 하러 미국 내 대학 캠퍼스를 방문할 때 학부생과 자기 위해 자신의 지적 유명세를 이용한다는 혐의를 받고 있었다. 그들의 섹스가 동의에 기반한 것인지는 딱히 명확하지 않으며, 실제로 바로 그 점이 핵심이다. 남성들이 〔상대의〕 동의를 이미 받아냈다고 용인하는 문화에서 이들이 윤리적으로 어떤 책임을 갖는지 논할 때 상대의 동의 여부를 묻는 일은 불필요해진다.[25] 그 자체로 합법적인 섹스와 범죄행위로서의 섹스를 구분하는 기준이 상대의 동의 여부인 것은 사실이지만, 윤리적 섹스에는 단순히 범죄를 저지르지 않는 것 이상의 무엇이 있다. 이는 인간의 삶과 도덕적 행위 대부분의 측면에도 해당한다. 예를 들어 정직하게 산다는 것은 사기죄, 강도죄, 중절도죄를 저지르지 않는 것 이상의 일이다.

〈걸스〉의 (이 드라마의 제작자 레나 던햄Lena Dunham이 연기한) 해나 자신 또한 작가였다. 당시 그는 스물일곱 살로 팔머보다 훨씬 어렸고, 잘 알려져 있지 않은 작가였다. 해나는 유명하지 않은 페미니스트 웹사이트에 팔머의 무분별한 언행들(팔머 스스로도 그렇게 생각할 법한 언행들)에 관해 쓴 글을 올렸다. 팔머는 나이나 직업적인 지위 면에서 우위를 점하면서도 자신이 해나의 피해자, 대체로 어린 여성의 권력에 극도로 취약한 존재가 되었다고 여겼다. 이 젊은 여성들은 이제 그의 성적 착취를 착취로 낱낱이 **밝힘으로써** 그의 명성을 무너뜨릴 수 있는 힘을 갖게 되었다. 팔머가 해나를 자신의 화려하고도 우아한 취향이 반영된 맨해튼 집으로 초대한 건 바로 그 때문이다. 사회적으로 버림받았고, 불안감에 시달리는 자신의 관점에서 본 이야기를 들려주기 위해서.

* * *

남성 특권

"강간이라고 볼 수는 없지만, 그렇다고 상대가 원한 것도 아닙니다. 확실히 상대가 마음 깊이 원했던 건 아닙니다." J. M. 쿳시J. M. Coetzee의 소설 《추락Disgrace》에 등장하는 인물인 52세의 대학교수 데이비드 루리는 자신이 가르치는 20세의 학부생 멜라니와의 섹스에 대해 이렇게 설명한다. 섹스가 벌어지는 동안 멜라니는 "마치 일부러 몸에 힘을 빼기로 작정한 것처럼, 자신의 중요한 무언가가 죽어버린 것처럼 가만히 있었다. 마치 여우에게 덥석 목을 물린 토끼 같았다."[26] 멜라니는 스스로의 결정에 따라 움직인다. 데이비드가 그녀의 옷을 벗길 수 있게 엉덩이를 올린다거나 하면서 말이다. 그러나 멜라니가 자신의 자유의지대로 행동한 것은 아니다. 그날 오후, 데이비드가 그녀의 방문을 두드려 슬리퍼 차림의 그녀를 놀라게 한 바로 그 오후에 멜라니는 그런 남성의 성적 욕망이 윤리적 중요성을 잠식해버리는 문화적 각본에 내던져졌다.

멜라니는 데이비드를 거부하기 위해 자신의 의지를 굳건히 해야 했을 것이다. 이내 데이비드는 직권을 남용하고 어떤 반성의 기미도 보이지 않았다는 이유로 망신을 당하고 재직 중인 대학에서 퇴직을 권고받는다. 멜라니는 일상적 균형감각을 완전히 상실하고, 무방비 상태가 되어 어떤 행동도 취할 수 없게 된다.

이런 일은 섹스가 반드시 강간이 되지는 않는다는 것을 보여준다. 그러나 이 사건을 심지어 데이비드에게까지 중대한 도덕적 사안으로 만드는 사실이 있다. 바로, 멜라니가 데이비드의 맹습을 각오했을 경우 섹스가 강간으로 성립할 수 있음을 데이비드가 알고 있었다는 사실이다. 멜라니의 아파트에서 나와 자동차 핸들 앞에 몸을 수그리고 자신이 느끼는 낙담과 수치와 씨름하던 데이비드는 그 사실을 인식하고 있었다. 좀 더 정확히 말하자면 이렇다. 만일 멜라니가 (데이비드를 거부할) 자신의 주체성과 권리에 대해 인식하고 있었더라면 그녀는 그 상황을 거부했을 것이다. 이 사실을 인지했던 데이비드가 멜라니(의 그런 점)를 이용한 게 분명하다. ('이용했다'는 것은 너무 낡은 표현이지만, 적어도 이 맥락에서는 유용하다.)

데이비드가 멜라니의 아파트에 도착했을 때는 사실 "그 무엇도 그를 막을 수 없었고", 멜라니는 막으려는 시도조차 하지 않았다. "그녀가 한 일이라고는 그를 피한 것뿐이었다. 그의 입술과 눈을 피하는 게 전부였다." 멜라니는 등을 돌려 자리를 피한다. 마치 "자신에게 벌어진 모든 일들이 이미 끝났고, 저 멀리로 치워졌다"고 느끼는 듯했다.[27] 그렇게 데이비드는 자신의 욕망에 충실해 멜라니를 취한다. 그 일은 그의 작은 죽음〔성적 절정/환희를 뜻하는 문학적 표현〕이자 부활이 되었다.

그 후 멜라니는 예고 없이 데이비드의 집 앞에 나타나 그와 함께 지내도 되겠냐고 묻는다. 멜라니는 아주 잠시 동안 명확한 열정을 갖고 데이비드의 삶에서 자신의 역할을 수행한다. 자신의 아파트에서 있었던 최초의 추함과 폭력을 다시 쓰기라도 하듯이. 그러나 데이비드는 혼잣말로 "함께 지내는 동안(만일 실제로 동거라는 걸 했다면) 모든 것을 주도"한 건 자신이었고, 멜라니는 그런 자신을 "따랐을 뿐"이었다고 되뇌었다. 데이비드는 "그 사실을 잊어선 안 된다"고 스스로에게 말했다.

이 말은 진정성이 없는 것처럼 들린다.[28]

*　*　*

밀그램 실험의 이러한 성적 버전, 즉 여성 주체에게 근본적으로 성적 욕망이 결여된 상태나 자신이 종사하는 직업에서 문화적 권위를 가진 인물에게 순종하는 행위는 비단 섹스의 영역에 국한되지 않는다. 무엇보다 분명한 것은 그런 일이 또 다른 형태의 폭력으로 확장된다는 점이다. 성적인 부분과 관련된 일이건 아니건 간에 그런 폭력은 상대를 소유하려 들고, 무례하다. 열한 살의 해나 호바스는 영어 교사 라스키가 지나치게 친근하게 굴며 집적댔을 때('집적댄다'는 것 역시 너무 낡은 표현이지만, 성적 암시가 깔려 있다는 점에서는 유용하다) 멜라니와 유사한 수동성을 보였다. 해나는 자신이 그런 상황을 신경 쓰지 않는다고, 심지어는 좋아한다고 말했지만, 잘못된 이유로 잘못된 시기에 잘못된 방식으로, 아리스토텔레스의 유명한 공식을 전도시켜 그렇게 말한 것이다. 그 사실을 해나는 척 팔머에게 말한다.

> 라스키 선생님은 나를 좋아했어요. 나에게 감탄했고요. 내 글쓰기는 특별했어요. 짧은 소설이나 그런 걸 썼지요. 가끔 라스키 선생님은 전체 학생들에게 말할 때 내 뒤에 서서는 내 목을 쓰다듬곤 했어요. 어떨 땐 내 머리를 문지르고, 머리카락을 쓰다듬었죠. 나는 개의치 않았어요. 그런 행동은 내가 특별하다고 느끼게 해줬죠. 누군가 나를 제대로 알아

봐주었고, 내가 아주 특별한 사람으로 성장할 거라는 느낌을 줬어요. …… 어쨌든 작년에 내가 부쉬윅에서 열린 파티에 갔을 때 한 남자가 내게 다가와서는 이렇게 말했어요. "해나, 우리 이스트랜싱에 있는 같은 중학교를 나왔잖아!" 그리고 나는 이렇게 말했죠. "세상에, 라스키가 가르쳤던 그 끔찍한 수업 기억나? 미성년자인 나를 성추행했잖아." 그 남자애가 뭐라고 말했는지 아세요? 그 엿 같은 파티 한가운데서 마치 심사위원이라도 되는 양 나를 쳐다보더니 "그건 너무 심한 혐의를 뒤집어씌우는 거지"라고 말하곤 가버렸어요.

이제 멜라니가 제기한 혐의에 대해 데이비드가 보인 엄숙하고도 상대를 재단하려 드는 반응을 살펴보자. 그는 방어적일 뿐 아니라, 뼛속 깊이 상대를 경멸하고 얕잡아 본다.

학대. 그는 그 단어를 기다리고 있었다. 정의감에 벌벌 떠는 목소리로 전달되는 그 단어. 그를 바라보던 그때 그녀는 그에게서 무엇을 보았을까? 그녀를 미치도록 화나게 만든 건 무엇이었을까? 무력한 작은 물고기떼에서 상어를 본 걸까? 아니면 다른 것, 말하자면 큰 골격을 가진 남성이 아이와 같은 몸을 가진 여성을 짓누르는, 큰 손으로 그녀의 울음을 막아버리는 장면을 보기라도 한 것일까? 얼마나 우스운 일인가! 그는 기억했다. 그들 두 사람이 바로 어제 같은 방에 함께 있었다는 사실을. …… (그리고) 멜라니의 키는 그의 어깨에도 닿지 않았다. 그는 멜라니와 자신이 절대 동등할 수 없다는 사실을 어떻게 부인할 수 있었을까?[29]

데이비드는 어떻게 그들 사이에 존재하는 권력차를 부정할 수 있었을까? 그러나 그가 결국에는 인정한 차이(신장 차이)는 정말이지 사람을 미치게 할 만큼 이 사건과 아무 상관이 없다. 이 상황에서 드러나는 불평등성은 가부장제 문화의 산물로, 권위를 지닌 남성 인물에게 저항하고 도전하는 여성들에게는 협박과 처벌이 뒤따르기 마련이다. 여성혐오가 여성들에게 내면화된 수치와 죄책감이라는 독특한 형태로 나타나는 것은 바로 이 때문이다. 여성들은 자신을 가해하거나 학대한 남성들을 감싸지 않는 것에 대해 수치심과 죄책감을 느낀다. 여성들은 남성들에게 해를 입히거나 남성들을 실망시키길 원치 않는다. 여성들은 좋은 여성이 되길 원한다.

*　*　*

앞서 언급한 〈걸스〉의 에피소드에서 팔머는 해나를 매혹시킨 뒤 금세 그녀의 방어막을 허문다. 그들이 서로의 이야기를 교환할 때, 해나는 그의 책장에서 필립 로스의 소설 《그녀가 착했을 때When She Was Good》를 꺼내든다. 해나는 로스의 여성혐오에도 불구하고 그 작가와 작품을 사랑한다고 말하며 팔머에게 그 책의 별칭이 "미국 쌍년American Bitch"이라는 사실을 알린다. 팔머는 그 자리에서 즉시 해나에게 저자 사인본을 건넨다. 해나가 "미국 쌍년"이 되지 않은 것에 대한 작은 보상이었다.

다음 장면에서 팔머는 자신의 침대에 누워 해나에게 자기 옆에 누울 것을 청한다. 자신은 누군가와 밀착되는 느낌을 받고 싶을 뿐이라고, 잠을 잘 못 잔다고, 외롭다고. 그는 해나를 등진 상태로 누워 있다. 두 사람 모두 옷을 입고 있다. 팔머는 예고도 없이 갑작스레 돌아눕더니 바지 지퍼를 내리고, 반쯤 발기된 자신의 음경을 그녀의 허벅지에 대고 문질렀다. 해나가 청하지 않았음에도 말이다. 그는 해나가 본능적으로 자신의 발기와 사정을 도울 거라고 기대하고 있었다. 해나가 깜짝 놀라 펄쩍 뛰면서 "당신 음경을 만지다니!"라고 반복해서 소리질렀다. 해나는 치욕을 당했다.

척 팔머는 해나가 그렇게 서서 소리치고 있을 때 냉소적으로, 심지어 새디스트처럼 미소 지었다. 팔머는 자신이 이겼다는 것을 알고 있었다. 그는 성적 착취에 대해 따져 묻기 위해 자신의 집에 찾아온 해나에게 자신이 어떻게 그런 일을 하는지 보여줌으로써, 동시에 해나를 무너뜨림으로써 자신이 원했던 것을 손에 쥐었다. 그는 해나를 자기 마음대로 휘두르고 깎아내렸다. 해나는 그에게서 역겨움을 느꼈다.

5장

통증을 둘러싼 불신

몸의 기본값에 관하여

사회학자이자 작가인 트레시 맥밀런 코텀Tressie McMillan Cottom은 임신 4개월 차에 하혈을 경험했다. 하혈을 시작했을 때 그는 직장에 있었고, 원고를 마감한 후 남편에게 전화를 걸어 자신을 데리러 와달라고 부탁했다. 그러고는 건조하게 덧붙였다. "당신이 흑인 여성이고, 직장 내 정치적 역학에 이미 연루된 몸을 갖고 있다고 생각해봐. 그런 몸이 하혈까지 하고 있고, 부어 있다면 그 상황이 얼마나 끔찍한지 상상해보라고."[1]

맥밀런 코텀은 자신이 다니던 산과obstetrics로 갔다. 코텀은 이 병원을 "좋은 학군 또는 괜찮은 TJ 맥스 매장*이 배치되는 날것의 문화지리학, 즉 주로 백인들이 거주하는 부촌에 입점한 매장이면 괜찮은 곳이라는 원칙에 따라" 결정했다고 설명했다.[2] 그렇지만 그 병원은 흑인 여성인 코텀에게만은 그다지 좋은 곳이 되지 못했다.

미리 병원에 전화를 걸어 의료진에게 자신의 상황을 알렸음에도 맥밀런 코텀은 너무 오래 대기실에 방치되었고, 대기실 의자에 앉아 있는 내내 하혈을 했다. 그녀의 남편이 좀더 프라이버시가 존중되는 곳에서 기다릴 수 없겠냐고 묻자, 간호사는 "의자 상태를 보고 놀란 표정을 지었다". 이후 그를 진찰한 의사는 "〔그녀의〕 체중이 너무 많이 나가서 그럴 뿐, 피가 비치는 건 정상이라고 설명했다".[3] 의사는 그녀를 집으로 돌려보냈다.

---

* TJ 맥스TJ Maxx는 미국 내 1000여 개의 매장을 둔 중저가 아울렛이다. 의류, 신발, 화장품, 액세서리, 그릇, 조리도구, 가구 등의 이월 상품을 정가보다 훨씬 낮은 가격으로 판매한다. 매장의 위치에 따라 입점되는 브랜드의 등급이 현저히 다르다.

"엉덩이 근육 뒤와 옆"으로 퍼진 통증은 그날 밤 극심한 상태에 이르렀다. 그녀는 걷거나 스트레칭을 해보기도 하고, 어머니와 통화해보기도 하다가 결국 간호사에게 전화를 걸었다. 간호사는 그의 증상을 변비로 인한 통증으로 일축했다.[4]

통증은 사흘간 계속됐다. 한 번에 15분 이상 잠들지 못하는 상태가 사흘 내내 지속됐다. 병원을 찾았을 때 의료진은 그녀가 "몸에 좋지 않은 무언가"를 먹었을 것이라며 꾸짖었고, 마지못해 초음파 검사를 하기로 동의했다. 맥밀런 코텀이 사흘 내내 진통에 시달렸던 것으로 밝혀졌음에도, 그들은 그 증상을 심각하게 여기지 않았다. 고통이 "옳지 않은" 위치에 있기 때문이었다. 맥밀런 코텀은 이렇게 기록했다.

초음파 영상은 세 아이를 보여주었다. 나는 한 명만 임신했는데. 다른 두 태아는 내 아이보다 더 큰 종양이었다. 확실히 그건 내가 먹은 그 무언가가 아니었다. 의사는 내가 있는 쪽을 돌아보며 말했다. "조기진통 없이 오늘 밤을 보낸다면 놀랍겠네요." 의사는 그 말을 마치고는 방을 나갔고, 나는 산부인과 병동에 입원했다. 결국 야간 담당 간호사가 와서는 내가 사흘 내내 겪은 것이 진통이었다는 걸 알려줬다. 그 간호사는 "뭐라고 말을 했어야죠"라며 나를 꾸짖었다.[5]

맥밀런 코텀의 고난은 거기서 끝나지 않았다. 병원에서 해당 통증이 마약성 진통제를 투여할 정도로 심한 수준은 아니라고 진단한 탓에 그 어떤 진통제도 처방받지 못했다. 분만

실로 실려갈 때 맥밀런 코텀은 의식이 들었다 나갔다 하는 것을 경험했다. 통증이 사실상 극심해서 의식이 돌아왔을 때 심한 욕설을 뱉을 수밖에 없었다. 근무 중이던 간호사는 그녀에게 말을 가려서 하라고 했다. 마취의가 마침내 맥밀런 코텀이 요청했던 무통분만제(경막외마취제)를 주사하러 왔을 때, 그는 공감과 거리가 먼 반응을 보였다. 심지어 직업적인 차분함과도 거리가 있었다. 맥밀런 코텀이 회고한 바에 따르면, 의사는 도리어 그녀를 노려보더니 "조용히 있지 않으면 어떤 진통제도 놓지 않고 가버릴 것"이라고 말했다.

> 진통이 극에 달했을 때, 주삿바늘이 내 척추를 관통했고 나는 가만히, 조용히 있으려고 노력했다. 그래야 마취과 의사가 나를 그 상태로 내버려두지 않을 테니까. 나는 주사를 맞은 지 30초 만에, 머리가 베개에 닿기도 전에 기절해버렸다.[6]

맥밀런 코텀은 딸을 출산했다. 영아는 숨조차 제대로 쉬지 못했고, 나흘이나 이르게 출생해 병원에서 어떤 의료적 처치를 시도하기 어렵다는 말을 들었다. 아이는 곧 숨을 거뒀다. 맥밀런 코텀은 딸을 안고서 간호사에게 아이의 유해를 어떻게 해야 하는지 물었다. 그러자 간호사는 이렇게 대답했다. "당신도 알다시피 어떻게 손쓸 방법이 없었어요. 당신이 진통을 겪고 있다는 사실을 우리에게 말하지 않았으니까요."[7]

최근의 통계에 따르면, 미국의 흑인 여성은 백인 여성에 비해 임신과 출산 시 사망할 확률이 서너 배가량 높다.[8] 결국 백인 자유주의 진영에서는 상대적 빈곤이라는 개념으로는 설명되지 않는, 이 놀라우리만큼 높은 흑인 임산부 사망률에 대해 논의하기 시작했다.[9] 이는 맥밀런 코텀이나 린다 빌라로사Linda Villarosa 같은 작가들의 지적 노동 덕분이다.[10] 테니스 슈퍼스타인 세레나 윌리엄스Serena Williams가 겪은 끔찍한 경험(그녀의 혈전 이력을 무시하고 심각하게 여기지 않은 의료진 때문에 출산 직후 죽을 뻔한 경험) 또한 이런 논의를 촉발시켰다.[11] 관심이 급증했다는 것은 물론 반갑고, 오랫동안 기다려온 일이다. 그러나 임산부가 받는 의료서비스를 넘어 논의를 확장할 필요가 있다. 맥밀런 코텀은 〈죽어서야 자기결정권을 갖다Dying to Be Competent〉에서 앞서 언급한 자신의 경험을 분석하며 (임신한 여성이든 아니든) 흑인 여성을 위한 보건의료체계가 철저히 실패했음을 밝힌다. 맥밀런 코텀은 다음과 같이 썼다.

> 의료적 돌봄을 기대했던 구조의 모든 부분이 나를 무능한 존재로 걸러냈다. …… 의료진은 나를 무능한 존재로 취급했고, 그래서 내가 정말 [신체적, 인지적] 능력을 상실할 지경에 이를 때까지 나를 무시하고 내팽개쳤다. 통증은 이성적 사고를 마비시킨다. 통증은 현실세계에 대한 우리의 인식을 바꿔놓는다. …… 흑인 여성들이 통증에 시달리고 있다는 사실을 조직적으로 부정하고, 그 통증을 지나치게 경

미한 것으로 진단할 뿐 아니라 완화시키거나 치료하기를 거부할 때, 의료진은 흑인 여성을 무능한 말단 관료 정도로 여기는 셈이다.[12]

물론 정반대의 경우도 성립한다. 누군가가 무능한 존재로 인식되면, 그 사람의 통증은 비교적 심각하지 않은 것으로 여겨질 가능성이 높다. 대개의 여성, 특히 흑인 여성은 자신을 히스테릭하다고 여기는 의료진들을 부지기수로 만난다. 그들은 여성의 통증에 회의적인 태도를 보인다.

〈아픔을 호소한 소녀The Girl Who Cried Pain〉라는 제목의 논문을 쓴 다이앤 E. 호프만Diane E. Hoffmann과 아니타 J. 타지언Anita J. Tarzian은 통증 경험과 치료에서 발생하는 성별 간 차이에 관한 기존 문헌들을 검토한 바 있다. 널리 인용되는 이 논문은 기존의 판도를 뒤엎는다. 이들은 수차례에 걸친 고통스러운 과정(복부 수술, 관상동맥 우회술, 충수 제거술 등을 포함)을 거칠 때 여성이 상황/조건이 되면[즉 진통제를 비교적 적게 투여해도 괜찮다면] 체중을 감안해서 남성보다 진통제를 적게 투여받는다는 사실을 발견했다. 최후의 단계에 이르렀을 때도 여성은 진통제 대신 안정제를 처방받는 경우가 많았다. 한 연구는 통증클리닉에서 여성이 남성에 비해 비교적 "경미한 안정제, 항우울제, 비아편성 진통제를 더 많이 처방받고, 남성들은 여성에 비해 아편성 진통제를 더 많이 처방받았다"고 밝혔다.[13] 이런 경향은 단지 성인 환자의 투약에 국한되지 않았다. 수술 이후 통증을 호소하는 미성년 남녀는 남아의 경우 코데인을, 여아의 경우 아세

트아미노펜(약국에서 구입 가능한 타이레놀과 같은 약한 진통제류)을 처방받는다고 한다.[14]

호프만과 타지언이 상세히 논했듯, 여성이 동일한 강도의 유해한 자극(차가운 물에 손을 담갔을 때와 같은 상황)에 노출될 때 남성보다 약간 더 심한 고통을 느낀다는 일부 증거들이 있다. 따라서 여성에게 좀 더 적극적인 통증 치료가 필요하다. 또한 상당한 통증을 수반하는 수많은 자가면역 질환과 부인과 질환을 가진 환자들의 대다수는 여성이다. (부인과 질환의 경우, 트랜스젠더와 논바이너리인 환자들도 일부 있다.) 호프만과 타지언은 이렇게 설명했다.

> 더 자주 통증을 경험하고, 통증에 더욱 민감하다는 점을 감안할 때, …… 여성은 남성만큼이나 정밀하게 진단받아야 한다. 이뿐만 아니라 통증에 대한 여성의 설명 역시 심각하게 받아들여져야 한다. 그러나 관련 통계 자료는 실제 상황이 그렇지 않다는 것을 보여준다. 의료적 도움이 필요한 여성이 통증을 호소할 때 그 통증은 남성들 것만큼 심각하게 받아들여지지 않는다. 여성은 통증을 충분히 치료받지 못할 확률이 높다.[15]

더 나아가 이 연구자들은 의학서가 여성에 대해 "히스테릭하고 감정적"이라는 식으로 설명하는 탓에 여성이 유독 더 심인성 질환이나 감정적 변덕을 진단받게 된다고 말한다. 이런 이유로 만성 통증을 겪는 여성 환자의 경우 동일 질환을 가

남성 특권

진 남성 환자에 비해 감정 "과잉"과 (관심을 끄는 행위를 특징으로 하는) "히스테리성 인격장애"로 진단받을 확률이 높았다.[16]

학계의 판도를 바꾼 호프만과 타지언의 이 연구논문이 간행된 것은 2001년이기에, 그 이후의 상황은 좀 더 나아졌으리라는 기대를 품을 수도 있다. 그러나 좀 더 최근에 나온 (2001~2015년에 간행된) 논문의 연구 내용을 조사한 2018년 보고서는 이 희망을 산산조각 낸다. 안케 사물로비츠Anke Samulowitz 와 공동 연구자들은 이 보고서에서 다음과 같은 사실을 발견했다.

> 남성에 비해 여성은 훨씬 더 효과가 떨어지는 진통제를 처방받았고, 아편성 진통제를 받는 경우는 훨씬 드물었으며, 항우울제를 처방받는 빈도가 더 높았다. 또한 남성에 비해 정신건강 상담을 권고받는 경우가 더 많았다. …… 우리가 검토한 연구논문들을 살펴보면, 여성의 통증이 심리화된다는 것을 알 수 있다. …… 여성의 통증 보고는 심각하게 받아들여지지 않았으며, 심인성 질환으로 취급되거나 실재하지 않는 것으로 무시되었다. 그리고 여성이 처방받는 약은 남성이 처방받는 약에 비해 증상에 적합하지 않았다.[17]

따라서 호프만과 타지언은 다음과 같은 결론을 내린다. "우리가 검토한 연구들은 처방전에서와 마찬가지로 (의료) 진찰에서도 성별에 따른 편견이 작용한다는 것을 보여준다. 즉 남성과 여성에게 시행되는 각기 다른 처치가 실제로 남성과 여성에게 각기 다른 처치가 필요하다는 의학적 판단에 의거하고 있다고 보기 어렵다."[18]

사물로비츠와 공동 연구자들은 일부 의료진들이 여성이 질환과 관련된 통증을 설명할 때 뚜렷한 생리학적 표식(류마티스성 통증과 같은 징후)을 발견하지 못하면 이들의 말을 있는 그대로 받아들이지 않는다는 사실을 발견했다.[19] 종합적으로 "통증 경험에 대한 여성들의 진술이 의료진에게 받아들여지는 양상을 살펴보면, …… 진찰 시 자신의 진술을 중대한 것 혹은 사실로 납득시키기 위해, 그리고 증상을 제대로 이해시키기 위해 여성들이 얼마나 각고의 노력을 기울여야 하는지 알 수 있다."[20] "통증을 겪는 여성은 일반적으로 히스테릭하고, 감정적이며, 불평이 많고, 좀처럼 차도를 보이지 않으며, 꾀병을 부리고, 통증을 꾸며대는 것으로 인식된다. 마치 그 모든 통증이 여성의 머릿속에서 나오기라도 한 것처럼 말이다." 또 다른 연구는 "만성 통증에 시달리는 여성의 경우 …… 의료진이 통증의 원인을 몸이 아닌 심리에서 찾는다"는 사실을 밝혔다. 한편 "남성은 인내심이 있으며, 통증을 잘 견디고 부정한다고 인식된다. …… 더 나아가 남성은 자율적이고, 스스로를 다스릴 줄 알며, 의료적 돌봄을 멀리하고, 통증에 대해 말하지 않는다는 식으로 묘사된다"[21]

앞서 살펴보았듯, 실제로 여성이 동일한 강도의 유해한 자극을 받을 때 평균적으로 남성보다 더 심한 통증을 **경험**한다는 증거가 있다. 그러나 그 사실이 남성이 여성보다 더 **인내심**이 있는지, 다시 말해 이들이 동일한 통증을 겪을 때 더 "의

남성 특권

연하게 감내"하는지 따위의 질문에 답을 주는 것은 아니다. 이런 명제를 뒷받침할 증거가 있었다면, 의료진들은 남성이 통증을 호소할 때 그가 정말로 통증을 겪고 있다고, 자신이 설명하는 것 이상으로 끔찍한 통증을 겪고 있다고 합리적으로 받아들였을 것이다.

그러나 통증을 겪을 때 남성이 여성보다 비교적 참을성이 강하고, 통증을 잘 호소하지 않는다는 믿음이 널리 공유되는 것과 달리, 그 말을 실질적으로 증명하기란 어려워 보인다. 보통 여성이 남성보다 더 자주 의료진을 찾는 것은 사실이다. 여성이 재생산노동(즉 임신과 출산)을 감당하는 시기에는 특히 더 그렇다. 그러나 이런 첨언이 시사하듯 여성이 진찰을 받아야 하는 **이유**가 더 많을 수 있다. 예를 들어 임신의 경우가 그렇다. 연구자 케이트 헌트Kate Hunt와 그의 동료들이 조사한 것처럼 여성이 **동일한 통증 상황에서도** 더 자주 의료진을 찾는지 따져봐야 할 것이다. 헌트와 동료들은 논문에서 두통과 요통이 있을 때 남성과 여성이 진찰받는 비율을 비교함으로써 이런 질문에 답하고자 한다. 이 연구자들은 요통이 있을 때 남성보다 여성이 병원을 더 자주 간다는 근거가 "부실하고 일관성이 없다"고 밝힌다. 두통의 경우 남성보다 여성이 더 많이 병원을 찾는다는 근거는 "좀 더 일리가 있지만, …… 일관되지만은 않다"고 밝혔다.[22]

헌트와 동료들이 인정하듯, 일부 질적 연구들은 남성들이 스스로 의료진의 도움을 구하고 싶지 않다고 말한다는 것을 공통적으로 보여준다. 그러나 헌트의 팀이 계속해서 지적하듯, 이런 연구들 대부분은 비교에 의거하지 않는다. 즉 남성이 여성보다 더 의료적 도움을 구하려 하지 않는다는 것을 보여주지 않는다.[23] 통계 자료가 부족함에도 "남성들이 자신의 남성성을 표현하는 중요한 방식으로 도움 청하기를 공공연히 꺼리는 방편을 선택한다는 언급이 곧 여성은 도움 청하기를 꺼리지 않는다는 것을 의미한다고 전제하는 위험천만한 (종종 암묵적이기도 한) 경향이 있을 뿐이다".[24] 그러나 여성의 경우, 실제로 다른 이유(말하자면 자신의 약함을 인정하기 싫어서가 아니라, 자신의 말이 제대로 받아들여지지 않을 거라고 짐작해서)에서 의료적 도움을 구하지 않으려 할 수 있다. 따라서 헌트와 동료들은 이렇게 주장한다. 지속적인 불의가 발생하는 위험을 개선하려면 "남성이 여성보다 더 순조로이 진찰을 받는다는 만연한 가정은 실증적으로 재고되고 입증되어야 하며, 반박되거나 더욱 정교하게 만들어져야 한다". 그들은 다음과 같이 지적했다.

남성이 의료서비스를 "필요 이하로 적게" 이용한다는 것을 사회문제로 제기하면서 여성이 동일한 의료서비스를 "과도하게 이용"한다는 정반대의 가정을 제시하는 것은 위험천만한 일이다. 이런 식의 가정은 여성이 [남성에 비해] 더 빨리, 더 자주, 때로는 스스로 관리할 수 있는 사소한 증상에도 진찰을 받으러 간다는 믿음을 확산한다.[25]

더욱이

의료진들은 여성은 **모든** 증상이나 질환에 대해 더 빨리 진찰을 받으러 가고, 남성은 진찰받기를 꺼리거나 연기한다는 반박된 적 없이 만연했던 가정에 근거해 여성은 별반 심각하지 않은 증상에도 진찰을 받는다고 추정한다.[26]

다시 말해 다른 각도에서 살펴보면, 남성의 인내심이라는 화두는 여성이 작은 일에도 비교적 쉽게 불평한다는 인식의 또 다른 측면이다. 어떤 경우에서든 이런 전제는 만연해 있는 성별 편견의 다른 면모일 뿐이다.

이런 전제는 한 가지 증거에 의해 강화된다. 그 증거는 남자아이가 사회화 과정으로 인해 자신의 통증 상태를 있는 그대로 표현하는 데 주저하게 되기 훨씬 전부터 이미 남성의 통증 호소가 여성의 그것보다 더욱 심각하게 받아들여지고 있었음을 보여준다. 최근에 나온 두 연구는 (성별을 알 수 없는 옷차림을 한) 영아가 울고 있는 영상을 보는 피험자가 아이가 남자아이라는 말을 들었을 때 더 심한 통증을 느낄 거라고 판단하는 경향이 있음을 보였다.[27] 이 실험을 설계한 연구자들이 지적했듯, "남자아이들은 인내심이 더 많"고 "여자아이들은 더 감정적"이라는 피험자들의 암묵적인 믿음이 실험 결과를 설명해줄 수 있을 것이다.[28] 그러나 여기서 그 믿음 자체의 신빙성이 상당히 낮다는 것을 인식해야 한다. 이러한 성별상의 차이는 환경이 아니라 타고난 본성에서 비롯되는 것이다. 이뿐만 아니라 남자아이는 **영아** 시기부터 여자아이보다 통증을 덜 호소하도록 학습된다.[29] 비록 이런 믿음들이 사실로 밝혀진다 해도, 그게 **사실이라는** 마땅한 증거는 아직 확보되지 않았다. 이런 믿음은 위 실험에서 입증된 남자아이의 울음을 더 심각한 통증 호소로 이해하는 경향에 성별 편견이 반영되어 있음을 보여줄 뿐이다.

대체로 남성이 여성보다 통증을 더 잘 견딘다는 주장을 뒷받침하는 증거는 그런 가정이 초래한 사회적 여파에 비하면 훨씬 미약하다. 이런 사실은 별반 놀랍지 않다. 충분한 근거 없는 그 가정은 남성이 여성보다 대체로 더 많은 특권을 누리는 이 사회에서 강력하게 작동하고 있다. 이 특정 사례에서 제기해야 하는 질문은 〔오히려〕 다음과 같다. 남성들이 통증을 훨씬 덜 호소하니 남성의 통증을 더욱 심각하게 받아들여야 할까? 아니면 남성의 통증 호소가 거의 항상 심각하게 받아들여지니 그들을 통증을 훨씬 더 잘 견디는 존재로 여겨야 할까? 후자의 가정(남성의 통증 호소가 심각한 것으로 받아들여진다는 이유로 그들을 통증을 더 잘 견디는 존재로 봐야 한다는 전제)을 뒷받침해주는 증거가 있다. 여성은 통증을 느낄 때조차 남성과 달리 가사노동과 돌봄의 의무를 중단하지 않고 계속 수행한다는 사실이다. 최근 많은 연구자들이 실제로 밝혔듯, "여성들은 가족, 직장, 가정, 가족들의 통증 및 복지와 관련해 과도한 책임을 짊어지는 탓에 자신이 겪고 있는 통증을 제대로 회복하지 못한다".[30]

이런 사실들이 실제로 통증을 잘 감내하는 남성이 있을 수 있음을 부정하는 것은 아니다. 그러나 그와 마찬가지로 통증을 의연히 감내하는 여성도 있다. 게다가 남성의 경우 대체로 **특정 상황**에서 인내심을 보인다. 예컨대 다른 동료 남성 앞에서나 특별히 과도하게 남성성을 발현해야 하는 경쟁적인 상황에 놓일 때 그렇다. 자신을 돌보는 여성이나 타인이 곁에 있으면 전혀 다른 상황이 펼쳐진다.

＊　＊　＊

논쟁의 여지는 있지만 남성이 대체로 통증을 거의 호소하지 않는다는 전제는 이들의 통증 호소가 심각하게 받아들여진다는 것을 방증한다. 대다수의 경우 이들의 통증 호소는 **적절한 방식으로** 진지하게 받아들여진다. 특권을 가진 남성이 통증을 호소할 때, 그 통증이 진짜라는 믿음은 이 사회의 기본값으로 설정되어 있다.[31] 덕분에 남성은 의료적 차원의 관심과 치료뿐 아니라 공감과 돌봄을 받을 권리가 있는 존재가 된다. 이것이 전부다. 그러나 그렇게 운이 좋은 사람들은 얼마 되지 않는다. 앞서 언급한 연구가 보여주듯, 여성들은 통증을 호소할 때 무시당하기 일쑤다. 논바이너리를 비롯해 인종, 장애, 성별, 계층상 특권을 **갖지 못하는** 사람들의 상황 역시 이와 비슷할 것이다. 그런 복합적인 억압에 취약한 여성들은 인종, 장애, 성별, 계층상 특권을 누리는 여성들보다 훨씬 더 열악한 상황에 처해 있다.

　　이런 이유로 통증은 당사자의 진술을 침묵시키는 강력한 장이 된다. 이러한 "진술 억압" 개념을 고안한 크리스티 도슨 Kristie Dotson은 "청자는 화자를 자신의 상태에 대해 잘 아는 주체로 인지하는 데 실패한다"고 지적한다.[32] 결국 화자의 역량에 대한 의심이나 비난이 그를 침묵하게 만든다. 여성이 자신의 통증에 관해 말할 수는 있어도, 그 호소에 귀를 기울이는 사람은 없다. 도슨이 보여주듯, 미국 사회에서 이런 식의 침묵시키기는 흑인 여성들에게 자주 실행된다.

침묵시키기는 어떤 사람의 세계가 신뢰할 만한 것이 못된다고 여겨질 때 발생한다. 주로 어떤 사회적 집단에 속한 구성원들에 대한 만연한 편견이 그런 불신을 초래한다. 철학자 미란다 프리커Miranda Fricker는 이런 현상을 가리켜 "진술에 관한 불의testimonial injustice"라고 부른다. 프리커가 드는 사례 중 가장 유명한 것으로 영화 〈리플리The Talented Mr. Ripley〉(1999)에 등장하는 마지 셔우드를 꼽을 수 있을 것이다. 영화에서 마지는 약혼자 디키 그린리프가 그의 친구인 톰 리플리에 의해 살해된 것 같다는 의혹을 알리려고 한다. 그러나 디키의 아버지인 그린리프 1세는 마지의 의혹을 일축하며 이렇게 말한다. "마지, 여자들의 직감이란 게 있단다. 그리고 다른 한 축에는 사실이란 게 있지." 이렇게 말하면서 그는 마지의 의혹을 여성의 직감이라는 범주 안에 넣어버린다. 그는 마지를 전형적인 히스테릭한 여성으로 보고, 그녀의 말을 불신한다. 또 다른 경우 여성들은 (다른 소수자들과 마찬가지로) 히스테릭하다거나 무능하다는 이유 외에도 거짓말을 한다는 이유로 자신의 의견을 묵살당한다. 프리커는 진술을 둘러싼 이런 불의가 특정 계층에 속한 사람들의 능력이나 신뢰성에 대한 고정관념에 뿌리를 둔다고 주장한다.[33]

위의 연구들은 의료기관이 여성을 무능하다거나 꾀병을

부린다거나 히스테릭하다거나 정직하게 말하지 않는다는 이유로 비난하며 그들의 진술을 묵살한다고 설명한다. 게다가 흑인이나 퀴어, 트랜스젠더이거나 장애를 가졌다는 이유로 여러모로 주변화되는 여성들은 다양한 방식으로 극심한 불의를 겪는다. 맥밀런 코텀의 글 〈죽어서야 자기결정권을 갖다〉의 한 대목, 즉 흑인 여성으로서 자신이 산과 진료실에서 겪은 것과 백인 여성 일반의 경험을 대조적으로 서술한 대목은 불의 위에 또 다른 불의가 겹겹이 쌓이는 현실을 조명한다. 흑인 퀴어 페미니스트 모야 베일리Moya Bailey가 고안한 용어를 빌리자면, 이것은 흑인여성혐오다. 이 용어는 미국 사회에서 여성혐오와 흑인에 대한 반감이 교차하고 있음을 보여준다.[34]

장애를 가진 흑인 여성 작가 재즈민 조이너Jazmine Joyner의 진술에서 소수자성이 교차하는 양상을 살펴보자. 조이너는 7학년 때 육상 연습 도중 왼쪽 하복부에 날카로운 동통을 느꼈다. "화끈거리는 느낌과 칼에 찔린 것 같은 통증을 동시에 느꼈다. 숨을 쉴 수가 없었다"라고 〈흑인 여성이 통증에 시달린다는 걸 아무도 믿지 않는다. 그리고 그게 우리를 죽이고 있다〉라는 글에서 밝히고 있다.[35] "달리기를 시작하자마자 통증이 나타났고, 마른풀이 있는 트랙에 무릎을 꿇듯 쓰러졌다. 옆구리를 감싸안은 채 숨을 쉬려고 애썼다." 조이너의 코치는 그녀의 통증을 생리통으로 일축했다. 조이너는 통증이 극심하게 지속되는 와중에도 그 통증을 말로 설명하려고 애썼다. 병원에 가서 의사에게 통증이 수그러들지 않는다고 염려를 표했을 때, 그녀의 말은 의사에게 또 한 번 무시당했다. (여성) 의사는 조이너가 "정상인데도 과도하게 반응하고 있다"고 말했다.

통증이 극심해지자 조이너는 한밤중 어머니가 자고 있는 방까지 간신히 기어갔다. 그게 진통이 최고조에 달한 상태였다는 것을 그녀는 나중에 알게 되었다. (20년 이상의 경력을 보유한 간호사인) 조이너의 어머니는 딸의 상태를 확인하고는 황급히 병원으로 달려갔다. 그러나 병원에서는 또다시 심한 생리통 증상으로 일축했다. 어머니가 한 시간 넘게 의료진을 설득한 끝에 조이너는 간신히 초음파 검사를 받을 수 있었다. 마지못해 한 초음파 검사에서 그들은 왼쪽 난소 위로 자란 소프트볼 크기의 낭종이 나팔관을 나선 모양으로 뒤틀고 있는 것을 발견했다. 극심한 통증을 유발했던 그 낭종은 언제고 파열될 수 있는 것이었고, 혈전을 생성해 심장에 보내는 식으로 조이너를 죽음에 이르게 할 수도 있었다. 다행스럽게도 바로 그 순간 응급 수술이 시행되어 목숨을 건질 수 있었던 것이다. 그러나 조이너는 왼쪽 난소와 왼쪽 나팔관 모두를 제거해야 했다. 의료진이 그녀의 통증 진술을 심각하게 받아들였더라면 막을 수 있는 손실이었다.[36] 게다가 조이너가 글로 썼듯, 이 경험은 장애를 가진 흑인 여성으로서 그가 미국의 의료 제도 안에서 겪게 될 일들의 생생한 예고편일 뿐이었다.

지난 몇 년간 나는 여러 질병들을 진단받았고, 만성질환에 시달리면서 장애를 갖게 되었다. 제대로 된 진단을 받기까지 몇 년이 걸렸다. 내가 그간 만나본 의료진들은 나를 가스라이팅의 피해자로 만들었다. 백인 의사들은 내가 가진 통증과 몸에 관한 지식에 언제나 의문을 제기했다. 그 백인 의사들은 역사적으로 흑인에 대한 적대에 깊이 절은 교육을 받은 이들이었다.

프리커가 제시한 '진술(에 관한) 불의'라는 개념이 여기 제시된 문제의 일부를 진단하는 데는 유용할지 모르겠지만, 교차성의 문제를 제대로 다룰 수 있을지는 의문이다. 맥밀런 코텀이나 조이너의 경험이 여성 전반에 대한 편견을 대변한다고 단정하기는 어렵다. 그들이 직면했던 불의는 개별적이고 특히 지독히도 악의적인 것이었는데, 이는 코텀과 조이너가 특정한 사회적 맥락에서 '흑인 여성'으로 위치 지어지기 때문이었다. 조이너는 이렇게 쓴다.

> 그렇다. 역사적으로 여성들은 형편없는 대접을 받아왔다. …… 신체질환 혹은 우울증이나 불안증 같은 정신질환이 아니라 흔히 히스테리를 진단받았다. …… 미국의 의료 제도 안팎에서 벌어지는 흑인여성혐오나 여성의 경험에 대한 무시는 통증의 역사를 삭제하는 일이자 흑인 여성이 매일같이 경험하는 몸에 결례를 범하는 일이 될 것이다.[37]

특정 여성 **집단**에 대한 고정관념이 '진술에 관한 불의'를 충분히 설명할 수 있을지도 의문이다. (아마도 복수형으로 **불의들**이라고 하는 것이 더 정확할 것이다.) 여성들이 가까운 친족의 병력을 설명할 때 이들의 말은 전반적으로 덜 경시된다. 여성이 자기가 돌보는 아이의 건강 상태에 대해 설명하는 경우를 예로 들 수 있을 것이다. 실제로 여성들은 자신의 피보호자를 돌보는 데 **엄청난** 역량을 발휘하는 신뢰할 만한 보호자로 여겨진다. 그런 역량에 반하는 경우가 드러나기 전까지는 말이다. (그 경우 여성은 "좋은 여성성"을 체화하지 못한 것에 대해 처벌받는다. 그 처벌은 가혹하고, 신속하며, 어마무시하다.)[38]

어째서 어떤 경우에는 여성의 진술을 신뢰하면서도 또 다른 경우에는 신뢰하지 않는 것일까? 이 질문에 대한 타당한 답을 여성이 돌봄을 **제공**할 의무만 질 뿐 정작 돌봄을 **요청**하고 받을 권리는 거의 없는 존재로 여겨지는 상황에서 구할 수 있다. 여성에게는 돌봄을 받거나 요구할 권리가 거의 없다고 여겨진다. 여성이 보육자나 어머니 혹은 "유모"의 역할을 부여받는다고 해보자. (여기에서 "유모"란 패트리샤 힐 콜린스Patricia Hill Collins가 문제 삼은 흑인 여성에 대한 고착화된 이미지다. 힐 콜린스는 흑인 여성이 "자신이 담당하는 백인 아이들과 백인 가족을 자기 자신의 가족보다 더 잘 보살피는" 경향이 있고, "사랑이 넘치고, 양육자로서 기꺼이 돌봄노동에 헌신하는" 이미지로 고착화되어 있음을 낱낱이 해부한 바 있다.)[39] 자신이 담당하는 아이들의 건강을 돌보는 일에서 여성은 자신의 남성 파트너만큼이나 신뢰할 만한 존재로 여겨진다. 그러나 막상 자신이 통증을 느끼는 환자의 처지가 되어 보살핌을 제공하기보다 요청하게 되면, 여성은 의심과 눈총을 받게 된다. 무시와 회의, 심지어 경멸이 여성을 둘러싼다.[40]

특정 여성 집단에 대한 신뢰성을 둘러싼 고정관념이 문

남성 특권

제의 핵심은 아니다. 왜냐하면 우리가 이미 살펴보았듯, 그런 편견에 치우친 반응은 단지 몇몇 경우에서만 여성의 통증 진술에 대한 무시를 정당화하는 데 즉각 동원될 뿐이다. 더 근본적인 문제는 여성이 통증을 경험할 때, 그리고 그 통증에 의료적 처치가 필요할 때 자신에게 돌봄을 요구할 권리가 없다고 생각하는 것이다. 이는 자기 자신을 보호하기 위해 돌봄이 필요한 경우든 돌봄 그 자체가 필요한 경우든 마찬가지다.

이러한 분석에 따르면, 여성들의 말은 그들이 **타인**을 위해 돌봄을 요청할 때나 사회가 용인하는 중대한 사유(예를 들어 여성이 사회적으로 훨씬 더 중요하게 여겨지는 이들에게 더 나은 돌봄노동자가 되도록 조력할 때)가 있을 때만 예외적으로 수용된다. 바로 여기서 여성을 위한 의료 제도의 빛과 그림자가 드러난다. 다수의 백인 특권층 여성들에게 미국의 산전 관리prenatal care 제도는 비교적 양호한 수준이다. 비록 산모의 필요보다 태아의 필요를 우위에 두지만 말이다. 그러나 《페미니스트, 엄마가 되다Like A Mother》의 저자 앤절라 가브스Angela Garbes가 기록한 것처럼, 유색인 여성을 위한 산전 관리 제도는 제대로 작동하지 않는다. 가브스와 같은 유색인 여성들을 위한 산전 관리 제도는 엉망이다. 많은 레즈비언, 퀴어, 논바이너리의 상황 또한 마찬가지다. 가브스는 이들이 "많은 책들에 언급된 '정상' 또는 '평균적인' 임산부에 자신들이 포함되지 않는다"는 것을 잘 알고 있다고 쓴다.[41]

이런 관점에서 상황을 보면, 특권을 갖지 못한 여성들을 위한 물질적 지원이나 도덕적 관심이 현저히 부족한 이유를 알 수 있다. 백인우월주의가 지배하는 환경에서 임신 중인 백인 여성, 그러니까 (짐작컨대 혹은 많은 경우 실제로) 백인 아이를 임신하고 있는 여성은 자궁 안에 천국으로 가는 열쇠를 쥐고 있는 셈이다.[42] 그와 대조적으로 임신한 유색인 여성은 대체 가능하며 쓰고 버릴 수 있는 존재, 심지어 백인우월주의를 위협하는 존재로 간주된다. 맥밀런 코텀과 빌라로사의 비극적 사례가 보여주듯 보건의료체계에서 엄청난 격차와 불평등이 발생하는 이유다.

* * *

앞서 언급한 부정의에는 다른 구조적 요인들이 있다. 캐럴라인 크리아도 페레스Caroline Criado Perez는 최근 출간한《보이지 않는 여성들Invisible Women》에서 남성의 몸을 기본값으로 설정하는 경향과 그것이 여성의 건강과 복지에 얼마나 해로운지 논한 바 있다. 이런 경향은 남성중심성male-centeredness 또는 남성정상성andronormativity을 보여주는 하나의 사례다. 페레스는 이렇게 쓴다.

> 의료기관이 여성을 얕잡아 본다는 증거는 압도적일 정도로 많다. 세계 인구의 절반을 차지하는 여성(그리고 그들의 신체)에게 영향을 미치는 증상과 질병이 묵살되고, 의심받고, 무시되는 것이다.[43]

크리아도 페레스는 이런 차별이 "남성이 인간의 기본값

이라는 지금도 널리 퍼져 있는 믿음"에 크게 힘입는다고 말한다. "우리가 살핀 증거들이 그런 사실을 증명하고 있다. 그러나 남성은 인간의 기본값이 아니다. 당연한 말이지만, 남성은 남성일 뿐이다."[44] 그러나,

> 역사적으로 몸집이나 재상산 기능을 제외하면 남성의 신체와 여성의 신체가 크게 다르지 않다고 여겨졌다. 수년간 의학 교육은 남성을 '기준' 삼아 이루어졌다. 그리고 그 기준에서 벗어나는 모든 몸들은 '비정형' 혹은 '비정상'으로 규정되었다. '70킬로그램의 평범한 남성'이라는 서사는 차고 넘친다. 그런 신체를 가진 남성이 마치 양성 모두를 포괄하는 것처럼 말이다. (어느 의사가 내게 지적했듯 70킬로그램의 남성은 남성 일반조차 제대로 대표하지 못한다.) 여성은 표준 인간형의 변종처럼 제시된다. 의대생은 일반 생리학과 여성 생리학을 따로 공부한다.[45]

여성과 남성이 서로 다르듯, 같은 여성 혹은 남성이라는 성별을 지닌 이들도 (때로 극적이고 근본적으로) 서로 다르다는 것을 지적하는 게 중요하다. (일례로 트랜스여성들은 인간 신체의 기본값에 견주어져 특히 더 형편없는 대우를 받는다.) 단일한 "표준"(이라 쓰고 "시스젠더 백인 비장애 남성"이라고 읽는다) 신체가 패러다임으로 여겨지는 상황이 더욱 염려되는 건 그 때문이다.

의대 교육 과정에서 나타나는 문제 외에도 수많은 질병들이 전적으로 "표준" 신체들을 중심으로 연구되고 인식된다

는 문제가 있다.[46] 때로는 이런 식의 차별을 정당화할 목적으로 생리를 하는 신체에 대해 매달 호르몬의 흐름이 바뀌어서 실험 대상으로 "적합하지 않다"고 말하는 경우도 있다. 그러나 그런 정당화는 남성중심성을 변명하는 수사인 만큼, 제대로 연구되고 있지 않은 신체를 가진 세계 인구의 나머지 절반에게는 썩 달갑지 않은 위로이다. 생리 주기의 변화가 특정 약의 안전성과 효과에 큰 차이를 가져올까? 아니면 별반 차이가 없을까? 만약 상당한 차이가 있다면 우리가 알아야 하지 않을까? 그리고 생리 주기가 약효에 대단한 영향을 끼치지 않는다면, 생리를 하는 신체 역시 이런 연구에 포함되어야 하는 게 아닐까? 트랜스젠더, 논바이너리, 인터섹스intersex인 사람들처럼 늘상 배제되는 신체 또한 의학 연구에 포함해야 한다.

비남성 신체를 누락시킬 경우 진단과 치료에 재앙을 불러일으킬 수 있다. 심장 재동기화 치료 기기 CRT-D를 예로 들어보자. 이 기구는 양쪽 심방에 전기 자극을 보내도록 돕는 페이스메이커(심장박동기)의 새로운 대체 기기로 쓰이고 있다. 크리아도 페레스가 지적했듯, 2014년의 FDA 임상시험 보고서에 따르면 이 기구의 임상개발 단계에서 실험에 참가한 여성의 비중은 전체 인원의 고작 20퍼센트이다. 여성의 숫자가 너무 적은 나머지 여성과 남성의 결과가 뒤섞이고 성별 집계가 무의미해지면, 서로 다른 두 집단의 필요에 대한 통계적으로 의미 있는 차이가 사라진다. [여성과 남성 각각에게 적합한] 서로 다른 치료제를 개발할 필요가 없어지는 셈이다. 결과적으로 여성과 남성 모두에게 동일한 의학적 조언이 내려진다.

심장이 전기 자극 한 주기를 마치는 데 0.15초나 그 이상이 걸릴 경우 남녀 모두 심장재동기*를 이식받아야 한다는 것이다. 그러나 좀 더 섬세한 데이터 분석이 실행되었을 때, 여성에게는 0.02초도 너무 긴 것으로 나타났다. 심장의 전기 파동 주기가 0.13~0.14초인 여성의 경우 심장재동기 이식 수술을 받았을 때 심부전이 오거나 사망할 확률이 고작 75퍼센트 정도 감소하는 것으로 나타났다. 따라서 현재의 가이드라인이 유지되는 한, 심장 질환을 가진 많은 여성은 해당 기기의 혜택을 제대로 받을 수 없을 것이다.[47]

심장 질환에서 여성들을 누락시키는 것은 딱히 이례적이지 않다. 심장 질환은 지난 30년간 미국에서 가장 흔한 여성 사망 원인으로 밝혀졌다. 여성은 심근경색에 이어 심장 질환으로 사망에 이를 확률이 남성보다 높았다. 그 한 가지 이유를 의료진이 여성들이 겪는 증상(복통, 호흡 곤란, 구토, 피로)을 자주 놓쳤다는 데서 찾을 수 있다. 여성에게 일반적으로 나타나는 증상들임에도 대개 "이례적"인 것으로 여긴 것이다. 스웨덴의 경우, 심근경색을 겪은 여성들은 동일 증상을 보인 남성에 비해 평균적으로 앰뷸런스 우선순위에서 밀렸고, 병원에서 치료를 받기까지 20분 더 기다려야 했다.[48] 영국에서는 여성들이 심근경색 이후 오진을 받을 확률이 50퍼센트나 더 높게 나

---

* (심실 내) 전기 신호 전도 이상으로 심실 근육이 정상적으로 수축하지 못해 심장 기능이 저하되는 비동기화 증상(돌연사 가능성이 높다)이 있는 심부전 환자들에게 시행하는 치료법으로, 좌우 심실에 유도선을 삽입하여 적절한 전기 자극을 줌으로써 심실이 수축할 수 있도록 돕는다.

타났고, 심근경색 증상을 보인 젊은 여성들이 병원에서 사망할 확률은 남성보다 거의 두 배나 높은 것으로 드러났다. 그러나 남성의 동맥 질환 연구에 투입되는 지원금은 여성 동맥 질환 연구에 투입되는 지원금보다 훨씬 많았다.[49]

비남성 신체에 관한 연구가 전무하거나 부족한 현실은 좀 더 일상적인 차원의 의료행위에도 부정적인 영향을 미친다. 항우울제나 항히스타민제 같은 흔한 약제에는 생리 주기에 영향을 미칠 수 있다는 주의사항이 표시되어 있다. 이 말인즉슨 [약을 복용하는 여성들이 전부 같은 방식으로 생리 주기에 영향을 받게 된다는 뜻이 아니라] 복용자에 따라 각기 다른 정도와 방식으로 생리 주기에 영향을 받을 수 있다는 뜻이다. [혼란을 유발하는] 이런 주의사항 때문에 약의 하루 복용량을 잘못 알고 있는 여성들이 많을 수 있다.[50]

의료 연구자들은 그런 성차의 관점에서 '옌틀 신드롬Yentle syndrome'이라는 말을 만들어냈다.* 여성 환자가 제대로 된 치료를 받기 위해 표준이 되는 남성들의 증상을 제시해야 하는 방식을 가리킨다. 심지어 질병이나 질환의 모델로 인식되어선 안 되는(그럼에도 진단이나 지원, 관리가 필요한) 장애나 차이에 있어서도 여성들은 현저히 불리한 처지에 놓인다. 익히 알려

---

* 미국 국립보건원의 첫 여성 원장을 지낸 버나딘 힐리Bernadine Healy가 처음 명명한 증상으로, 남자로 가장해야 학교에 갈 수 있었던 영화 〈옌틀〉의 주인공 옌틀의 이름을 따 붙인 명칭이다. 심장병에 걸려도 남성과 유사한 증상을 보여야만 제대로 치료받고 살아남을 수 있었던 의과학의 오랜 여성 차별에 정식으로 문제를 제기하는 계기가 되었다.

져 있듯, 자폐 증상은 여자아이보다 남자아이에게서 네 배 이상 높은 확률로 발현되지만, 증상 자체는 여자아이에게서 더 심각하게 나타난다. (말하자면 여자아이들이 신경적으로 더 이례적이거나 일탈적인 증상을 보인다고 한다.) 그러나 최근 연구에 따르면, 여자아이가 거치게 되는 사회화 과정이 조기 진단과 제대로 된 치료가 필요한 신경비전형neuro-atypicality**을 은폐하기 쉽다고 한다.[51]

소비자 안전의 측면에서 접근하더라도 특권의 세례를 받는 남성 신체를 기본값으로 설정하는 일이 훨씬 더 지대한 부정적 결과를 초래한다는 것을 알 수 있다. 자동차가 충돌할 때 여성들은 안전벨트를 하고 있더라도 사망하거나 중상을 입을 확률이 동일 조건의 남성보다 73퍼센트 더 높게 나타났다. 이것은 최근까지도 모든 자동차 충돌 실험에 쓰이는 마네킹이 시스젠더 남성을 중심으로 제작되었기 때문인 것으로 보인다. 지방 분포도, 골격 구조 등에서 나타나는 시스젠더 남성과 여성의 상당한 차이를 무시하고 남성의 신체를 기준으로 제작된 마네킹을 활용한 것이다. 결국 자동차 충돌 테스트용 "여성" 마네킹이 도입되었는데, 대부분 실제 여성보다 더 가볍고 신장이 작았다.[52]

** 자폐증과 같은 신경질환이 있는 상태를 일컫는 용어로, 그러한 신경질환이 없는 상태를 가리키는 '신경전형'과 대비를 이룬다. 1990년대 초반 자폐권리운동가들은 (이른바 신경비전형에 해당하는) 자폐증을 비롯한 여러 신경질환을 비정상적 상태나 치료 대상으로 여기는 기존 담론에서 벗어나 (뇌신경의) 차이/다양성의 관점에서 존중해야 한다는 신경다양성 담론을 펼치며 '자폐-비자폐' 대신 '신경비전형-신경전형'의 개념을 제안했다.

대개 임산부에게 영향을 미치는 의료 문제들은 고질적일 정도로 잘 연구되지 않고, 연구비 재정 부족에 시달린다. 예를 들어, 전 세계적으로 800명이 넘는 사람들이 임신과 관련된 합병증으로 사망에 이르며, 그중 절반이 약한 수축으로 인한 자궁 감퇴로 사망한다. 이런 자궁 질환에 대한 치료법은 현재까지 단 하나밖에 없다. 옥시토신 호르몬을 활용하여 자궁 감퇴를 겪고 있는 산모들이 자연분만을 하도록 돕는 것이다. 옥시토신이 듣지 않는 환자의 경우 응급 제왕절개 수술을 받아야 한다. 환자가 옥시토신에 반응할지 식별할 수 있는 임상시험 결과도 없다. 반반의 확률로 반응할 수도, 반응하지 않을 수도 있다는 게 전부다.

상상해보라. 자궁 수축이 너무나 약해서 자연분만이 불가능했던 환자들의 자궁내막혈(수축을 시작하는 자궁의 일부에 위치해 있다)이 좀 더 강한 산성을 띤다는 것을 발견한 연구가 촉발한 흥분감을. 자궁내막혈의 산성도와 자궁 감퇴 사이의 연결고리를 발견한 것은 세포분자생리학과 교수이자 영국의 더 나은 출산을 위한 센터Centre for Better Births 수장 수전 레이Susan Wray였다. 레이의 연구는 현 상황을 개선할 엄청난 잠재력을 지녔다. 레이와 그의 동료 에바 위버그-잇첼Eva Wiberg-Itzel은 무작위 통제 임상시험을 진행했다. 이들은 자궁 감퇴 치료제로 가정에 상비되어 있는 중탄산나트륨이나 베이킹소다 등을 활용했다. 이런 치료를 받지 못한 이들의 자연분만 비율이 67퍼센트였던 반면, 이 치료제를 통해 자궁 내 산성도가 감소한 환자들의 자연분만 비율은 84퍼센트로 나타났다.[53] 연구자들이 지적했듯 체중에 맞는 복용량을 결정하고, 체내 산성도를 파악한 후 치료제를 반복해서 복용한다면 이 치료는 훨씬 더 큰 효과를 발휘할 것이다. 크리아도 페레스 역시 이런 연구가 갖는 중요성은 아무리 강조해도 지나치지 않다고 말한다. 이 치료제는 굳이 제왕절개술을 받지 않아도 되는 수만 명 임산부의 건강 관리에 혁신적인 변화를 가져올 것이다. 또한 이 치료제는 저소득 국가와 같이 제왕절개술을 받을 수 없는 환경에 있거나, 수술을 받는 것이 위험한 여성들의 생명을 구하게 될 것이다. (페레스는 "저소득 국가에 살지 않는다 해도 제왕절개술을 받는 것은 위험할 수 있다. 특히 미국의 흑인 여성들에게 제왕절개술은 위험천만할 수 있다"고 지적한 바 있다.)[54]

레이의 연구가 잘 진행될 것이라고 낙관한다면, 그 예측은 틀렸다. 레이는 저소득 국가나 중간소득 국가에서 자신의 연구를 지속하기 위해 연구비 지원을 신청했지만, 받지 못했다. 영국 의료연구 심의회British Medical Research Council는 레이의 연구가 "우선순위가 충분히 높지 않다"고 평가했다.[55] 심의회 위원들은 이렇게 말했을지도 모르겠다. **여성들의 건강, 특히 유색인 저소득층 여성들의 건강은 별로 중요한 문제가 아니라고.**

6장

통제되는 몸

낙태금지법의 진짜 욕망

2019년 5월 14일 25명의 백인 공화당 남성 의원들은 앨라배마주에서 미국 역사상 가장 제약이 많은 낙태 금지 법안을 통과시켰다.[1] 이 법안은 통과된 지 하루 만에 백인 여성이자 앨라배마주 공화당 주지사인 케이 아이비Kay Ivey에 의해 조인되었다. 연방법원에서 최종적으로 부결되긴 했지만, 이 법안이 그해 11월에 시행되었다면 앨라배마주에서 발생한 모든 임신 중단이 범죄가 되었을 것이다. 강간과 근친상간에 의한 임신을 중단하는 것까지 금지하는 법안이었기 때문이다.[2] 막달까지 임신을 유지하는 것이 임산부의 신체적, 정신적 건강에 위협이 될 경우에만 낙태를 허용한다는 것이 유일한 예외조항이었다. 이 법안이 태아의 발달 상태와 무관하게 어떠한 임신 중단도 허용하지 않았다는 데 주목할 필요가 있다. 그 결과 태아가 어느 정도 생존력을 확보하는 시점(대개 임신 24주 차에 접어드는 시기) 이전에 임신을 중단할 수 있는 권리 또한 위헌이 되었다.[3]

앨라배마주가 시도한 매우 극단적인 낙태금지법은 최근 졸속으로 연이어 통과된 수많은 임신중단 제재 조치 중 하나였다. 이와 유사한 낙태금지법들은 백인 남성 공화당 지지자 무리와 보수적인 백인 여성들의 지지를 받았다. 이들은 관련 법안을 다듬고 그 필요성을 피력하는 데 중요한 역할을 했다. 흔히 "심장박동 법안heartbeat bills"이라고 불리는 것들은 배아의 심장 활동이 느껴지는 어떤 시점 이후의 임신중단을 금지하고자 한다. 이런 법안들은 보수적인 백인 여성, 즉 재닛 포터Janet Porter 같은 사람들에 의해 고안되었다. 포터는 임신중단을 택한 여성을 잔인하고 비정하고 무감한 존재로 묘사하며 낙태를 도덕적 이슈로 제기하는 식으로 낙태 반대 운동에 공헌했다. 포터는 "〔태아가〕 생명이라는 징표(심장박동)를 무시하는 것은 비정한 일"이라고 표명했다. 이 발언은 낙태 금지 시기를 임신 24주에서 6~8주경으로 단축시키는 결과를 가져왔다. (정확한 시기는 주별로 다르다.)[4] 그 정도의 임신 단계에서 자신의 임신 사실을 알아차리는 사람은 많지 않다. 임신 사실을 미리 아는 것은 주로 임신을 계획했던 이들에게만 해당한다. 따라서 심장박동 법안은 사실상 모든 임신중단을 금지한다.[5]

태아의 심장박동이라는 개념은 확실히 사람들의 마음 어딘가를 건드리고자 한다. (마지막 생리 주기의 첫째 날을 기준으로) 임신 6~8주 차에 나타나는 움직임에 심장박동이라는 명칭을 붙이는 것은 명백히 부정확하다. 이 단계에서 심장박동은 나타나지 않는다. 아직 발달되지 않은 기관은 심장만이 아니다(두뇌도 얼굴도 발달되기 전이다).[6] 심지어 태아도 없다. 배아는 9~10주 차에 태아로 변이한다. 임신 6주 차의 배아세포는 대략 완두콩 정도의 크기로,[7] 초음파상에서 심장으로 특화 발달될 세포의 박동은 감지될 수도, 감지되지 않을 수도 있다. 어떤 경우 훨씬 많은 시간이 지난 뒤에야 비로소 그런 활동이 감지되기도 한다.

다른 한편에서는 〔임산부의〕 비정함에 대한 지적이 낙태 금지법의 한 축을 차지한다. 앨라배마주가 낙태금지법을 통과시킨 바로 그날 오하이오주에서 11세의 소녀가 납치되어 여러 차례 강간당했고, 그 결과 임신이 되었다.[8] 이로부터 한 달 후,

남성 특권

오하이오주에서는 심장박동 법안을 통과시켰다. 법안은 9일 후부터 발효될 예정이었으나, 역시나 연방법원에서 부결되었다.[9] 만일 이 법안이 발효되었다면 강간 피해를 당한 그 소녀는 막달까지 임신을 유지해야 했을 것이고, 그렇게 하나의 위해가 또 다른 위해와 겹쳐 트라우마를 가중시켰을 것이다. 로리 페니Laurie Penny는 페미니스트 작가로서 이 사건에 대해 다음과 같이 평했다. "상식적인 도덕 선에서 판단할 때, 어린아이에게 임신 기간을 모조리 채우고 출산을 하도록 강요하는 정권이란 얼마나 야만적이고 가혹하며 부도덕한가."[10] 실로 그렇다. 그러나 낙태 반대 운동가들은 여전히 어떤 식으로든 도덕적 우위를 점하고 있다.

임신했을 가능성이 있는 어떤 사람이 개인적 차원(스스로 임신중단을 거부하는 마음)에서 임신중단을 반대하는 경우가 있을 수도 있다. 나아가 자신의 종교적 신념(꼭 모든 이들이 공유한다는 보장이 없는)에 비춰 임신중단을 택하는 것이 **어떤 경우에든** 잘못된 일이라고 느낄 수 있다. 그러나 누군가 임신을 했을 때 그의 나이, 신념, 생활 환경, 혹은 임신을 중단하지 않을 경우 발생하는 참혹한 결과들을 고려하지 않고서 국가의 강제력을 동원해 임신 기간을 모조리 채우고 출산할 것을 강제하는 것(이는 특히 임신할 가능성이 전혀 없는 이들, 즉 시스젠더 남성들이 주장하는 바이다)은 전혀 다른 이야기다. 전자의 경우 개인의 이견을 합리적인 선에서 표현하는 것이라면, 후자는 매우 가혹하고, 뼛속 깊이 문제적인 태도다. 국가가 대부분의 사람들이 부도덕하다고 생각하는 행위(예를 들어 배우자에게 거짓말을 하거나, 배우자를 두고 부정을 저지르는 일)나 살인과 유사한 행위들(예를 들어 고기를 섭취하는 행위)을 규제하지 않는다는 사실을 상기해보라. 일부 개인들이 타인[국가 혹은 낙태 금지를 주장하는 이들]이 해선 안 된다고 주장하는 행위[임신중단]를 택할 가능성보다, [그 행위를 금지하는] 강압에 뒤따르는 사회적 비용이 훨씬 더 큰 것으로 보인다. 사실상 그들은 그와 같은 자유[임신중단을 택할 자유]를 누릴 권리가 있으며, 이렇듯 합당한 자유를 금지하는 데는 적지 않은 사회적 비용이 들기 마련이다. 따라서 개인적으로 임신중단에 반대한다면 그 어떤 경우에도 임신을 중단하지 말아야 한다. 그러나 국가가 나서 임신한 신체를 규율의 대상으로 삼는 것은 여성혐오에 근간한 사회적 통제이다. 그 통제의 결과를 가장 심각하게 체감하는 이들은 가장 취약한 여성들일 것이다. 이 책에서 그 점은 변명의 여지가 없는 사실이다.

* * *

"아기가 태어난다. 산모는 의사를 만난다. 그들은 아기를 돌본다. 신생아를 예쁘게 감싼다. 그러고는 아기를 사형시킬지 말지 결정한다." 이 말(노골적인 거짓말)은 전 미국 대통령 도널드 트럼프가 위스콘신 집회에서 한 발언이다.[11] 임신중단에 관한 최근의 많은 논의가 초기 중단에 초점을 맞췄는데, 그건 초기 중단을 금지하려는 시도들 때문이었다. 초기 중단에 대해 논의하는 것은 합리적인 일이다. 그러나 더욱 유의해야 할 것은 임신 초기 이후에 시행되는 임신중단에 대한 오해를 제거하는 것이다.

물론 소위 후기 임신중단에 대한 강화된 도덕적 검토는 임신 20주 이후에 이뤄지는 임신중단이 전체 임신중단 건수의 1퍼센트를 살짝 웃돌 뿐이라는 사실이 거짓임을 방증한다.[12] 게다가 20주 이후의 임신중단은 대부분 태아의 기형이 진단될 때나 임신을 지속할 경우 임산부가 건강을 심각하게 위협받는 경우에 시행된다.

그 한 가지 예로, 엘리자베스(가명)는 두 번째로 임신했을 때 뛸 듯이 기뻤다. (첫 임신은 10주 차에 자연유산되었다.) 처음에는 모든 것이 순조로운 듯했다. 그러나 16주 차에 접어들었을 때 심각한 징후가 보였다. 탯줄이 (태반 중앙이 아닌) 태반의 경계에 있었던 것이다. 엘리자베스는 상당한 양의 하혈을 했다. 대체로 태아 안에 분리되어 있어서 모체의 혈액검사 결과에서 발견되지 않아야 할 단백질의 수치가 높은 것으로 밝혀졌다. 초음파를 통해 태아가 내반족을 갖고 있다는 것도 알게 되었다. 내반족 자체가 심각한 문제는 아니었지만, 잠재적으로 다른 발달상의 문제를 초래할 수 있다는 표지였다. 이런 공포는 초음파 내내 태아가 주먹을 꼭 쥐고 있음(근육 이상이 의심되는 증상)을 발견했을 때 더욱 증폭되었다.

이런저런 문제와 점점 커져가는 두려움에도 불구하고 엘리자베스는 임신중단을 심각하게 고려하지 않았다. 그와 남편은 아이를 간절히 원했다. 이들은 아이가 직면한 여러 가지 역경을 생각하며 아들의 이름을 '스파르타쿠스'로 지었다. 로마의 전사를 기리는 마음이었다. 이들은 여러 중요한 단계들을 통과하며 임신을 유지하는 데 집중했다. 28주 차에 접어들었을 때 의사들은 태아의 생존 가능성이 75퍼센트 정도 된다고 말했다. 그리고 아이는 계속해서 자라고 있었다. 30주 차가 되었을 때 부부는 자축했다.

그러나 31주 차에 접어들며 태아의 성장은 극적으로 감소했다. 하위 73퍼센트에서 하위 8퍼센트로 떨어진 것이다. 그리고 태아는 [아무것도] 삼키지 않았다. 지아 톨렌티노Jia Tolentino와의 눈물겨운 인터뷰에서 엘리자베스는 "그때서야 우린 아이에게 심각한 문제가 있다는 걸 깨달았어요"라고 말했다.[13]

엘리자베스와 남편은 결국 충격적인 소식을 마주했다. 의사는 태아가 "생명과 양립할 수 없는" 근육 이상으로 인해 숨을 쉴 수 없을 거라고 말했다. 후기까지 임신을 유지할 경우 엘리자베스는 제왕절개 수술을 받아야 했다. 2년 전에 받은 뇌 수술 때문에 자연분만을 하는 것이 위험하기 때문이었다. 엘리자베스의 담당의들은 그가 분만 중 힘을 주다가 치명적인 동맥류를 겪진 않을까 걱정했다. 그 때문에 의사들은 생존 가능성이 전혀 없는 태아를 꺼내기 위해 엘리자베스에게 중대한 개복 수술을 시행하는 방안을 고려하고 있었다. 조산을 하게 될 경우 신경학적 합병증(역시나 사망을 초래할 가능성이 있는 질병)이 생길 위험도 적지 않았다.

엘리자베스에게 더 나은 선택지는 임신중단인 듯했다. 엘리자베스는 자신의 거주지가 있는 뉴욕주(임신중단이 불법으로 여겨졌을 곳)에서 비행기를 타고 콜로라도주로 건너갔다. 임신 32주 차에 1만 달러의 비용을 들여 임신 중절 수술을 받기

남성 특권

위해서 말이다. "분명히 해두건대, 만약 의사들이 아이가 임신 후기까지 생존할 수 있다고 말했다면 저는 그 가능성을 택했을 겁니다. 아이를 위해서라면 그 무엇이라도 감수할 자신이 있었어요. 저는 이 작은 남자아이의 엄마가 될 수 없다는 사실을 받아들였습니다. 우리가 막달까지 임신을 유지한다고 할 때, 설령 아이가 그때까지 살아 있다 하더라도 결국 얼마 살지 못하고 질식해 사망할 것이라는 사실을 받아들였습니다. 아이의 고통을 가능한 한 최소화할 수 있는 선택지가 존재하는 상황에서 아이가 고통을 겪도록 둘 수 없었습니다."

임신 6개월 이후에 (태아의 심장을 멈출 약물을 투여하는 방식으로) 임신중단을 택한 엘리자베스 부부의 경우, 다른 유사 사례와 마찬가지로 비정함과는 거리가 멀다.[14] 그러나 의료진과의 상담은 임신 당사자들 스스로 그런 중대한 결정을 내리지 못하도록 방해한다. 대신 이들은 비난과 규제의 대상이 되고, 심지어 악마화되기까지 한다.

* * *

이미 살펴보았듯 잘못된 의학 정보를 유포하는 것은 낙태 반대 운동의 매우 흔한 특징이다. 2012년 당시 미주리주의 공화당 대표였던 토드 에이킨Todd Akin은 강간에 의한 임신은 극히 드물다면서 "적법한 강간legitimate rape이라면 여성의 신체가 알아서 모든 것을 차단할 것이기 때문"이라고 말했다.[15] 그런 식으로 에이킨은 자궁의 선별 능력에 관한 허무맹랑한 논리를 늘어놓았다. 또한 "적법한 강간"이라는 범주를 제안하여 "대체 어떤 강간이 **적법하지 않은가**"라는 [얼토당토 않은] 질문을 낳았다.

임신한 신체에 대한 이토록 통탄할 만한 무지함은 임신한 신체를 계속해서 통제하려는 사람들을 막지 못했다. 2015년 2월, 원격 의료를 통해 낙태 약물을 주문하는 것을 막는 법안을 논의하는 청문회에서 공화당 입법가들은 증언을 위해 출석한 의사들에게 환자가 자신의 임신 상태를 파악할 수 있도록 내시경 시술과 유사한 방식으로 카메라를 삼키게 하면 어떻겠냐는 제안을 했다. "[내시경 시술과] 동일한 시술을 임신 중에도 시행할 수 있나요? 카메라를 삼켜서 의사들이 임신 상황이 어떤지 볼 수 있게 할 수 있습니까?"라고 묻자, 의사는 위는 자궁으로 연결된 통로를 제공하지 않으므로 그럴 수 없다고 답했다.[16]

다른 공화당 의원은 2019년 5월 자궁외임신일 때조차 임신중단을 해서는 안 된다고 주장하며 (거의 대다수의 경우에) 나팔관에 착상한 태아를 다시 자궁으로 이식해야 한다고 말했다.[17] 이건 정말이지 말도 안 되는 제안이다. 자궁외임신은 일반적으로 엄청난 고통을 야기하고, 태아가 생존하기 어려우며, 즉각적인 의료 처치를 요한다.[18] 보통 이때 실행 가능한 유일한 치료는 임신중단이다. 이 경우 임신중단은 의료적 처치로, 메토트렉세이트라는 약물*을 사용해 임신을 중단시키고

---

* 메토트렉세이트는 백혈병의 항암제로, 류마티스의 경우 면역억제제로도 사용된다. 이 약품은 태아에게 강력한 기형을 유발하거나 태내 성장을 저지하는 것으로 알려져 있다.

태아 조직의 재흡수를 촉진한다. 혹은 임신 중절 수술을 시행하기도 한다. 이런 처치가 시행되지 않을 경우 95퍼센트의 확률로 나팔관이 파열되며, 이처럼 치명적인 응급 상황은 상당수의 임신 관련 사망을 유발한다.[19] 그리고 생존하는 경우에도 환자는 장래에 임신을 하거나 임신 상태를 유지하는 데 어려움을 겪게 된다. 따라서 이런 태도는 강요된 출산주의forced birtherism**의 관점에서 보더라도 터무니없다.

그럼에도 불구하고 보수 온라인 매체 《페더럴리스트》는 최근 〈자궁외임신 치료에 낙태가 반드시 필요한가?〉라는 제목의 글을 실었다.[20] 이 글에서 자칭 전문가인 조지 부어먼 Georgi Boorman은 자궁외임신을 포함한 모든 합법적 임신중단을 금지해야 한다고 주장했다. 그런 정책이 사람의 목숨을 희생시키는데도 말이다. 부어먼은 "낙태는 답이 될 수 없다"고 의견을 냈다. 대신 부어먼은 손상된 나팔관을 파열된 채로 유지해 얼마 남지 않은 배아가 어떻게든 스스로 "좀 더 안전한 장소"에 재착상할 수 있게 두라고 제안했다. 부어먼이 인정했듯 "어떤 의학적 상태가 희박하게나마 치사율이 있음을 아는 것은 두려운 일"이다. "그러나 그 희박한 가능성이 고의로 당신의 아이를 파괴해서 당신을 고통스럽게 할 만큼 대단한 것일까? 차라리 그런 희박한 가능성 때문에 괴로워할 필요는 없다고 여기며 양심을 지키며 사는 게 낫지 않은가?" 세계적으

** '출산을 강요하는 이들forced-birther'에서 파생된 말로, 주로 북미권의 임신중단 반대론자들을 일컫는다. 이들은 산모의 자기결정권보다 태아의 생명과 안위를 무조건적으로 중시해야 한다고 주장한다.

로 저명한 부인과 전문의이자 《질에 대한 모든 것 The Vagina Bible》의 저자 젠 건터 Jen Gunter는 이처럼 비과학적 견해(나팔관 파열의 치사율이 극도로 높다는 것은 익히 알려진 사실이다)와 어떻게든 죄책감을 조장하려는 심리가 결합하는 현상에 대해 트위터에 이렇게 언급했다. **"'자궁이 아닌 곳에 착상된 태아도 아이다'라는 진술을 대단한 무언가로 만들지 마라.** 자궁외임신으로 인해 복부에 피가 가득 들어찬 여성들을 치료해본 적이 없다면, 누군가를 죽게 만들지 말고 입 닥치고 가만히 앉아서 배워라."[21] 바로 이거다.[22]

여성의 신체가 어떻게 작동하는지 전혀 알지 못하고, 배울 생각도 없으면서 임신한 신체를 통제할 특권을 갖고 있다고 믿는 남성들이 너무 많다. 또한 임신을 규제하고 강제하려는 시도에 반대하는 이들을 비정한 인간으로 몰아가려는 여성들도 일부 분명 존재한다.

*　*　*

극도의 제한을 가하는 낙태금지법이 생명을 보호한다고 믿는 사고는 점점 어불성설이 되고 있다. 낙태금지법을 지지하는 대다수 공화당 의원들이 임기 중 최소 일곱 명의 이민자 아동이 구류 도중 사망한 비극적 사건을 방관한 〔트럼프〕 정권을 지지하며(수천 명의 다른 아동들을 '유실'하는, 좀 더 정확히 말해 부모로부터 아이들을 떼어놓는 정권이다),[23] 낙태금지법을 지지하는 상당수의 공화당 의원들이 사형제를 지지한다. 케이 아이비는 미국 역사상 가장 극심한 낙태금지법을 앨라배마의 법으로 조인한 지 하루 만에 사형대에 선 한 남성의 사형집행 유예를 기각했다. 이후 그는 사형됐다. 그와 유사하게 인지장애가 있는 또 다른 남성 역시 내가 이 책을 집필하는 동안 독극물 주사를 맞고 비극적인 죽음을 맞았다.[24] 생명은 신성한가, 그렇지 않은가? 우리는 궁금하다.

낙태금지법을 지지하는 대다수의 사람들은 (특히 산모가 흑인, 미국 원주민, 알래스카 원주민인 경우) 충격적일 정도로 높은 국내 산모 치사율에 대해서는 일언반구도 하지 않았다.[25] 이들은 빈곤한 환경에서 태어난 아동들을 위한 추가적 지원을 확보하는 데 아무런 관심이 없다. 또한 이들은 (악명 높은 미시간주 플린트시*를 포함하여) 형편없는 수준의 음식과 식수가 수많은 미국인들의 건강에 심각한 문제를 초래할 수 있다는 사실에 개의치 않는 듯하다. 이들은 개인이 지불할 수 있는 적정가 의료보험제**가 확산되는 것에 열성적으로 반대한다. 또한 이들은 경찰의 폭력과 국가가 승인한 사형제(블랙 라이브스 매터 Black Lives Matter*** 운동이 긴급한 관심을 촉구한 문제들)에 극도로 무심하다.[26]

결론적으로 낙태 반대 운동가들은 임신중단이 합법화되었을 때 임신중단 비율이 증가하지 않는다는 사실에 아랑곳

---

* 2014년 미시간주 플린트시는 예산 절감을 위해 상수도원을 바꿨다가 수돗물에 납이 섞여 들어가는 사태를 맞았다. 흑인 인구 60퍼센트, 극빈자 비율 40퍼센트 이상인 플린트시 주민들이 수돗물에서 악취가 난다는 등 고충을 토로했으나 당국은 이를 1년 이상 방치했다.

** 9장 254쪽의 옮긴이 주를 보라.

하지 않는다. 대신 여성들은 더 이상 불법 시술을 해줄 병원을 찾아다니지 않아도 된다.[27] 게다가 불법 시술은 건강에 더욱 유해한 결과를 초래한다. 때로는 죽음과 같이 끔찍한 결과까지도.

낙태 반대 운동은 결코 생명을 중시하는 게 아니다. 그렇다고 종교 일반과 연관되어 있지도 않은데, 적어도 이 운동이 (현재 이 운동과 문화적으로 결부되어 있는) 기독교 교리에서 직접적으로 비롯되었다는 사실을 고려할 때 그렇다. 만일 특정 개인이 낙태에 반대하는 **자신의** 견해에 대해 기독교적 신념(지역의 종교문화에 참여하는 활동)을 고수한 결과라고 말한다면, 진정성 있고 신뢰할 만한 진술일 수도 있다. 그러나 중요한 것은 이런 지역 기반의 종교문화조차 대부분 각기 다른 양상을 띤다는 것을 주지하는 일이다. 특히 임신중단에 열렬히 반대하는 태도는 나의 최근 기억에 따르면 명백히 정치적인 의도하에서 조작되었다.

이런 의도들은 초창기 때부터 반여성주의 정서에 기댔

*** '흑인들의 생명은 중요하다'는 기치를 내건 블랙 라이브스 매터 운동은 흑인의 신체에 대한 공권력의 과도한 개입에 저항하기 위해 시작되었다. 2012년 2월 17세의 흑인 소년 트레이본 마틴Trayvon Martin을 총살한 백인 자경대원 조지 지머먼George Zimmerman이 2013년 무죄판결을 받은 사건이 시발점이 되었으며, 이때 처음 #BlackLivesMatter라는 해시태그가 쓰이기 시작했다. 2014년 퍼거슨시에 거주하던 마이클 브라운Michael Brown과 뉴욕시에 거주하던 에릭 가너Eric Garner가 백인 경찰에게 무고하게 살해당한 사건을 계기로 한층 더 본격화되었다. 경찰로 대변되는 공권력의 폭력성은 물론 뿌리 깊은 인종주의와 흑인혐오가 21세기 미국 사회에서도 지속되고 있음이 운동을 통해 선명히 드러났다. 2020년 미네소타주 미니애폴리스시의 경찰 데릭 쇼빈Derek Chauvin이 조지 플로이드George Floyd를 살해한 사건은 운동의 불길이 다시 거세지는 계기가 되었다.

다. 법학자 린다 그린하우스Linda Greenhouse와 레바 B. 시걸Reva B. Siegel은 일련의 중요한 논문들에서 현대 미국 사회의 낙태 반대 운동이 '트리플 A 전략AAA strategy'(로 대 웨이드 판결Roe v. Wade****이 있기 전 기세를 떨쳤던 운동)에 뿌리를 두고 있다고 지적했다. 이 개념은 강력한 환각제인 LSD, (베트남 전쟁 당시의 징병 기피자들에 대한) 사면, 최종적으로 낙태와 같은 이른바 도덕적 위협을 강조함으로써 전통적으로 민주당에 투표하던 사람들을 공화당에 투표하도록 유인하는 전략이다. 그린하우스와 시걸은 다음과 같이 쓴다.

(닉슨의) 대선 캠페인이 진행되자 공화당 전략가들은 전통에 대한 존중이 사라졌다는 데 고통받고 있던 사회적 보수주의자들에게 낙태를 우려해야 할 문화 트렌드의 상징으로 제시했다. 1972년 8월 《뉴욕 타임스》에 실린 〈닉슨은 어떻게 이길 것인가〉라는 제목의 기사에 따르면, 구조조정 전략가인 케빈 필립스Kevin Phillips는 공화당의 승리가 임박했

**** 미국 연방대법원의 가장 역사적이고 논쟁적인 판결 중 하나로 꼽히는 로 대 웨이드 판결은 헌법에 기초한 사생활에 대한 권리가 임신중단에 대한 권리를 포함하는지 여부를 결정한 미국 대법원의 가장 중요한 판례 중 하나로 꼽힌다. 1973년 연방대법원은 여성이 임신 6개월까지 임신중단을 선택할 헌법상의 권리를 갖는다고 판결했다. 이 판결에 따라 임신중단을 처벌하는 대부분의 법률들이 미국 수정헌법 제14조의 적법 절차 조항에 따른 사생활의 헌법적 권리에 대한 침해로 위헌에 해당하게 되었고, 임신중단을 금지하거나 제한하는 모든 주와 연방의 법률들이 폐지되었다. 다만 출산 전 3개월 동안에는 임신중단을 금지할 수 있도록 하는 조항을 두었는데, 이 3개월은 의료 전문가들이 태아가 자궁 밖에서도 독자적 생명체로서 생존할 수 있는 능력을 갖추는 시기로 인정한 기간이었다.

음을 뽐냈다. 공화당은 1968년에 조지 월러스George Wallace
를 지지했던 남부 사람들의 환심을 사는 전략에 기대고 있
었다. ……

필립스는 공화당 지지자들이 "맹공을 펼치는 것은 곧 사회
적 도덕[을 실현하는 것]"이라는 기조를 내걸었다. 그러면서
공화당원들이 가을 경선에서 "(민주당 대선 후보로 선출된)
조지 맥거번George McGovern에게 트리플 A(강력환각제Acid, 베트
남 전쟁 징집 기피자 사면Amnesty, 낙태Abortion 옹호) 낙인을 새길
것"이라고 경고했다. 그리고 "이런 전략이 미국 중산층이
극도로 싫어하는 문화 및 도덕성에 맥거번을 결합시키는
데 도움이 될 것"이라고 판단했다.[28]

그린하우스와 시걸은 이 용어를 통해 "낙태에 대한 공격
이 낙태 그 이상"을 겨냥하고 있음을 알 수 있다고 지적한다.[29]
논문 발행 전해에 출간한 저서에서 그들은 이렇게 평했다.

맥거번에 대한 '트리플 A' 낙인찍기는 곧 권위의 전통 형식
을 약화하는 [성에 대해] 자유주의적인 청년문화의 일부인
임신중단에 대한 권리를 비난하는 것과 다름없다. 임신중
단에 대한 권리를 인정하지 않는 것은 그것이 살인행위여
서가 아니라, 임신중단에 대한 권리가 (징집 기피자들에 대
한 사면을 요구하는 것과 마찬가지로) 전쟁터에 나가 사람을
죽이고 자신도 죽을 각오가 되어 있는 식의 남성들에게 요
구되던 전통적 역할과, 결혼생활을 위해 자신을 제쳐두고

남성 특권

모성에 헌신하는 식의 여성들에게 요구되던 전통적 역할을 실제로 붕괴시키기 때문이다.[30]

1970년대의 낙태 반대 운동은 낙태에 대한 공격이 (태아의 생명을 중단시켜서가 아니라) 전통적 성역할을 붕괴시키는 것에 대한 우려로 촉발된 것임을 보여준다. 그린하우스와 시걸은 악명 높은 반여성주의자 필리스 슐래플리Phyllis Schlafly에 대해 이렇게 지적했다. "[슐래플리는] 임신중단을 공격하면서 단 한 번도 살인에 대해 언급한 적이 없다. 슐래플리는 낙태를 성평등 헌법 수정안Equal Rights Amendment, ERA* 그리고 육아와 연결시켜 맹비난했다."[31]

종합해보자면, 낙태 반대 운동은 풀뿌리 종교운동에 의해 견인된 것이 아니라 소위 가족이라는 가치를 사수한다는 명목을 내세워 [오히려] 종교를 끌어들인 셈이다. 또한 (다시 말하지만, 흔히들 말하는) 그런 가치가 통제하는 것은 섹스 자체가

---

* 미국 시민이라면 성별과 무관하게 동등한 법적 권리를 갖는다는 것을 명시한 수정 법안으로, 이혼, 재산, 고용 등 여타의 법적 사안을 처리할 때 성평등의 원칙을 적용하고자 한다. 미국 여성주의 운동이 물꼬를 튼 1920년대(1923년)에 초안이 작성된 후, 여성주의 운동이 만개한 1970년대(1972년)에 의회에서 수정 법안이 통과되었다. (연장 기간 3년을 포함해) 총 10년 내로 38개 주 의회의 비준만 거치면 수정안의 효력이 발효될 수 있는 상황에서 여러 주들이 신속히 비준을 승인했으나, 비준 기한인 1982년까지 세 개의 주가 모자라 철회되었다(필리스 슐래플리를 비롯한 보수 진영의 끈질긴 방해 공작 탓이 컸다). 이로부터 거의 40년이 지난 2017년 민주당의 네바다주 상원의원 팻 스피어먼Pat Spearman이 다시 수정안 비준을 추진했고, 네바다주는 기한이 지났음에도 이를 비준했다. 2018년 일리노이주가, 2020년 버지니아주가 연이어 이 법안에 비준했다. 이로써 38개 주 비준이 충족되었지만, 비준 기한 등을 둘러싼 논쟁으로 여전히 헌법 수정에 포함되지 않고 있다.

아니다. 정작 **남성의** 성행위나 재생산에 대한 자유를 통제하는 데는 냉담한 것을 보라. 최근 미셸 오버먼Michelle Oberman과 W. 데이비드 볼W. David Ball이 지적했듯 원치 않는 임신의 90퍼센트가 이성애 관계에서 발생하고, 임신중단을 택한 대부분의 환자들이 자신의 파트너 역시 그런 선택에 동의했다고 밝히는데도 남성들은 낙태 반대 운동가들의 분노에서 거의 완벽히 비켜서 있다. 임신중단을 선택할 때 그 선택에 남성들이 관여한다는 점(상대를 배려하지 않는 그들의 사정ejaculation보다는 그나마나은 것)을 인식하며 그들에게 범죄 혐의를 제기하는 시도들은 흔치 않다. 오버먼과 볼은 이렇게 썼다.

> 임신중단을 선택하는 데 참여했다는 이유로 남성들을 기소하는 신선한 전략(그러나 그 고발에는 확고한 법적 근거가 있다)은 지금껏 우리가 이 논쟁을 부각해온 방식에 중요한 시사점을 남긴다. 남성이 평생 어린애로 사는 것과 달리 임신한 여성은 책임감 있게 행동해왔다. 우리는 여성들의 성행위를 통제하는 것은 당연시하면서도, 동일한 통제를 남성에게 가한다는 것은 상상조차 하지 못한다. 남성과 임신중단을 함께 논한다는 것 자체가 이상하게 들릴 수도 있지만, [사실은] 그 둘을 엮지 않는 게 더 이상한 일이다. 여성이 남성 없이 원치 않는 임신을 하게 되는 일은 없으니 말이다.[32]

낙태에 반대하는 근본주의 운동가들의 위선에 대해 자세

히 논하기란 어렵지 않다. 그 이론적 기반의 취약함을 드러내면 된다. (예를 들어, 소위 **무구한** 생명을 죽이는 낙태에 여전히 반대하면서도 사형 제도에는 지지를 표하는 이들이 있을 수 있다. 그러나 이론상으로는 지지할 수 있을지 몰라도, 실제로 실행하기는 어려운 것이 사형 제도이다. 특히 흑인들이 날조된 기소의 피해자가 된다는 걸 고려할 때 그렇다.) 그러나 여러모로 굳이 이들의 위선이나 이론적 취약성을 찾아내는 수고를 할 필요는 없다. 낙태 반대 운동가들의 말 자체에서 그러한 자기모순이 드러난다. 앨라배마주 상원의원 클라이드 챔블리스Clyde Chambliss의 발언을 예로 들어 보자. 그는 "실험실에 있는 난자에는 〔낙태죄를〕 적용할 수 없다. 난자가 여성의 신체 안에 있지 않기 때문이다. 즉 이 경우 여성이 임신한 것이 아니다"라고 말한 바 있다. 그는 수정된 난자와 배아세포, 그리고 소위 태아를 보호하기 위해 만들어졌다는 법안이 체외수정 절차(체내에 주입할 가장 강한 배아세포들을 고르고 나머지 것들은 폐기하는 선별 작업을 수반)의 적법성을 해치지 않는다고 설명하면서 이렇게 말했다.[33] 특히 더 뻔뻔한 이 발언은 낙태 반대 운동의 진짜 의도를 여과 없이 드러냈다. 생명을 보존하는 것이 아니라 여성들을 통제하고, 여성이 지정된 남성에게 아이를 "제공"해줄 거라는 이미 만연해 있는 기대를 여성에게 더욱더 강요하려는 것이 낙태 반대 운동가들의 진짜 욕망이다.[34]

그 결과 여성이 보통의 인간보다 하위의 존재, 비인간 동물, 또는 단순히 하나의 그릇vessel*으로 인식된다고 말하려는 것이 아니다.[35] 실로 전체 낙태 반대 운동 프로젝트에서 여성의 인간성은 개념상 중요한 부분을 이룬다. 여성이 남성에게 언제든 제공해야 하는 것은 분명 **인적 봉사**다. 여성은 단순히 아이를 임신해야 하는 존재가 아니다. 〔마거릿 애트우드Margaret Atwood의〕《시녀 이야기The Handmaid's Tale》에 등장하는 유의 인간의 새끼를 낳고 사육하는 방식이어서는 안 되는 것이다. 출산 후 여성은 자기 자신을 지워내는 방식으로 아이를 보살펴야 한다. (자신의 남성 파트너에게 기대되는 것보다 압도적으로 높은 강도로 말이다.) 그러나 여성이 자신의 인간 됨됨이를 의심받지 않을 때조차 그것은 타인의 덕택으로 여겨진다. 여성은 인간 **존재**가 아니라 인간 **증여자**의 위치를 배정받는다. 즉 감정노동, 물질적 지원, 성적 만족뿐 아니라 재생산노동까지 제공하는 존재 말이다. 그리고 남성은 태어날 때부터 여성이 제공하는 이런 재화들을 받고 누릴 권리뿐 아니라 포기할 권리 또한 갖는다고 여겨진다. 권력을 가진 수많은 남성 공화당 의원들이 낙태 금지를 외칠 때, 가장 중요한 예외 대상은 상대 남성이 원치 않는 아이를 임신한 소위 정부(남성의 외도 상대)일 것이다.[36]

* * *

그러므로 우리는 낙태 반대 운동을 여성혐오적인 수많은 강제 메커니즘의 한 가지 버전으로 이해할 수 있다. 그런 메커니

---

* 여성을 (빈) 그릇에 빗대온 오랜 역사에 관해서는 207쪽 리베카 솔닛의 논의와 옮긴이 주를 보라.

즘은 여성에게 돌봄노동을 강제하는 것을 목표로 한다. 여성은 트리플 A 전략이 암묵적으로 강조하는 모성의 역할을 벗어날 수 없다. 임신한 여성의 소비 패턴은 어마어마한 문화적 감시의 대상이 된다. 간혹 알코올 음료를 마시는 것이 태아에게 해를 끼치지 않는다는 증거가 있는데도 말이다.[37] 출산 방식을 고심할 때 (어떠한 의료적 도움 없이 자궁을 통해서만 이루어지는) 소위 '자연'분만은 자연분만이 아이나 산모에게 주는 수혜를 실제보다 더 부풀리는 방식으로 과도하게 찬양된다.[38] 그리고 영아를 기르게 되면 여성은 완벽하게 이타적인 헌신을 동반해서, 그것도 매우 특화된 방식으로 아이를 돌봐야 할 의무를 지게 된다. 예를 들어 모유 수유에 대한 압박을 생각해보라. 모유 수유는 분유라는 대안의 이점을 압도적으로 능가한다고 간주된다.[39] 모유 수유가 영아에게 어떤 혜택을 제공하는지와 관계없이 부디 그것이 초래하는 통증과 피로, 그리고 모유 수유를 시도하는 사람들이 겪는 자유의 박탈을 생각해보기 바란다.[40] (물론 모유 수유를 더 어렵게 만드는 것은 통제되지 않는 여성의 신체가 타인의 비위를 상하게 하거나 부끄러움을 유발해서는 안 된다며 공공장소에서 모유 수유를 하지 못하도록 하는 태도이다.)

또한 한 번 엄마가 되면 영원히 엄마여야 한다. 아이를 돌보는 일로 혹사당하는 차원을 넘어 주변 사람들의 감정적, 물질적, 도덕적 필요를 책임지는 존재 말이다. 말하자면 여성은 [아이 외에] 다른 이들에게까지 엄마가 되어 원조와 위로, 양육과 사랑과 관심을 제공해야 한다. 앞 장에서 살폈듯 여성이 자기 자신을 위해 [타인에게] 그런 도덕적 재화를 요청하는 일은 상대적으로 드물다. 그리고 뒤에서 논의하겠지만, 여성이 남성 파트너와의 관계에서 아이를 가질 경우 남성은 육아 의무를 공동으로, 평등하게 져야 한다는 압박에서 상대적으로 자유롭다.

엄마로서의 책임이 (영구히) 지속된다는 것을 염두에 둘 때, 아주 이른 임신 초기 단계에서부터 여성을 관념상 엄마로 만들려는 욕구를 설명하기란 어렵지 않다. 여성이 그 역할을 저버리거나 회피하려 할 때 어떤 일이 벌어질지도 쉽게 예상할 수 있다. 그 경우 여성은 **나쁜** 여자로 인식될 것이고, 협박, 처벌, 인격 모독을 당하는 식으로 여성혐오의 대상이 될 것이다. 말하자면 발달 중인 작은 뭉치의 인간 세포를 완전히 발달한 인간 존재로 재구상해 여성을 최대한 빨리 엄마로 지정해야 한다는 논리이다. 실제로 태아를 '자연인natural person'(법률상 생물학적 신체를 가진 인간)으로 지칭하는 이들이 늘고 있다. 이 완전히 발달한 인간fully fledged human being이라는 관념이 일단 구체화되면, 임신을 중단하는 것은 살인이 되고, 임신을 중단한 주체는 살인자가 된다. 이런 견해를 믿는 사람들, 즉《내셔널 리뷰》의 케빈 윌리엄슨Kevin Williamson 같은 이들은 낙태하는 이들에게 사형을 선고할 수 있다고 생각한다. 윌리엄슨은 최근 팟캐스트에서 이렇게 말했다.

나는 낙태를 여느 범죄와 마찬가지로 교수형에 처할 수 있는 범죄로 간주하는 것에 대찬성이다. 사형 제도 일반에 대해 아직 일관된 견해를 세우지 못했지만, 사형의 방식으로는 교수형을 선호한다. 독극물 주사 같은 것들은 사형 방식으로서는 지나치게 위생적이다.

이 글에 대해 블로거 찰스 존슨Charles Johnson은 트위터에 시의적절한 발언을 남겼다. "당신은 단지 여성이 죽는 걸 바라는 게 아니라, 고통받길 바라는 거지."[41]

수많은 여성들, 특히 백인 여성들이 이런 도덕규범을 내면화하여 낙태한 **자기 자신**을 나쁜 여자로 여기는 이유를 헤아리기란 어렵지 않다. 바람직한 여성성이라는 규범, 말하자면 백인우월주의적 가부장제의 가치들을 준수해서 얻을 게 많은 여성이라면 특히 그런 입장을 취하고 싶을 수 있다. 앞서 언급한 사례들에서 케이 아이비, 재닛 포터, 조지 부어먼, 필리스 슐래플리같이 특권을 가진 여성들이 꼽힌 것을 떠올려보라. 한 연구는 이런 여성들이 이례적인 존재가 아님을 시사했다. 일부 주에서는 백인 여성들이 백인 남성보다 더 낙태에 반대하는 경향이 있는 것으로 드러났다.[42]

물론 그렇다고 해서 낙태 반대 운동에 자신의 소임을 다하는 데 도덕적 사명을 거는 이런 여성들이 면책될 수 있는 것은 아니다. [임신중단에 더해] 임신 자체가 규제 대상이 될 경우 처벌을 받아야 하는 이들은 거의 대부분 가난한 유색인 여성이다. '재생산에 가해지는 억압'(법과 공공 정책이 임신한 여성의 물리적 자유를 제한하는 방식)에 관한 한 연구논문은 1973년부터 2005년까지 400건이 넘는 사례를 조사했다. 논문에 따르면, 정부의 통제하에서 임신한 여성들은 구속되거나 수감되고, 형량이 추가되기도 했다. 병원, 정신병원, 치료 프로그램에 구금되거나 억류되는 경우도 있었다. 이 여성들은 수술을 포함한 강제적 의료 개입의 대상이 되었다. 예를 들어 자연분만을 시도하고자 할 때도 자신의 의사에 반하여 제왕절개 수술을 받았다.[43] 이러한 조치 대부분이 임신한 개인이 태아에게 위협이 될 만한 행위를 했다는 판단에 기댔으며, 특별히 더 위협적인 행위를 하는 여성들이 있다고 간주했다. 다른 여럿의 여성혐오적 사회 통제와 다를 바 없는 논리였다. 이 연구를 공동으로 수행한 린 M. 펠트로우Lynne M. Paltrow와 진 플래빈Jeanne Flavin은 다음과 같은 사실을 발견했다.

> 우리가 살펴본 여성들은 인종과 무관하게 경제적으로 극도로 소외된 계층이었다. 무자력 피고인 신청을 할 수 있는 여성이 71퍼센트에 달한다는 사실이 이를 시사한다. 인종이 식별된 368명의 여성들 중 59퍼센트는 미국 흑인, 히스패닉, 미국 원주민, 아시아태평양 섬 출신을 포함한 유색인이었다. 이들 중 52퍼센트는 미국 흑인이었다. 흑인 여성들은 우리의 연구에서 지나치게 많은 비중을 차지했는데, 특히 남부에서 이런 경향이 두드러졌다. …… 백인 여성과 관련된 사례는 50퍼센트 정도인 데 비해 남부 출신 흑인 여성들과 관련된 사례는 75퍼센트였다.[44]

사우스캐롤라이나주 출신의 흑인 여성인 레지나 맥나이트Regina McKnight는 바로 그 사례에 해당하는 여성 중 한 명이었다. 감염으로 인해 예상치 못하게 사산아를 출산하며 고통을 겪은 그때 맥나이트는 스물한 살이었다. 그러나 국가는 맥나이트의 코카인 복용을 탓했다. 배심원들은 고작 15분을 숙의한 후 그녀에게 살인 유죄를 선고했다. 맥나이트는 징역 12년을 선고받았다. 2008년 맥나이트의 기소 내용은 무효화되었지만, 그때는 이미 그가 8년여 정도 복역한 뒤였다.[45]

*　*　*

임신한 신체를 통제하는 것은 여성들의 신체를 규제하고, 감시하고, 점차 기각해버리는 여러 방식 중 하나일 뿐이다. 이와 유사한 흥미로운(하지만 종종 간과되는) 사례는 트랜스젠더 반대 운동으로, 그 운동이 합법적 수단을 동원하여 **트랜스**여성의 신체를 감시하는 데 집착한다는 사실에서 공통점을 찾을 수 있다. 여러 사람들이 사용하는 화장실, 로커룸, 역사적으로 성별 분리 원칙이 적용되어온 시설물들에 트랜스젠더가 접근하지 못하도록 제한하는 '화장실 법안bathroom bills'을 예로 들어보자. 이 법안은 출생 시 지정된 성별을 근간으로 한다. 내가 관련 글을 쓰고 있던 당시 이런 종류의 법안이 16개 주에서 고려되고 있었다. (비록 이후 연방법원에서 기각되긴 했지만[46]) 그 법안 중 하나가 2017년 노스캐롤라이나주에서 채택되었다. 그런 법률은 트랜스젠더들에게 자신의 젠더와 일치하지 않는 화장실을 이용하도록 강제하고, 이들이 강력한 사회적 수치심, 증가하고 있는 물리적 공격의 위협, 젠더 디스포리아gender dysphoria*에 시달리도록 한다. 브라이언 바넷Brian Barnett 연구팀의 최근 조사에 따르면, 2만 8000명에 이르는 트랜스젠더들이 법적 기준을 벗어나는 일상의 과도한 화장실 사용 규제가 심각하게 부정적인 영향을 끼친다는 것을 보여줬다. 놀랍지 않은 사실이다. 이 중 60퍼센트의 이들이 바넷 연구팀의 조사 바로 전해에 적어도 한 번 이상 공중화장실 이용을 피한 적이 있다고 밝혔다.[47] 공격당하거나 대치하는 상황이 발생할 수 있다는 두려움 때문이었다.

낙태 금지 법안 제정 과정과 마찬가지로, 화장실 법안은 부도덕한(정말로 비난받을 만한) 대상이 누구인가를 구성하는 방식과 맞닿아 있다. 낙태의 경우 "태어나지 않은 아이"를 살해할 의도를 가진 비정한 시스젠더 여성을 비난하고, 화장실 법안의 경우 약자인 여성들을 노리는 트랜스여성, 또는 그와 반대로 화장실에 접근할 권리를 얻기 위해 트랜스여성인 **척하는** 시스젠더 남성을 비난한다. 나아가 낙태 금지 법안과 마찬가지로 화장실 법안 또한 관념상의 피해자 만들기에 기대고 있다. 낙태의 경우 가슴이 찢어질 정도로 연약한 태아, 장차 아인슈타인으로 자랄 아이가 피해자로 그려지고, 화장실 법안에서는 시스젠더 여성이 피해자로 그려진다. 이런 관념상의 피해자 만들기는 소위 도덕을 위반하는 이들을 감시하고자 하는, 이미 존재하는 욕망을 정당화하는 역할을 한다.[48]

현실에서 **양성** 화장실에 접근하고자 트랜스여성 행세를 한 시스젠더 남성은 극소수에 불과하다. 최근의 연구에서 드

---

* 　출생 시 지정된 성별과 스스로 느끼는 성 정체성이 불화하는 현상.

러났듯, 2004년 이래로 그런 범죄로 고발된 경우는 미국 내에서 1년에 한 건 정도에 불과하다. 한편 굳이 트랜스여성 행세를 하는 **수고조차 하지 않은** 시스젠더 남성이 화장실에서 여성을 공격하는 사례는 훨씬 더 정기적으로 발생한다. 바넷 연구팀은 이런 사건이 동일 시간대에 150배나 더 많이 일어난다고 밝힌 바 있다.[49] 그렇다면 왜 우리는 트랜스여성의 (혹은 다시 말하지만, 트랜스여성을 가장하려는 시스젠더 남성의) 잠재적 위협에 대한 이야기를 더 많이 듣게 되는 걸까? 그리고 왜 시스젠더 남성들이 **모든** 여성들에게 가하는 실질적인 위협에 대한 이야기는 거의 들을 수 없는 걸까? 트랜스포비아transphobia, 특히 여성혐오와 트랜스포비아가 위험천만하고 유해하게 교차하는 장인 트랜스여성에 대한 혐오가 이에 대한 분명한 답이 될 것이다.[50] 이러한 혐오가 트랜스여성들이 직면하고 있는 현실이다.

약자를 노리는 트랜스여성 또는 여성으로 가장해 약자를 노리는 남성이라는 관념에 집착하려는 것은 전혀 우연이 아니다. 이 둘을 분리시키는 수사는 트랜스포비아에 깊이 절어 있는 사람들이 그 별개의 두 경우('또는'이라는 언술의 양면성)를 동일한 것으로 취급한다는 점을 감춘다. 결국 트랜스여성을 향한 폭력은 너무나 자명한 귀결이다.

철학자 탈리아 메이 베처Talia Mae Bettcher는 일련의 중요한 연구논문들에서 성별을 제시하는 것을 곧바로 **성기의** 형태를 밝히는 것으로 이해하는 이들과, 자연스러움과 도덕성이라는 미명하에 이 두 요소를 일치시켜야 한다고 주장하는 이들 모두 근본적으로 트랜스포비아적 편견에 기대고 있음을 보여주었다. 베처는 이렇게 쓴다.

> (시스젠더 중심의 성차별적 사회 안에서) 페니스와 질은 ……
> 남성과 여성이 각각 도덕적 권리를 갖는 '정당한 소유물'로
> 비쳐진다. 사실 생물학적 성별에 대한 자연스러운 태도는
> 곧 도덕적 질서에 관한 견해이기도 하다. 즉 이러한 개념은
> 도덕적이며 형이상학적 사변에 절어 있는 일종의 트랜스
> 포비아를 이해하는 데 유용하다. 트랜스젠더를 '실제로는
> 이러한데, 저러한 면모로 가장하고 있다'는 식으로 설명하
> 는 일은 드물지 않다. 예컨대 트랜스여성이 '성적 기만'의
> 경우에 해당한다는 주장이 바로 그렇다.[51]

확실히 트랜스여성은 스스로를 자기 자신이 아닌 다른 존재로 꾸며대는 "사악한 사기꾼", 단순히 권리만을 주장하는 사람, 불완전하고 흠 있는 여성 모사품으로 여겨진다.[52] 그 이유에 대해 베처는 다음과 같이 쓴다.

> 트랜스여성의 신체는 본질적으로 남성으로 간주된다. 따
> 라서 트랜스여성의 질은 법에 위배되는 것으로 간주된다.
> 왜냐하면 질이 트랜스여성 신체의 도덕적 구조를 완성시
> 켜주지 않기 때문이다. 이 경우 트랜스여성은 자신의 신체
> 구조는 물론 자신이 권리를 갖는 그 성기(신체 구조를 도덕
> 적으로 완성시켜주는 것) 또한 '잘못 재현'한 것이 된다.[53]

남성 특권

베처가 지적한 이러한 역학은 필연적으로 특권의식이라는 중요한 귀결에 도달한다. 누군가 성별이 여성으로 인식될 때 그 사람의 성기 형태를 (심지어 옷을 다 갖춰 입고 있는 상황이라 하더라도) 한눈에 틀림없이 알아야 한다는 논리 말이다. 이런 논리는 여성의 **재생산** 능력을 한눈에 바로 확인할 수 있어야 한다는 특권의식으로 확장되며, 시스젠더 남성에게 이성애 규범에 기초한 섹스와 생물학적 아동을 **제공**할 수 없는 트랜스여성일 경우 스스로를 여성으로 제시해선 안 된다는 의무를 함축한다. 굳이 더 말할 필요도 없지만, 트랜스여성에게는 자신의 성기를 드러내야 할 의무가 결코 없다.[54]

우리가 살펴본 것처럼, 낙태 반대 운동이 생명을 중시하는 태도와 긴밀히 연결되어 있을 것이라는 짐작은 실제로 그 운동이 가임기 여성들은 물론 시스젠더 여성 전체의 건강과 생명을 훼손한다는 사실을 감춘다. 마찬가지로 트랜스젠더 반대 운동을 생물학적 성별의 안전을 지키는 행위로 전제하는 것 역시 그 운동이 특히 취약계층의 안전과 생명을 위협하고 있다는 사실을 덮어버린다. 다시 말해 트랜스여성은 셀 수 없이 자주 공격받고, 구타당하고, 살해되고 있다. 그 속도가 어찌나 놀라운지 미국 의사 협회American Medical Association에서 이를 유행병으로 선포했을 정도다.[55]

한 논문에서 베처는 잘 알려진 그웬 아라우호Gwen Araujo의 사례를 들었다. 캘리포니아주 출신의 17세 트랜스여성이었던 아라우호는 2002년에 잔혹하게 구타당한 뒤 살해되었다.[56] 살해되기 전 한 파티에 참석한 아라우호는 그곳에서 성기 의혹에 둘러싸였다. 그 의구심은 성기 노출을 강요하는 공개적이고 폭력적인 방식으로 그녀의 존재를 아우팅했다. 베처가 지적했듯, 아우팅 후 이어진 "원래 남자네"라는 발언은 네 명의 시스젠더 남성이 아라우호를 잔인하게 공격하는 계기가 되었다. 제이슨 카사레스Jason Cazares, 마이클 매기슨Michael Magidson, 재런 네이버스Jaron Nabors, 호세 메렐Jose Merel은 1급 살인죄로 기소되었다.[57] 이들 중 두 명(메렐과 매기슨)은 파티가 있기 며칠 전 아라우호와 성적 접촉이 있었다는 점에 주목해야 한다. 이후 이 둘이 표출한 폭력적인 분노는 어떤 의미에서 특권의식에 뿌리를 둔다. 이들은 아라우호의 성기와 출생 시 아라우호가 부여받은 지정 성별이 일치해야 한다는 자신들의 기대가 충족되어야 한다고 믿었다.[58] 아라우호가 내세운 성별과 아라우호에게 느낀 자신들의 성적 욕망으로 미루어 그렇게 판단했다.

많은 사람들이 이 청년들에게 살인에 대한 책임을 묻기는커녕 공감과 지지를 표했다. 그들이 맥도날드에 들르기 전 구타당한 아라우호의 몸을 〔살인을 자행한 장소에서〕 150마일 떨어진 시에라 황무지에 묻었다는 사실이 밝혀진 후에도 말이다.[59] 베처가 언급했듯, 사람들은 피해자를 비난하는 논리에 기대 범죄자들을 위한 변명을 늘어놓았다. 한 범죄자의 모친은 "당신과 함께 밤을 보내는 아름다운 여성이 실제로는 남성이었다고 생각해보라. 어떤 남자도 미쳐 날뛰지 않기란 어려울 것"이라고 말했다. 재크 칼레프Zach Calef라는 이름의 학생 기자는 "아라우호는 그 남자들에게 자기 자신에 대해 솔직히 밝히지 않았고, 만일 솔직하게 밝혔더라면 이런 일은 일어나지 않았을 것"이라고 지적했다. 아라우호의 성별을 착각함으로써 아라우호를 도덕적으로 비방하고, 더 나아가 끔찍한 모욕까지 보탠 것이다. 이 네 남성들의 변호사 중 한 명은 이들이 파티에서 아라우호를 살해하기 며칠 전에 **이미** 아라우호의 성기 형태에 대해 유추하긴 했으나, 그럼에도 "홧김에" 그리고 순간적으로 "극도의 충격과 놀라움, 당혹스러움"을 느껴 범죄를 저지르게 된 것이라고 밝혔다. 실제로 그들은 "너무나 강렬한, 거의 동물적인" 살해 욕구를 느꼈는데, 아라우호의 "성적기만, 속임, 배신"이 그런 욕구를 촉발했다고 했다. 이러한 주장들에는 이 남성들에게 옷차림 너머의 성기 형태에 대해 알아낼 권리는 물론 "미친 듯이 분노할" 권리, 심지어는 (그들의 성적 특권의식에 도전한 아라우호를) 살해할 권리가 있었다는 의식이 반영되어 있다.

권력을 가진 남성들이 시스젠더 여성이든 트랜스젠더 여성이든 관계없이 모든 여성의 신체를 통제하고 감시하고 지배할 권리를 갖는다는 의식은 이 극적인 사례만큼 만연하게 퍼져 있다. 그 때문에 여성혐오적 감시의 피해자들이 (바로 이들이야말로 끔찍하리만큼 고통받는 존재임에도) 오히려 도덕적 괴물로 비난받는 일이 발생한다.

7장

사소하지만 거대한 불의

가사노동의 문법

다시 로크먼Darcy Lockman은 자신의 책《은밀하고도 달콤한 성차별All the Rage》에서 "남자들은 자신들이 그저 우리 여성들의 노동을 제공받을 권리가 있다고 생각한다"라고 썼다. "특권의식이라는 불빛은 너무나 밝게 빛난다."[1] 그 특권의식은 수많은 이성애 가족에 그림자를 드리운다. 남성 파트너를 둔 어머니들은 양육과 공평히 분담된 가사노동 이상의 일을 감당한다. 그리고 여성의 "2교대 근무"(1980년대 후반 사회학자 앨리 러셀 혹실드Arlie Russell Hochschild는 여성들이 매년 "집안"일을 수행하는 데 추가로 몇 달이 더 소요되는지 보여주기 위해 이 용어를 고안했다)는 수십 년 동안 변함없이 지속되었다.

가사노동 불평등이 가정에 드리우는 그림자는 놀랍도록 짙다. 가사노동 참여도가 비교적 높은 근대 아버지의 이미지는 현시대 이성애 커플들을 묘사할 때 매우 흔히 동원된다. 그러나 불행히도 이런 풍경은 현실과 다르다. 1980년부터 2000년 사이 미국에서는 (여성의 사회 참여가 극적으로 증가함에 따라) 남성의 양육 참여가 증가했지만, 결과적으로 그 증가 추세는 이제 정체 단계에 들어섰다. 사회학자 질 야포스키Jill Yavorsky, 클레어 캠프 더시Claire Kamp Dush, 사라 숍-설리번Sarah Schoppe-Sullivan은 오늘날 미국 내의 양육 실태를 잘 보여주는 한 연구에서 풀타임으로 (대략 주당 40시간을) 노동하는 이성애 부부가 처음 부모가 되었을 때 남성의 가사노동이 주당 열 시간 증가한다는 사실을 밝혀냈다. 그러나 여성의 가사노동은 주당 20시간 증가하는 것으로 나타났다. 말하자면 노동량의 측면에서 어머니가 되는 일은 아버지가 되는 것보다 두 배 더 많은 대가를 요구한다. 게다가 남성이 아버지가 될 때 새로 감당하는 역할은 상대적으로 아이와 함께하는 "재미있는" 노동(예를 들어 아이와 놀아주기)이다. 아버지들이 이를 수행하는 데 들이는 시간은 평균적으로 일주일에 네 시간가량 된다. 그렇게 되면 동일 시간대에 이뤄지던 (일주일에) 다섯 시간의 가사노동이 사라지는 셈이다. 어머니들은 가사노동에 쓰는 시간을 일주일에 한 시간씩 줄여 양육노동에 주당 21시간을 쓴다. 여기에는 기저귀를 갈고 아이를 목욕시키는 것과 같은 물리적 돌봄에 소요되는 15시간이 포함되어 있다. 또한 그들은 아이와 밀착해 있으면서 **여전히** 더 많은 일을 한다. 자신의 남성 파트너에 비해 일주일에 대략 여섯 시간을 더 일한다고 한다.[2]

퓨 리서치 센터Pew Research Center와 미국 노동 통계청US Bureau of Labor Statistics이 수집한 시간 사용 일지time-use diary 통계치에서도 이와 유사한 풍경이 나타난다. 2000년도에 직장 여성은 집에서 3분의 2 정도의 양육 책임을 졌던 반면 그들의 남성 파트너는 나머지 3분의 1만을 졌다. 다시 말해 여성들은 남성들보다 두 배 더 많은 일을 수행했다. 그리고 지난 20년간 이 수치가 변하지 않았다는 사실은 우리를 불편하게 한다.[3]

옥스팜Oxfam의 2018년 보고는 전 세계적으로 여성이 남성보다 두 배 더 많은 무임금 돌봄노동을 감당하고 있으며, 가사노동의 임금이 낮은 가격으로 책정되어 있다는 것을 보여주었다. 전 세계적으로 여성은 자신의 남성 파트너보다 두 배에서 열 배가량 더 많은 가사노동과 돌봄노동을 수행하고 있다. 그 노동의 국제적 가치는 연간 10조 달러로 추정된다.[4] 현재 상황을 고려할 때 남성과 여성이 평등한 양육노동을 수행할 수 있으려면 75년(맨케어MenCare라는 부성애 캠페인 추정치)에서 더 절망적이게는 200년(UN 산하 국제노동기구의 추정치) 정도가 소요된다고 한다.[5] 이런 연구들은 여성이 풀타임으로 일하고 남성이 비고용 상태일 때 유일하게 여성과 남성이 평등한 가사노동 분담에 근접한다고 밝혔다. 심지어 여기서 핵심은 '**근접하다**approach'라는 단어에 있다. 여성은 여전히 더 많은 일을 감당한다. 평등하다고 추정되는 미국 사회에서도 평등이란 말은 실체가 없다.[6]

시간 사용 일지에 대한 연구는 남성의 가사노동 참여도에 대해 지나치게 낙관적인 전망을 제시할 뿐이다. 캠프 더시는 로크먼에게 이렇게 말했다. "시간 사용 연구에서 밝혀진 사실에 의문이 든다. 동일한 날 관찰된 부부의 시간 사용 방식은 우리가 연구에서 도출한 결과와 어긋난다. 남성들은 그 수치보다 더 적게 일한다."[7] 남성들이 분담한 집안일에 자신이 기여한 바를 과대평가하는 경향이 있다는 사실이 이 결과를 뒷받침한다. 최근《이코노미스트》가 서구 8개국의 부모들을 대상으로 조사한 설문에 따르면, 아버지의 경우 46퍼센트가 스스로를 평등한 부모라고 평가한 데 반해, 어머니의 경우 32퍼센트만이 그러한 평가에 동의했다.[8] 물론, 남성들이 스스로의 노동을 과대평가해 보고했다기보다 여성들이 시간 사용 일지를 쓸 때 남성 파트너의 공헌도를 **낮게 기입했을** 가능성도 있다. 그러나 사회과학자들은 그럴 가능성은 희박하다고 주장한다. 사회학자 스콧 콜트레인Scott Coltrane은 이렇게 주장한다.

(가사 분담의) 상당한 이점이 인식되고, 여성 노동 인력의 사회 진출이 급증하고, 결혼생활에서 평등의 가치를 옹호하는 것이 일반적이 되면서 많은 사람들이 …… 가사 분담이 성별과 무관하게 이뤄지리라 예상했다. 그럼에도 불구하고 여러 연구들이 …… 이런 예측과 어긋난 결과를 보여줬다. 이 상황은 연구자들이 지금껏 답해진 적 없는 중대한 질문을 제기하는 계기가 되었다. "왜 남성들은 더 일하지 않는가?"[9]

남성들이 더 일하지 않는 것은 건망증 때문이다. 고의적인, 상대적으로 행복한 무지의 상태 말이다. 캠프 더시는 자신의 연구에 관해 논평하며 이렇게 썼다.

흥미롭게도 새로 아버지가 된 사람들은 파트너의 늘어난 노동량을 자신이 따라잡지 않는다는 사실을 깨닫지 못하는 것 같다. 우리가 질문했을 때 남성과 여성 모두 부모가 된 이후 일주일 동안 수행하는 총 가사노동량이 30시간 정도 늘었다고 대답했다. 그러나 좀 더 정확한 시간 사용 일지는 그와 전혀 다른 이야기를 들려준다. 양육자가 된 후 남성보다 여성이 더 많은 일을 추가로 떠맡게 되었다는 사실을 말이다.[10]

이런 조건에서도 남성들이 지금보다 더 많이 일을 하지 않는 것은, 여성들로서는 그들에게 좀 더 일하라고 요구하는

남성 특권

것 자체가 또 하나의 노동이 되기 때문이다.

＊　＊　＊

《은밀하고도 달콤한 성차별》도입부에서 로크먼은 이 책을 쓰는 계기가 된 사건을 회고한다. 로크먼은 남편 조지에게 어머니의 날Mother's Day*선물로 짧은 휴가를 달라고 청했다. 자신이 혼자 있을 수 있는 귀한 시간을 가질 수 있도록 두 딸을 데리고 시어머니 집에 가 있으라는 부탁이었다. 그 요청에는 첫딸이 태어나고 6년 반 만에 처음으로 조지가 아이들의 짐가방을 싸야 한다는 것이 암묵적 조건으로 포함되어 있었다. 로크먼은 자기가 잊은 게 또 없는지 묻는 남편의 질문에 짜증을 느끼면서도 평정심을 유지하며 대답하려고 애썼던 것을 반추한다. 그리고 얼마 지나지 않아 죄책감이 밀려왔다. 그는 이렇게 기록한다.

> 어깨 위 악마, 그러니까 여성과 여성의 책무, 여성의 상대적 지위에 대해 수십 년간 발설된 잡음을 내면화한 그 녀석이 계속 나를 괴롭혔다. 너는 지금 남편에게 너무한 거야. 어쨌든 남편은 아이들을 데리고 자리를 비워주려고 하잖아. 짐 싸는 데 같이 좀 챙겨주지 그래. 딱 하룻밤 자고 오는 거잖아. 네가 하면 30초밖에 걸리지 않을 거야. 그게

---

*　한국에서는 '어버이의 날'로 통합되어 있지만, 미국은 '어머니의 날'(5월 둘째 주 일요일)과 '아버지의 날'(6월 셋째 주 일요일)로 분리되어 있다. 어머니의 날은 1914년 우드로 윌슨Woodrow Wilson 대통령 재임기에 처음 제정되었다.

뭐 대단한 일이라고? 나는 아이패드와 몇 가지 장난감을 챙겨서 가방에 넣었다. 어깨 위 악마와 남편에게 바치는 헌물이었다. 나는 남편에게 그 무엇보다 공평한 사람이 되고 싶었다.[11]

이 내면의 대화는 감정노동이 요구하는 대가를 고스란히 보여준다. 무엇보다 감정노동이란 각종 **챙김**과 어떤 **기대치**를 충족시키는 일을 포괄한다. 바로 이것이 여성에게 부과되는 일들이다. 여성은 어떤 물건이 어디에 있는지, 누구에게 무엇이 필요한지, 장 볼 목록, 가족 예산, 주요 가족 행사 일정 등등을 알아야 한다. 기저귀 가방부터 여행 가방까지 끝도 없이 짐을 싸고 챙기는 일은 말할 것도 없다. (로크먼이 더 이상 도움주기를 거부한 이후 남편이 딸들의 잠옷 챙기는 것을 깜빡한 나머지 아이들은 수영복을 입고 자야 했다.)

이 모든 종류의 노동을 감정노동이라는 항목에 넣는 것이 이제는 꽤 일반적인 일이 되었다. 남성 독자에게 제공되는 감정노동에 관한 최신 가이드에서 감정노동은 다음과 같이 정의되었다.

일상의 사소한 일들을 추적하기 위해 여성이 하는 눈에 보이지 않는 무임금노동. [그 자체로는] 사소한 일들이지만 합쳐지면 어마어마하게 큰 것들. 가정은 물론, 더 나아가 올바른 사회를 지탱하는 아교.[12]

이렇듯 감정노동이라는 개념을 확장하는 시도에 정작 그 단어를 만든 앨리 러셀 혹실드는 반대한다는 것을 모르는 바는 아니다. 애초 혹실드는 이 단어를 특정한 정서(예를 들어 비행기 승무원들에게 요구되는 쾌활한 처신)를 유지하도록 요구받는 **임금**노동을 지칭하기 위해 고안했다.[13] 그러나 나는 이 경우를 언어 사용자의 필요에 발맞추기 위해 개념이 스스로를 확장해나가는 사례로 생각한다. 감정노동이라는 개념은 수많은 것들을 포괄하게 되기 마련이다. 제마 하틀리Gemma Hartley는 자신의 저서 《남자들은 항상 나를 잔소리하게 만든다Fed Up》에서 이렇게 말한다.

> 고역스러워진 것은 단지 집안일만이 아니다. 나는 집안 일정도 관리하고 있어서 가족 약속을 잡고, 달력에 어떤 일정이 적혀 있는지 항상 파악하고 있어야 한다. 나는 남편이 열쇠를 어디에 두었는지, 결혼식이 몇 시에 시작하는지, 어떤 드레스 코드가 필요한지, 집에 오렌지주스가 남아 있는지, 녹색 스웨터는 어디에 있는지, 아무개의 생일은 언제인지, 오늘 저녁에 무엇을 먹을지에 대해 전부 답을 가지고 있어야 한다. 내 머릿속에는 모든 종류의 일에 대한 끝도 없는 리스트가 담겨 있다. 내가 원해서가 아니라 그 누구도 하지 않으리라는 걸 알기 때문이다.[14]

또한 감정노동은 이런 임무들을 **둘러싼** 감정을 조정하는 일까지 포괄한다. 남성 파트너에게 잘못을 지적하거나, 도움이나 보조를 너무 많이 요구하지 않음으로써 그의 기를 죽이지 않는 것도 감정노동에 해당된다. 그 결과 많은 여성들이 막대한 이중고에 시달린다. 남성 파트너에게 아무런 요구도 하지 않는다면, 여성은 공평하게 배분된 몫보다 훨씬 더 많은 물질노동, 가사노동, 감정노동을 떠안아야 할 것이다. 남성 파트너에게 요구할 경우, 여성은 집안의 평화를 유지해야 하고, 다른 이를 먹여야 하고, 요구 사항이 너무 많아서는 안 된다는 암묵적인 사회적 규범을 위반한게 된다. 하틀리는 이렇게 설명한다.

> 무언가를 요구하는 것, 제대로 요구하는 것은 추가적인 노동이다. 이런 식의 요구는 종종 잔소리로 인식된다. 때로 그런 일은 반복해서 부탁할 만한 가치도, 적절한 어조로 (그 말이 잔소리로 인식될 부담을 여전히 감수하고서) 계속 요구할 만한 가치도 없다. 그래서 나는 그 일을 내가 해버린다.[15]

하틀리의 책은 로크먼이 책 도입부에 실은 일화와 놀라우리만큼 유사한 이야기로 시작된다. 하틀리는 어머니의 날 기념으로 자신과 남편, 아이들이 함께 살고 있는 아파트의 화장실과 바닥 청소를 청소 업체에 맡기자고 청했다. 하틀리는 이렇게 설명한다.

> 내게 그 선물은 청소 그 자체보다 집안일을 관리하는 데서

내가 한 번이라도 면제된다는 점에서 의미가 있었다. 직접 전화를 할 일도 없고, 이것저것 견적을 내 각각의 서비스를 따져보거나 견줄 필요도, 지불을 하고 약속을 잡을 필요도 없는 상황 말이다. 내가 진정 원했던 선물은 마음속에서 나를 괴롭히고 있는 업무에 뒤따르는 감정노동에서 놓여나는 것이었다. 깨끗해진 집은 그저 보너스에 불과했다.[16]

그러나 안타깝게도 그런 일은 일어나지 않았다. 하틀리의 남편은 돈을 아낀다며 자신이 직접 나서 화장실을 대청소할 마음을 먹었다. 한편 하틀리는 집의 다른 곳들이 엉망이 되어가는 동안 혼자서 아이들을 돌봐야 했다. 하틀리는 자신이 "해가 지날수록 점차 이 집에서 유일하게 모든 걸 챙기는 사람이 되어버렸다는 사실"에 분노를 느끼게 된 과정을 설명했다.[17]

무릇 이런 상황은 제1세계 여성의 문제로 치부되기 마련이다. 또한 이런 식의 문제제기는 주의를 다른 곳으로 분산한다. 여기서 중요한 것은 이런 여성들과 혜택을 받지 못한(또한 분명 나름의 수많은 문제와 직면하고 있을) 다른 여성들의 차이가 아니다. 우리는 이미 혜택을 받지 못한 여성들이 직면하고 있는 일부 문제들을 살폈고, 이에 관해서는 추후에 더 논의할 것이다. 정말로 중요한 것은 이런 여성과 이들과 동일한 몫의 돌봄노동을 수행하지 않는 남성 파트너의 차이이다. 남성이 여성과 동일한 양의 돌봄노동을 수행하는 데 실패하는 이유를 꼽기란 어렵다. 남성과 여성의 아이 돌봄 성향 및 선호도가 "원래naturally" 다르다는 너무나 편리하고도 성차별주의적인 가설들은 남성이 양육을 전담하게 되는 경우 그들의 두뇌가 여성 양육자의 두뇌를 닮게 된다는 연구에 의해 일부 뒤집혔다.[18] 그럼에도 남성들은 가사노동과 돌봄노동에 제대로 참여하지 않으며, 바로 이것이 모든 연령대의 여성들에게 영향을 끼친다.[19] 물론 부유한 여성과 가난한 여성이 정확히 동일한 방식으로 그런 남성 파트너의 영향을 받는다고 말하려는 것은 아니다. 고소득 직종에 종사하는 영향력 있는 백인 남성이 돌봄노동을 수행하지 않을 때, 그 남성과 비슷하게 소득 수준이 높은(다시 한 번 말하지만 역시 대체로 백인인) 그들의 여성 파트너는 지치고 절망한다. 이들은 "지쳐 나가떨어진 나머지" 경제적 하위계층에 속하는 유색인 여성의 노동에 기대게 된다. 결국 특권층 백인 남성이 자신의 책무를 제대로 수행하지 않을 경우 그 피해는 자신의 아내뿐 아니라 취약계층 여성들에게까지 가닿는다. 취약계층에 속한 여성들은 이처럼 상대적으로 특권을 가진 여성들이 혼자서 감당해선 안 되는 일들을 떠맡는 식으로 착취당할 수 있다.[20]

* * *

이런 문제는 비단 가정에서만 발생하지 않는다. 심지어 유급 돌봄노동조차 남성들 사이에서는 놀라우리만큼 인기가 없다. 경제학자들은 남성들이 대개 간호노동(예를 들어 간호보조사로 일하는 것), 노인 돌봄, 또는 가정 의료서비스를 제공하는 일을 찾기보다 실업 상태를 선호한다는 것을 밝혔다. 그러나 전통

남성 특권

적으로 남성들이 담당해오던 육체노동이 미국 경제에서 사라지고 있는 상황에서 그런 직업은 점점 증가하는 추세이다. 결국 누군가는 이런 일을 해야 한다. 2017년 6월 《뉴욕 타임스》는 한 기사에서 이 문제를 직설적으로 짚었다. "쉬운 해결책이 있는 듯하다. 전통적인 남성 직종이었던 공장 노동직은 고갈되었다. 현재 미국 경제에서 빠른 속도로 증가하고 있는 일자리는 대개 여성들이 수행하던 직업군이다. 남성들에게 그런 일을 시키지 않을 이유가 무엇인가?"[21]

남성이 유급 돌봄노동에 참여하도록 독려하는 데 걸림돌이 되는 것은 남성들 스스로의 믿음이다. 남성들은 전통적으로 남성의 것으로 여겨지던 직업을 자신이 마땅히 가질 권리가 있다고 믿는다. 또 다른 방해물도 있다. 어떤 종류의 일이 자신의 남성 파트너의 자존감에 적합한지 여성이 선입견을 갖는다는 점이다. 사회학자 오퍼 샤론Ofer Sharone은 전문직 종사자였던 중년 남성이 실직 후 전통적인 여성 산업으로 분류되는 곳에서 더 낮은 임금을 받고서라도 기꺼이 일하려 할 때, 아내가 계속 다른 일을 알아보도록 독려한다는 사실을 발견했다.[22] 한편 (취업 인구에 속하거나, 실직 상태에서 열심히 구직 활동을 하는 사람들과 대조적으로) 경제활동을 하지 않는 남성의 인구는 두 배 더 증가했다. 1950년에 전체 남성 노동 인구의 15퍼센트를 차지했다면, 2018년에는 30퍼센트를 넘어섰다.[23]

현대 미국 (대개 백인) 남성성의 위기에 대해서는 수많은 논의들이 있어왔다. 여러 지역사회, 특히 농촌 지역사회에는 일하지 않는 백인 남성들이 점점 더 늘고 있다. 이들이 우울증, 약물(특히 아편 계열) 의존증으로 자살할 위험 또한 증가했다. 이에 대해서는 여러 해석이 가능하겠지만, 인생에서 **의미**를 찾지 못해 경험하는 위기(이런 환경에서 남성들이 시도할 수 있는 보람 있는 역할이 부족해진 것이 원인이라는 해석)에서 비롯된 일로 이해할 수 있을 듯하다. 그러나 돌봄노동은 누군가 반드시 해야 하는 노동일 뿐 아니라, 근본적으로 누군가를 착취하지 않으며, 남성들이 전통적으로 담당하던 다양한 육체노동에 비해 여러 이점들을 갖는다는 점에서 의미가 있다. 노동자 자신의 신체에든 자연 환경에든 손상을 덜 초래하는 경향 덕택이다. 말하자면 남성들의 특권의식은 다른 취약계층은 물론 **자기 자신** 또한 해칠 뿐 아니라 공급되는 일자리와 반드시 채워져야 하는 일자리의 간극을 메우는 데도 방해가 되고 있다.

자신이 어떤 종류의 임금노동을 할 특권이 있다고 생각하는 남성들은 마찬가지로 자신이 여성 파트너에 비해 여가활동 역시 더 즐길 권리가 있다고 생각한다. 로크먼이 지적한 것처럼, 여러 연구들은 "장시간 노동하는 아버지는 그보다 더 장시간 양육노동을 하는 부인을 두고 있다. 반면 장시간 노동하는 어머니는 그보다 더 많이 자고 TV를 보는 남편을 두고 있다."[24]

임금노동 시간을 제외한 나머지 시간을 남성들이 어떻게 보내는지에 대한 답이 바로 여기에 있다. 그러나 아직 닭이 먼저냐 달걀이 먼저냐의 질문이 남아 있다. 남자들이 그토록 [가사노동을] 적게 하는 것은 그들이 여성 파트너보다 더 많은 여가 시간을 갖기 때문인가? 아니면 그들은 가사노동을 적게 하기 위해 더욱더 여가 활동에 몰두하는 것인가?

하틀리의 남편 롭은 직장에서 해고된 이후 하틀리가 책 작업을 마무리할 수 있도록 아침에 해야 할 일을 자신이 담당하기로 약속했다. 그렇게 가사를 분담한 지 한 달 정도 지난 어느 오후의 풍경을 하틀리는 이렇게 묘사한다.

> 집에 있는 내 사무실에서 나왔을 때, 두 살짜리 아이는 아직 점심을 먹지 않은 상태였다. 나는 아들에게 얼른 라면을 끓여주었고, 롭이 자전거 복장으로 갈아입을 동안 아이를 낮잠 재웠다. …… 색칠공부 책과 크레용, 매직펜, 프린터에 들어갈 용지들이 나뒹굴고, …… 연필 부스러기와 들여다보기도 무서운 도서관 책들이 [저녁 식탁을] 뒤덮고 있었다. 두 가지 색깔의 키네틱 샌드[촉촉이 모래]가 놀이용 트레이 바깥에 작은 덩이로 바닥 전체에 흩뿌려져 있었다. 아침 설거지는 그대로였고, 먹다 남은 음식이 접시를 탈출해 굴러다니고, 식탁 조리대 위에는 우유가 응고되어 있었다. …… 집은 그냥 지저분한 정도가 아니라 재앙 상태였다.[25]

하틀리가 그 혼돈 상태를 해결하기 위해 집을 치우는 동안 남편은 산악자전거를 타러 나갔다. 《남자들은 항상 나를 잔소리하게 만든다》라는 그의 책은 이런 상황이 드물지 않다는 것을 보여준다.

잰시 던Jancee Dunn의 남편 톰도 자전거 타기를 즐긴다. 그는 딸 실비가 영아였을 때 장거리 주행을 다니곤 했다. 다소간 불길한 느낌의 제목이 붙은 던의 저서 《아기를 낳은 후에 남편을 미워하지 않는 법How Not to Hate Your Husband After Kids》은 로크먼이나 하틀리의 책과 달리 학술서도 아니고, 대상 독자의 폭도 좀 더 한정되어 있다. 이 책은 부당한 방식으로 극도의 밉상짓을 일삼는 남성들이 아니라, 어떻게든 그들을 극도로 미워하지 않을 방법을 찾아야 하는 여성들을 위해 쓰였다. 던 부부의 경우, 둘 모두 업무 일정이 유사한 프리랜서 저널리스트임에도 롭의 가사노동 참여율은 고작 10퍼센트밖에 되지 않았다.

나는 그가 한 10퍼센트의 노동이 충분하기를 바란다. 그러나 그 10퍼센트는 충분하지 않다. 나는 남편이 내가 운영하는 호텔의 손님이라고 느낀다. 나는 침묵하는 페미니스트가 되어 그가 다가와 일을 거들어주기를 기다린다. 점수 매기기는 끝나지 않는다. 그것도 억울한데, 주말마다 톰은 행복한 싱글처럼 유유자적하며 지냈다. 평소 그의 토요일은 친구들과 함께 축구를 하거나, 다섯 시간 동안 자전거를 타는 것으로 시작한다. (남편은 우리 아기의 탯줄이 잘려나간 무렵부터 지구력을 기르는 운동에 심취한 듯했다. 탯줄을 자르는 소리가 즉시 그 자리를 뜨라는 출발 신호로 들리기라도 했던 건지.) 이렇게 운동을 마치고 나면 여유롭게 20분 동안 샤워를 즐기고, 느지막이 점심을 먹고, 긴 낮잠을 자고, 여러 잡지들을 무작위로 탐색하며 정독한다. 그러는 동안 나는 우리 딸을 생일파티나 친구들과의 놀이 약속에 실어다놓는

남성 특권

다. 주말 저녁이면 톰은 나에게 아무런 상의 없이 친구들과 술을 마시러 나간다. 그는 내가 아이를 씻기고 재우는 일을 다 감당할 거라고 짐작하고선 잽싸게 문을 빠져나간다.[26]

던은 자신이 "이런 패턴이 반복되도록 내버려"두었다는 것을 감안하여 그로 인해 발생하게 된 상황에 분노하는 것이 과연 공정한지 반문한다. 그 질문에 대한 내 대답은 "그렇다" 이다. 실제로 옳지 않은 행동을 한 당사자는 던의 남편이기 때문이다. 던과 남편은 이 시기에 부부 상담가(보스턴에 기반을 둔 유명한 상담가 테리 리얼Terry real로, 혜안을 제시해주는 대가로 한 시간에 800달러를 요구했다)를 찾아갔다. 리얼이 이들 부부에게 싸움이 일어나는 통상의 방식을 설명해달라고 요청하자, 던은 톰이 잡지에 실을 기사를 위해 이탈리아 시골을 가로지르는 자전거 여행을 하고 막 돌아온 참이라고 대답했다. 집에 돌아와 시차 적응을 하고 있던 그는 던이 홀로 부모 노릇을 한 이틀 내리 잠만 잤다. 마침내 톰이 일어났을 때 던은 분노해 그에게 소리질렀다. 리얼은 던에게 "당신에게 좋은 소식이 있어요. 나는 당신 편이랍니다"라고 말했다.[27]

상담가는 톰의 "이기심과 자신에게 중요한 무언가를 소중히 여기는"(던이 표현한 바) 태도에 던이 보이는 몇몇 반응을 용인하지 않았다. 실제로 리얼은 던이 (정기적으로 톰을 "나쁜 새끼"나 "똥멍청이"라고 부른다는 사실을 들며) 언어폭력을 행사한다고 에두르지 않고 지적했다. 그러나 리얼은 분노를 표출하는 던의 방식에는 문제가 있을지 몰라도, 던의 분노 자체는 충분히 이해할 만하다고 분명히 말했다. "화를 잘 내는 여성은 보통 상대가 자신의 말에 귀를 기울이고 있다고 느끼지 못하지요"라고 리얼은 말했다.[28]

*   *   *

최근의 연구가 제시한 것처럼, 남자들이 그렇게 적게 가사노동을 하고도 무사할 수 있는 한 가지 이유를 (이성애 커플 의) 여성이 자신의 남성 파트너보다 더 높은 기준을 요구받는다는 사실에서 찾을 수 있다.[29] 다시 말해 여성들은 집이 지저분하거나 아이들이 괴이한 옷차림일 때, 주중에 아이에게 완벽한 점심 도시락을 챙겨주지 못할 때 더 망신을 당하거나 비난을 받을 확률이 높다고 한다.[30] 또 다른 이유로는 가사노동을 심각하게 적게 할 때조차 남성들은 **좋은** 남자로 남는다는 점을 들 수 있다. 여성에 비해 상대적으로 말이다. 로크먼은 이렇게 쓴다.

> 지난 몇십 년간 어머니와 아버지가 모두 존재하는 가정에서 아버지의 [가사] 참여도가 증가했다. 이와 동시에 아버지가 존재하는 가정 또한 줄어든 것으로 나타났다. 따라서 자기 자식을 사랑하고 좋은 길로 인도하기 위해 집에 붙어 있는 남자들은 비난받을 이유가 없다.[31]

일반적으로 남성에 대한 기대치 자체가 매우 낮게 설정되어 있는 탓에, 여성들은 **곁에 있는** 남성 파트너나 아버지를 아예 존재하지 않는 남성들과 비교하게 된다.〔부재하는 것보다는 옆에 있는 게 그나마 낫다는 생각에서〕 그들에게서 도덕적 결점보다는 훌륭한 점을 발견하려는 것이다. 지금의 아버지들이 과거 **그들의** 아버지가 했던 것보다 더 많이 가사노동에 참여한다는 사실에 주목하는 것은 또 하나의 부당한 비교이다. 요즘의 아버지들은 평균적으로 자신의 아버지들보다 훨씬 더 적극적으로 가사에 참여한다. 그러나 반복해 말하지만, 도덕적으로 의미 있는 비교를 해보는 것이 중요하다는 점을 밝히고 싶다. 남성과 여성을 비교하는 것 말이다. 이러한 비교에 따르면, 여성이 대단히 과도한 노동량에 허덕이는 데 반해 남성은 종종 자신들이 담당해야 할 몫조차 수행하지 않는다. 여성이 남성 파트너와 비슷한 수준의 수입을 벌어오고, 비슷한 양의 임금노동을 수행하는 경우가 늘어난 최근의 상황을 고려할 때 이러한 불균형은 더욱더 문제적이다.[32] 이처럼 다른 조건들이 모두 동일한데 왜 여성이 가정에서 남성보다 더 많은 일을 해야 하는가? 물론 이 물음에 대한 답은 여성이 더 많이 일해선 안 된다는 것이다.

그럼에도 던과 같은 여성들은 이 점을 쉽게 인정하지 못한다. 부부 상담이 진행되는 다섯 시간 내내 리얼은 던과 그녀의 남편에게 두 사람의 직업과 업무량이 유사한데 왜 가사노동을 공평하게 나누지 않는지 질문했다. 톰은 자신에게 할당된 절반 그 이상을 맡는 건 불공평하다고 이야기했다. 바로 그때 흥미롭게도 던이 남편을 위해 변명을 하기 시작했다. "보통 남자들은〔가사노동을〕절반씩 분담하는 걸 부담스러워하는 것

같아요"라며 끼어들었다. "우리는 남성들 전반에 대해 말하고 있는 게 아니에요. 톰에 대해 말하고 있는 거죠"라고 리얼이 답했다.

　　〔리얼은〕 톰에게 가사노동을 반씩 나누어 부담하는 것에 문제가 있냐고 물었다. 톰은 "글쎄요. 때로는 집안꼴이 엉망진창이 되어버려서, 저는……"이라며 운을 뗐다. "이봐요. 나는 당신이 무슨 말을 하는지 알아요"라고 리얼은 말을 막아섰다. "관성, 게으름. 그렇지만 그건 특권의식이기도 하죠. 바보 같은 일이에요."[33]

　　위 대화는 남성이 종종 가사노동을 공평히 분담하지 않고 지낼 수 있는 또 다른 이유를 보여준다. 즉 많은 여성들이 자신도 모르게 자신의 남성 파트너가 갖고 있는 부당한 특권의식, 즉 여성의 노동과 남성의 여가 시간에 대해 갖고 있는 부당한 특권의식을 반복해서 읊거나 정당화한다. 여성은 불만이 있음에도 결과적으로 남성 파트너에게 혼란스러운 메시지를 전달하게 되고, 좀 더 공평한 가사노동 분담을 요구하지 않으려 한다. 상황이 그런 식으로 전개될 때 여성 자신이 피해자가 되는데도 힘패시(여성혐오를 일삼거나 특권의식에 절어 행동하는 남성의 여성 피해자가 아니라 그 남성에게 더 이입하는 것)를 보이는 셈이다. 던은 부부 상담의 도입부에 대해 이렇게 썼다.

　　너무나 불편하리만큼, 갑작스레 눈물이 볼을 타고 흘러내렸다. 내가 "나는 톰에게 더 상냥하고 싶어요"라고 콧물을 훌쩍이며 말했다. "그렇지만 남편이 집에 있을 때 일을 더 많이 하면 좋겠어요. 모든 걸 제게 맡겨놓지 말고요." 나는 눈을 비볐다. "마스카라를 발랐는데 어쩌죠. 도대체 저는 얼마나 멍청한 건가요?" 리얼은 티슈 상자를 내 쪽으로 건넸다.[34]

마찬가지로 던은 리얼이 남편 톰의 상처를 어루만지는 동안 자신의 감정 상태를 반추했다. 던은 "톰이 실비와 있을 때 지극히 이타적이고, 친절하고, 배려심을 보인다는 것까지 덧붙이며" 남편을 보호해주고픈 마음이 들었고, 심지어 그에게 공감했다. 물론 그런 덕성은 전적으로 환영받을 만한 것이다. 그렇지만 여기서 쟁점은 리얼이 지적한 것처럼 톰이 딸이 아니라 **던**을 어떻게 대하고 있느냐이다. 이런 지표들이 보여주는 비관적인 현실을 감안할 때 던의 공감은 방향을 잘못 잡고 있다고 할 수 있다. 그러나 그런 공감은 이해할 만한 것이며, 나 역시 던이 느끼는 감정을 이해한다. [그러나] 여성이 자신을 희생하면서까지 타인을 돌봐야 한다는 잠정적 의무를 내면화하게 되면, 행동이나 정서적 측면에 부정적인 영향을 받게 된다. 여성은 남성 파트너에게 책임을 지우는 데 대해 죄책감과 수치심을 느낄 가능성이 크다. 또한 로크먼이 지적했듯, 남성 파트너가 공평한 가사 분담에 한참 미치지 못하는데도 그에게 과도한 고마움을 느끼기 쉽다.[35]

여성의 권리의식(혹은 그것의 부재)은 그 한 가지 원인이다. 어떤 여성들은 스스로에게 남성 파트너와 동등하게 가사를 분담할 자격 혹은 여가 시간을 누릴 자격이 없다고 생각한다. 또는 머리로는 자신에게 그럴 권리가 있다고 생각하지만, 이들을 둘러싼 사회가 자기 자신을 내세우지 말고 "모두를 위해" 영원히 참으라고 압박하는 탓에 실제로는 자신의 권리를 주장하지 **못할** 수도 있다. 심지어 던은 《아기를 낳은 후에 남편을 미워하지 않는 법》에서 자신이 부서지지 않은 크래커 한 조각을 온전히 먹을 자격조차 없다고 느꼈던 일화를 기록한다. 던은 자신이 부서진 크래커를 먹는 대신 온전한 크래커는 남편과 딸의 몫으로 남겨놓았다. 책 결론 부분에서 던은 실행에 옮겨야 할 교훈에 대해 다음과 같이 제시한다.

> **당신이 늘 부서진 크래커를 먹어야 할 이유는 없다.** 해야 했던 일 중 가장 어려웠던 것은 스스로 일말의 권리의식을 갖는 것이었다. 휴식과 여가 시간을 누려야 한다는 것뿐 아니라 집안일을 할 때 누군가의 도움이 필요하다는 것 또한 인정해야 했다. 늘 따라다니는 죄책감과 홀로 모든 것을 다 해결해야 한다는 책임감을 떨치기란 어려웠다. …… 〔그러나〕 나를 위한 시간을 확보하게 되면 나는 원래의 자리로 돌아와 더 괜찮은 엄마가 된다. 나 자신을 돌보면서 나는 더 나은 양육자가 된다.[36]

설령 이것이 발전이라 하더라도 이런 논의 구도에는 어딘가 슬픈 구석이 있다. 여성은 남성 파트너에게서 "도움"이나 "지지" 이상의 것을 받을 권리가 있다. 그리고 여성은 남성 파트너처럼 **자신을 위해** 휴식을 취하고 여가를 누릴 권리가 있다. 꼭 더 나은 양육자가 되기 위해서가 아니더라도 말이다.[37]

*　*　*

던의 경우, 그가 책을 쓰기 위해 원고 작업을 하고 결혼생활을 유지하기 위해 애쓰는 14개월 내내 남편의 가사노동 참여는 미미한 수준이었다. 던이 쓴 책의 결론부에는 자신과 비슷한 처지의 여성들에게 건네는 유용한 제안들이 수록되어 있다. 부부 상담을 받는 것이 그중 하나다. (던은 "특히 당신 남편에게 소리 지를 수 있는 상담가, '그 특권에 절은 태도를 집어치우고, 당신의 그 잘난 엉덩이를 일으켜 아내를 도우라!'고 소리칠 수 있는 상담가를 찾을 수 있다면" 더욱더 상담받을 필요가 있다고 권한다.[38]) 그러나 책 전반에 걸쳐 던은 그들의 결혼생활을 갉아먹고 있는 것이 분명한 남성의 특권의식이라는 문제를 누락한 채 비교적 중요하지 않은 다른 문제들을 다루는 듯하다. 그 결과 이 책은 평등한 부부생활을 위해 대대적인 개선을 실행하는 대신, 부부관계를 위한 그레첸 루빈Gretchen Rubin 스타일의 행복 프로젝트*로 마무리된다. 던과 남편은 다양한 실천, 즉 "섹스 실험sexperiment"(더 많이 할수록 더 욕망을 느끼게 된다는 이론에 기반해 열흘 동안 빠짐없이 섹스를 하는 실험)부터 불필요한 짐 줄이기, 가사노동에 딸을 참여시키기까지 모든 것을 시도한다. 심지어 던은 남편 톰에게 FBI 요원들처럼 "(아예 무관한) 타인을 헐뜯고 깎아내"리는 식으로 자신의 분노를 누그러뜨리도록 부추겼다. 다시 말하지만, 던의 분노 표출 수단이 정당하건 그렇지 않건 간에 던의 분노는 정당하다. 결론적으로 던은 톰이 일주일 중 단 하루만 저녁을 차리고, 가끔 딸을 45분 정도 공원에 데리고 나가고, 처음으로 학부모회에 참석하고 아이를 병원에 데리고 갔다고 곱씹는다. 던은 이렇게 쓴다.

> 나는 우리가 가사노동을 평등하게 분담하지 않는다는 사실에 개의치 않는다. 중요한 것은 내가 도움을 받고 있다는 인식이다. 나는 대개 상징적인 톰의 제스처가 쌓이고 쌓여 내게 얼마나 큰 울림을 주는지 깨닫고는 놀란다(그리고 때로는 약간의 당혹감을 느낀다). 그가 꼭 내 옆에서 나와 함께 가사노동을 두고 씨름할 필요는 없다.[39]

반면 던은 "원치 않게 가사 관리인으로 남"고, "앞으로도 그럴 것"이다. "나는 톰이 집에서 자기 몫을 수행하도록 여전히 계속해서 종용한다. 조용히 그러나 단호하게."[40] 던의 기록에 따르면 톰은 여전히 자기 몫의 집안일을 완수하지 않고 있

---

*　그레첸 루빈은 좋지 않은 습관을 개선하여 자신을 바꿀 수 있는 방법을 소개하는 습관 전문가이자 자기계발 분야의 베스트셀러 작가이다. 여기서 언급되는 '그레첸 루빈 스타일의 행복 프로젝트'란 일련의 노력들을 통해 체계적으로 행복을 획득할 수 있다는 발상을 말한다. 실제로 그는 1년짜리 계획을 세워 자신에게 의미가 있는 가치 열두 가지를 매달 하나씩 공략하는 식으로 프로젝트를 실행했으며, 그 과정에서 겪은 성공과 실패 그리고 다양한 감정들을 여러 저서로 풀어냈다.

　　　　　　　　　　　　　　　　　　　　　　　　　　　　남성 특권

다. 그럼에도 던은 톰에 대한 깊은 고마움을 내비치며 책의 결론을 맺는다. "무엇보다 중요하게 나의 남편 톰에게 영원히 감사를 표한다. 당신이 내게 어떤 의미인지 생각할 때마다 눈물이 난다."[41]

8장

앎의 소유자들

맨스플레인, 진술 억압, 가스라이팅

2019년 2월 9일 《가디언》은 〈나와 나의 외음부: 100명의 여성이 모두 밝히다〉라는 제목의 기사를 트위터에 발행했다.[1] 로라 도즈워스Laura Dodsworth의 성기 사진 연작을 실은 기사였다. 도즈워스의 연작물은 태어날 때 부여받은 성별에 동의하지 않는 사람들의 성기뿐 아니라, 여성(시스젠더와 트랜스여성 모두)의 성기에 대한 낙인을 걷어내고 사람들의 의식을 향상시키고자 했다. 기사가 발행된 직후 기사의 제목에 관해 다시 숙고해보는 게 좋겠다고 주장하는 한 남성이 나타났다. "폴 불렌 박사Dr. Paul Bullen"라는 별명을 쓴 그 남성은 "[외음부가 아니라] 질vagina이라고 불러야 정확하다"라는 내용의 트윗을 올렸다. 그러자 수많은 사람들이 즉시 달려들어 폴 불렌의 용어를 교정하려 했다. "외음부"가 기사 사진에 찍힌 성기의 외부를 지칭하는 정확한 용어라거나, 질은 자궁으로 이어지는 내부 기관이라 상대적으로 사진으로 포착되기 어렵다는 지적이었다. 불렌에게 정확한 용어 사용을 권고한 이들 중에는 예컨대 부인과 의사들처럼 권위 있는 이들도 있었다.[2] [온라인 기반의 무료 영영사전 사이트인] 딕셔너리닷컴Dictionary.com 또한 "글쎄요, 실제는 이렇습니다"라는 트윗을 업로드하고, 온라인 사전에 등재되어 있는 "외음부"의 정의를 링크함으로써 이 논쟁에 가세했다.[3]

폴 불렌은 아랑곳하지 않았다. 그는 놀라울 정도로 끈질기게 자신의 용례가 실로 정확하다고 주장했다. (나중에 삭제한 트위터 피드에) 그는 "최근 나에게 질 대신 외음부라는 단어를 쓰라고 제안한 사람들은 그저 젠체하는 것일 뿐이다"라고 썼다.[4] 그는 이 사건이 전형적이고 악의적인 맨스플레인 사례라는 지적에 반발하며 "그런 반박이 맨스플레인이라는 단어를 잘못 사용하고 있다"고 응수했다. "그 용어를 정당화하려는 건 아니지만, 정의상 맨스플레인은 남성이 여성이 포함된 청자 무리에게 무언가를 설명하는 상황 그 이상을 의미한다."

사실 불렌의 지적은 옳다. "맨스플레인"이라는 단어는 단순히 남성이 무언가를 설명하는 것 이상을 뜻한다. 그러나 그의 트윗은 바로 그 이상의 상황과 **맞아떨어진다**. 전형적으로 맨스플레인이라 함은 남성이 자신보다 더 전문성을 가진 여성이나 여성 집단에게 과도한 자신감을 가지고 오만하게 또는 고압적으로 무언가를 잘못 "설명하는" 행위로 정의될 수 있다. 관련 영역에서 적법한 권위를 가진 사람이 설명의 오류를 지적했을 때 남성은 종종 자신의 실수를 인정하거나 철회하지 않는다. (불렌이 질의 정확한 정의에 대해 지적받았을 때 보인 행동이 정확히 맨스플레인의 상황에 해당한다.)

이런 전형성에서 다소 벗어나 있는 듯한 행동도 맨스플레인에 속하는지 논의해볼 수 있다. 여느 개념들과 마찬가지로 맨스플레인 역시 확장되어 쓰일 때 본래의 뜻이 흐려지거나, 아예 다른 것을 지칭하게 될 수도 있다. (이 모든 경우에 제기해야 하는 질문은 이렇다. 그 용어를 어떻게 이해할 것인가? 어떻게 하면 그것을 가장 생산적으로 정의하고 이해할 수 있는가?)[5] 그러나 이 논의를 계속하기에 앞서 나는 맨스플레인을 강화하고 지속시키는 어떤 태도에 관심이 간다.[6] 요약하자면, 맨스플레인은 남성 특권에 뿌리를 두고 있다. 즉 남성 특권이란 지식과 신념,

그리고 정보 소유와 관련된 다양한 인식적 활동을 전유하는 남성들의 특권을 말한다.

특히 나는 남성 주체를 관련 **지식을 보유하고** 이야기하는 주체로 상정하는 근거없는 특권의식이 맨스플레인을 초래한다고 생각한다. 맨스플레인을 일삼는 이들은 스스로를 정보 제공자, 수정/교정을 권하는 교정자로 여기며, 어떤 사안에 대해 자신이 권위를 갖고 설명할 권리를 갖고 있다고 생각한다. (타인, 특히 여성이 자신보다 많은 것을 알고 있는 관계로) 해당 사안에 대해 말할 권리가 **없는데** 맨스플레인을 늘어놓는 것은 빈축을 사는 일이다. 이때 남성 설명자는 자신이 상대보다 지식이 더 많다고 상정해선 안 되며, 상대방, 특히 여성이 자기보다 더 많은 지식을 보유하고 있을 수 있다는 것을 예상하고 있어야 한다. 예컨대 폴 불렌은 연작 사진을 제작하고 〈나와 나의 외음부〉 기사의 인터뷰이가 된 여성 로라 도즈워스가 [외음부라는] 정확한 용어를 알고 있고, 그 용어를 통해 자기 신체의 해부학적 구조는 물론 자신의 논의를 펼치리라는 것을 예상하고 있었을 것이다.[7]

* * *

이 책 5장에서 나는 미란다 프리커Miranda Fricker의 "인식적 불의epistemic injustice"라는 개념, 특히 진술에 관한 불의를 소개했다. 이 개념은 [여성] 화자의 진술이 해당 영역에서 신뢰되어야 함에도 불구하고 도리어 의심받는 정황과 연결되어 있다.* 화자가 속한 사회집단(예를 들어 흑인 여성)을 둘러싼 편견은 여성

화자 스스로 (직접적인 신체 경험과 통증, 질병 등과 관련된) 자신의 진술을 의심하도록 만든다. 그 결과 여성 화자는 관련 사안에 지식을 보유한 사람으로 인정받지 못하고 경시된다. 이 장에서 내가 소개할 인식적 특권epistemic entitlement**은 진술에 관한 불의와 밀접하게 연결된다. 이 각기 다른 두 개념은 상호보완 관계에 있다. 진술에 관한 불의라 함은 보통 불리한 처지에 있는 화자가 진술을 통해 상황에 이바지하고자 할 때, 그 화자를 부당하게 묵살하는 행위를 말한다. 반면 인식적 특권은 더 많은 특권을 가진 화자 쪽에서 발화권력에 대한 자신의 우위를 독단적으로 전제하는 것을 말한다.[8] 이런 관점에서 우리는 인식적 특권이 흔히 진술에 관한 불의에 선행하며, 그 원인이 된다는 것을 알 수 있다.[9]

인식적 특권은 상대적으로 특권을 갖지 못한 화자가 본래 의도했거나 대화에 걸맞은 말을 하지 않기로 결정하게 만들기도 한다. 이는 철학자 크리스티 도슨이 "진술 억압testimonial smothering"이라고 명명한 상황을 구성한다. 이런 상황에서 화자는 자신의 말이 제대로 수용되지 않으리라 짐작해 스스로 침묵하게 되고, "위험"에 처한다.[10] 여성은 특정 **내용**이 자신과 같은 화자가 진술하기에는 위험하다고 판단해 침묵을 결정하

---

* 여성은 자신의 통증에 관해 설명할 때도 흔히 이러한 불의를 경험한다. 이에 관해서는 5장을 보라.

** 인식적 특권은 8장을 관통하는 핵심 개념어로, 개별 (인간) 주체가 자신을 둘러싼 세계를 인식하고 이해하는 과정 전반을 포괄한다. '인지적cognitive' '지적intellectual' 같은 인접한 용어들과 분명히 구별된다는 점을 상기할 필요가 있다. 문맥에 따라 '인식 episteme'을 '앎' 또는 '지식'으로 풀어서 옮기기도 했다.

게 된다. 무언가 말하려고 시도한다거나 남성이 거들먹거리며 내뱉는 말의 유려한 흐름을 끊어버리는 행위로 인해 위험에 처할 수 있다는 것 역시 여성 스스로 침묵을 택하는 또 다른 이유일 수 있다. 맨스플레인을 일삼는 이들의 말을 중간에 가로막는 것은 거의 불가능하다.

이 점은 이미 고전의 반열에 올라 수많은 논의를 촉발한 리베카 솔닛Rebecca Solnit의 글 〈남자들은 자꾸 나를 가르치려 든다〉에 제시된 사건의 한 대목에서도 잘 드러난다. (솔닛이 직접 "맨스플레인"이라는 단어를 고안한 것은 아니다. 그리고 솔닛은 이 사실에 대해 애매한 태도를 취하고 있다. 그럼에도 솔닛의 글은 이후 맨스플레인이라는 단어가 만들어진 방식에 관심을 불러일으켰고, 수많은 논의들을 촉발했다.) 솔닛은 한 여성 친구와 저녁 파티에 참석했다. 그 자리에서 솔닛은 자신보다 훨씬 나이가 많고 "저명한" 남성 호스트에게서 식사 후 그녀가 쓴 글에 관해 이야기를 나누자는 권유를 받았다. 그는 "당신이 서너 권의 책을 썼다고 들었어요"라고 다정하게 운을 뗐다. "사실 여러 권을 썼지요"라고 솔닛이 응수했다. "대체 무슨 주제에 관한 책들이죠?"라고 상대를 얕잡아 보는 말투로 그가 물었다. 솔닛이 설명한 바에 따르면, 그 남성은 마치 "친구의 일곱 살짜리 아이에게 요즘 플루트 연습은 어떻게 되어가는지 설명해달라"는 듯한 말투로 질문했다고 한다. 그럼에도 솔닛은 그 질문에 답할 필요가 있다고 느꼈고, 당시 출간된 자신의 최신작에 대해 설명했다. 그 책은 영국계 미국인 사진작가이자 영화의 선구자였던 에드워드 머이브리지Eadweard Muybridge에 관한 것이었지만, 솔닛은 그 이상으로 더 설명하지 않았다. 솔닛은 당시 상황을 이렇게 회고한다.

그 남자는 내가 머이브리지에 대해 언급하기가 무섭게 내 말을 가로막고 들어왔다. "작년에 머이브리지에 관한 굉장히 중요한 책이 나왔는데 들어봤어요?" 나는 아무것도 모르는 척하면서 내게 주어진 역할을 충실히 연기했다. 내 책과 동일한 주제를 다루고, 내 책과 거의 동시에 나온 책을 내가 모르고 있을 수 있다는 가능성을 기꺼이 재고해보았다. 그는 아주 중요하다는 그 책에 대해 이미 나에게 설명하고 있었다. 자신을 과시하며 권위라는 그 광막한 수평선을 응시하는 거만한 얼굴을 나는 너무나 잘 알고 있다.[11]

솔닛의 친구는 곧 그 남자가 말했던 아주 중요한 책이 바로 솔닛이 쓴 책이었음을 알게 되었다. 그 친구는 이 점을 알려주기 위해 대화 중에 서너 번 끼어들기를 시도했지만, 맨스플레인을 늘어놓는 그 남성은 그러거나 말거나 친구의 말을 경청하지 않았다. 마침내 그 사실을 알았을 때, 그의 얼굴은 일그러졌다. 그의 안색은 흙빛이 되었다. 솔닛은 이렇게 기록한다.

제대로 읽지 않고 몇 달 전 《뉴욕 타임스》 서평만 읽고 아는 척만 한, 아주 중요하다는 그 책의 저자가 바로 나라는 사실은 그 남자가 살던 세계의 말끔한 질서를 뒤흔들어놓았다. 결국 그 남자는 잠시 할 말을 잃었다. 그리고 다시 말하기 시작했다.

솔닛은 이 일화를 가지고 맨스플레인에 관한 여러 가지 통찰을 제시했다. 그중 가장 주목할 만한 것은 대화에 참여한 두 사람 **모두** 지정된 역할에 따라 움직일 뿐 아니라, 대화가 진행될 때 그 역할에서 벗어나기 어렵다는 사실이다. 솔닛을 초대한 파티 호스트는 권위를, 솔닛은 아무것도 모르는 사람의 역할을 부여받았다고 할 수 있겠다. 솔닛의 표현대로 "수태를 연상케 하는 저속한 비유를 활용해 …… 〔자신과 같은 여성을〕 남성의 지혜와 지식으로 채워져야 할 빈 그릇*"으로 취급한 셈이다. 여기에 사회적 역학관계가 작동하는 관계로 대화의 경로를 바꾸기란 쉽지 않다. 솔닛의 여성 친구가 그 대화에 개입할 수 있는 여지 역시 심각하게 제한되어 있었다. 그처럼 곁에서 적극적으로 상황을 지켜보는 이가 없었다면, 잘못된 정보가 과연 수정될 수 있었을지 의문이다. 남성의 오류를 교정하기 위해서는 솔닛 자신이 그 책의 저자가 정말로 자신이라고 어느 정도 확신에 차서 주장할 수 있어야 했을 것이다. 스스로 언급하듯, 솔닛은 이미 잘 알려져 있고 많은 글을 쓰는 작가로서 (백인 여성인 것은 말할 것도 없고) 자기 확신을 드러내기에 상대적으로 좋은 입지에 있다. 그러나 나를 비롯한 수많

---

* 이 일화에서 잘 드러나듯, 여성의 몸과 머리를 '속이 빈 그릇'으로 상정하여 남성의 지식과 성적 권력으로 채워야 할 대상으로 여기는 태도는 서구 지성사에서 유구한 역사를 갖는다. 남성의 지식 독점을 정당화하고 공고히 하는 상징체계라고 볼 수 있다.

은 우리들은 그렇게 하기 어렵다. 또 하나 중요한 지점은 그런 식으로 자기 주장을 내세웠을 때 솔닛에게 사회적으로 거슬리는 행동, 무례하다고 오해받기 쉬운 행동을 할 용의가 있었느냐다. 그런 용의가 있어야 권위자를 자처하는 남성의 잘못된 지식이나 정보를 교정할 수 있다. 물론 솔닛에게는 전적으로 그런 행동을 할 권리, 즉 특권이 있다. 그러나 파티 호스트는 자신의 잘못을 인정하고는 안색이 흙빛으로 변했는데, 전도된 특권(자신만이 가지고 있다고 믿었던 특권이 솔닛에게로 전도되어버린 것)이 그 의견 교환의 장을 규정한다는 걸 깨달았기 때문이다. 말하자면 솔닛은 그 남성에게 수치를 안길 뻔했다. 그러나 그 남성은 잠시 주저하더니, 이내 다른 것들에 대해 설명하기 시작했다. 그게 자신이 인식적 우위를 뽐낼 수 있는 대화의 장에서 불명예스럽게 권리를 박탈당했을 때 그 남성이 취한 행동이다.

이러한 일화들은 "진실은 여성들의 소유가 아니다. 지금까지도 그랬고, 앞으로도 그럴 것"임을 강력하게 일깨워준다. 남성이 행하는 맨스플레인은 우리를 [고정된] 여성의 자리에 머물도록 한다. 물론 솔닛이 흔쾌히 인정했듯 여성도 오만할 수 있으며 때로는 잘못된 정보를 갖고 자신보다 더 전문적인 지식을 가진 상대에게 "설명하려 들" 수 있다. 그러나 여기서 쟁점은 맨스플레인이 구조적인 문제이며 더 큰 사회구조의 일부라는 데 있다. 솔닛은 이런 구조를 가리켜 남성적 "오만함이라는 거대한 군도archipelago of arrogance"라고 적확하게 설명한 바 있다. 여기에 나는 '특권의식'을 덧붙이고 싶다.

진실은 물론 권위 또한 여성의 소유가 될 수 없다. 여성들의 말에 귀를 기울이는 것은 도구적 이유를 제외하고는 불필요한 행동으로 여겨진다. 상대의 화를 누그러뜨리거나 아니면 자신의 미덕을 드러내기 위한 제스처 정도에 불과하다. 물론 이 문제는 중층적인 억압을 겪는 여성들에게 더욱 심각하게, 때로 독특한 형태로 나타난다. 트레시 맥밀런 코텀은 뛰어난 글 〈6인의 흑인 여성Girl 6〉에서 데이비드 브룩스와 조너선 채이트라는 두 남성의 트위터 팔로우 목록에서 흑인 여성의 수를 세어본 일에 대해 썼다. 각각 총 322명과 370명의 팔로우 가운데 흑인 여성은 고작 여섯 명뿐이었다. 맥밀런 코텀은 이렇게 쓴다.

전문직에 종사하는 소위 스마트한 사람이라 불리는 이들조차 흑인 여성의 글을 읽지도, 흑인 여성을 인터뷰하거나 팔로우하지도, 심지어 흑인 여성의 존재에 대해 생각조차 해보지 않는다. 그럼에도 이들의 직업적 전문성과 능력은 그 누구에게도 의심받지 않는다.[12]

다시 말해 흑인 여성들은 그저 무시당하기만 하는 것이 아니다. 인식적 특권을 과도하게 부여받은 집단 때문에 그들은 우선시되지 않는다.

* * *

앞서 살펴보았듯, 인식적 특권은 (스스로의 노력으로 획득한 것이 아닌) 궁극의 자신감과 함께 유해한 방식으로 유지된다. 때로는 기이하고 통제적이며 심지어 폭력에 가까운 행위들이 그런 특권의식을 열성적으로 보호하고 옹호하는 데 동원되기도 한다. 이런 맥락에서 가스라이팅은 인식적 특권이 가장 부정적으로 재현되는 사례라 할 수 있다.

"가스라이팅gaslighting"은 1938년 패트릭 해밀턴Patrich Hamilton의 극 《천사의 거리Angel Street》에서 유래했고, 실제 무대에는 《가스등Gas Light》이라는 제목으로 올랐다.[13] 이 연극은 동명의 제목을 단 각기 다른 두 가지 버전의 영화로 각색되었다. 영국과 미국 버전의 영화 모두 원작보다 유명해졌다. 그러나 내게는 각색된 두 편의 영화보다 원작이 더 풍성하게 느껴져서, 이 책에서는 원작을 중심으로 논의를 진행하려 한다.

《가스등》(원작인 희곡을 이렇게 칭하기로 한다)의 잭 매닝엄은 아내 벨라 매닝엄을 미치게 만드는 데 골몰하고 있는 것처럼 보인다. 그의 동기는 극의 2막에서 분명해진다. 그러나 그의 행동이 극 초반부터 두드러지며 극을 폐소공포증을 유발할 만한, 정말이지 숨이 턱턱 막히는 분위기로 끌고 간다는 것에 주목할 필요가 있다. 1막은 가정에서 발생하는 공포를 생생하게 묘사한다. 매닝엄은 기회가 있을 때마다 아내에게 시비를 걸고 그녀를 깎아내린다. 시종들 앞에서 아내에게 창피를 준다거나, 그녀의 잘못을 끊임없이 교정하려 들고, 그 때문에 생겨난 아내의 불안감을 비이성적이고 근거 없는 것으로 비난한다.

남성 특권

잭: "벨라, 왜 그렇게 겁을 내는 거야? 나는 당신을 혼내려고 한 게 아니라고."

벨라: (안절부절못하며) 아니에요, 여보. 당신이 나를 혼내려는 게 아니라는 걸 알아요."[14]

매닝엄은 곧이어 부인을 다그치고 질책한다.

매닝엄이 보여준 유독 더 잔인하고 끈질긴 일련의 조종 행위(정기적으로 아내의 소지품을 감추고서는 물건이 분실된 것을 아내의 책임으로 몰아붙이는 식)는 아내로 하여금 자신이 곧 미쳐버릴 것이며 이성을 상실하게 될 거라고 믿도록 한다. 또한 별것 아닌 일로 무심코 아내를 질책할 뿐 아니라, 아내를 흐리멍덩하고 망상에 빠진 존재이자 해롭고 사악한 존재로 묘사하는 등 **도덕적으로도** 질책한다. (그가 한 모든 행동 중 최악의 고통을 초래한 사건은 일부러 반려견을 다치게 했다며 벨라를 몰아세울 때이다. 그는 **그녀를** 잔인하고 폭력적인 사람으로 만들어버린다.) 벨라가 반복해서 남편에게 지적하듯, 이런 식의 비난은 비논리적이다. 만약 그녀가 정말로 혼란을 겪고 있고 망상에 시달려서 자신의 행동을 다스릴 수 없다면, 그는 화를 내는 대신 아내를 친절히 대하고 도우려 애써야 한다.[15] 그러나 매닝엄은 벨라가 그에게서 선의를 이끌어내기 위해 기울인 모든 노력들과 마찬가지로 이 말 역시 무시했다. 벨라는 정말로 무력한 사람이 되고, 남편의 통제에 완벽히 종속된다. 남편이 고의로·그녀의 친구나 친척들과의 관계를 끊어놓은 탓에 벨라는 집 밖에서 유령과 같은 존재가 된다.[16] 벨라에게 남은 유일한 선택지는 남편에게 순종하는 것뿐이었다. 그렇다 한들 끓어넘치는 그의 분노를 누그러뜨리기에는 역부족이었다.

매닝엄의 그런 행동(후일 '가스라이팅'으로 알려진 뚜렷한 형태의 폭력은 곧 그 참상을 드러낸다)은 벨라에게서 현실에 대한 기초적 감각을 설명할 권리마저 앗아간다. 1막 마지막 부분에서는 실망스러운 데우스 엑스 마키나deus ex machina[작품 내부의 문제 상황을 해결하기 위해 작품 바깥에서 제공되는 해결사]로 기능하는 형사가 등장해 비록 끔찍하지만 벨라를 해방시킬 수 있는 진실을 전달한다. 그렇게 그녀의 남편이 극악무도한 범죄자로 알려진 시드니 파워라는 사실, 그가 그들 부부가 함께 살고 있는 집의 전 소유주인 앨리스 발로우의 루비를 훔치기 위해 그녀를 살해했다는 사실이 밝혀진다. 15년도 더 전에 매닝엄은 앨리스의 입을 막기 위해 그녀의 목을 베었다. 이는 그가 벨라에게 그녀 몫의 상속금으로 그 집을 사도록 유도하기 전에 발생한 일이었다. 형사는 벨라에게 이런 비밀들을 털어놓으면서 매닝엄이 결코 그 루비를 **찾지** 못했을 거라고 말한다. 시드니 파워는 집 꼭대기 층에서 여전히 보석들을 찾고 있는 걸까? 꼭대기 층은 폐쇄되어 있어 벨라나 시종들조차 출입할 수 없는 곳이었다. 벨라는 매닝엄이 정말로 보석을 찾고 있을지도 모른다고 생각한다.

> **벨라:** 믿기지 않겠지만, 밤에 혼자 집에 있을 때면 누군가가 저 위를 걸어다니고 있다는 생각이 들어요. (위를 올려다본다.) 저 위에 말이죠. 밤에 남편이 외출하고 나면 내 침실

에서 그 소리가 들려요. 그렇지만 무서워서 위에 올라가보지는 않았어요.

러프 형사: 남편과 이런 이야기를 해보신 적이 있습니까?

벨라: 아니요. 그이와 그런 이야기를 하는 게 두려워요. 화를 잘 내거든요. 그 사람은 내가 존재하지도 않는 것들을 상상한다고 말해요.

러프 형사: 저 위를 걸어다니는 사람이 남편분이라는 생각을 한 번도 해보신 적이 없나요?

벨라: 했죠. 그런데 제가 미쳤다는 생각이 들더라고요. 형사님께선 어떻게 알게 되신 건지 말씀해보세요.

러프 형사: "부인께선" 어떻게 알게 되신 건지 먼저 말씀해보시죠.

벨라: 그게 사실이었군요! 사실이야! 알고 있었던 거예요. 제가 알고 있었다고요![17]

벨라는 내심 알고 있었다. 남편이 남몰래 위층에 올라간다는 사실을. 그녀의 설명에 따르면, 매일 저녁 그가 집을 비운 지 10분이 지나면(사실상 천창을 통해 다락방으로 몰래 돌아오기 전) 가스등이 흐려지곤 했다. 그 후 그가 다시 현관에 들어서기 10분 전에 가스등은 원래 밝기로 돌아왔다. 그건 집 안 어딘가에서 다른 조명이 켜졌다 꺼진다는 것을 의미했다. 각 조명의 밝기는 다른 조명에 가스 압력을 빼앗길 때 어두워지기 때문이다. 그러나 벨라는 자신이 알고 있는 사실을 부정하도록 강요받았고, 스스로도 자신이 무엇을 아는지 확신하지 못했다. 남편이 그녀의 인식을 전적으로 지배(통제)하고 있던 나머지 벨라는 남편의 동기는커녕 행동에도 의문을 제기하지 못했다. 또한 그의 인식적 특권(자신이 계속해서 아내를 지배하고, 아내의 삶의 조건들을 통제할 권리가 있다는 확신)이 너무나 비대했던 나머지, 벨라는 악의적이고 거짓말을 일삼는 남편에게 일말의 의심조차 품을 수 없었다. 극의 초반부에 등장하는 아래의 대화는 벨라에게 매닝엄의 확신에 오류가 있다거나, 그의 행위가 선하지 않을 수 있음을 의심할 여지가 전혀 주어지고 있지 않다는 것을 보여준다.

> **벨라:** 사랑하는 잭, 당신 요즘 훨씬 더 다정해졌네요. 이제야 내 입장을 이해하게 된 건가요?
> **잭:** 내가 언제 당신과 다른 의견을 낸 적이 있었던가, 벨라?
> **벨라:** 오 여보. 맞아요. 당신 말이 맞아요.[18]

극 전체의 맥락을 고려할 때, 벨라가 남편의 상냥함, [사실상] 독특한 형태의 잔인성에 의문을 제기할 수 없다는 것은 너무나도 분명해 보인다.

★   ★   ★

가스라이팅에는 인식의 측면뿐 아니라 특유의 도덕적 측면이 존재한다. 가스라이팅의 피해자는 가해자의 시각으로 재구성된 사건과 서사 혹은 그 자신만의 이야기에 반박할 수 있는 기회를 박탈당한다.[19] 여기에는 여러 가지 기술technique이 동원된다. 피해자 여성은 가해자 남성의 권위에 의문을 제기하거나 앎에 대한 그의 권리에 도전할 수 없다. 남성과 의견을 달리하기라도 하면 그 관계 안에서 중범죄를 저지르는 셈이 된다.[20] 가스라이팅에 관한 철학자 케이트 아브람슨Kate Abramson의 혁신적 논의에 따르면, "증거를 무시하거나 기각하는 사람과 …… 가스라이팅을 하는 사람의 차이는 (상대의) 저항 가능성을 견딜 능력의 여부에 달려 있다".[21]

실제로 현실에서는 앞서 언급한 가공할 만한 가스라이팅 사례보다 더욱 심각한 가스라이팅 사례들이 발생한다. 이런 사례들은 가스라이팅이 연인이나 부부 같은 친밀한 관계에서뿐 아니라, 가족 간에도 흔히 발생한다는 것을 보여준다. 카일 스티븐스Kyle Stephens의 사례를 들어보자. 스티븐스는 미시간 주립대학교의 체조팀 담당의사인 레리 나사르Larry Nassar가 학대한 수많은 여학생 중 한 명이다. 부모님에게 학대 상황을 말해 레리의 명성을 더럽혔다는 이유로 스티븐스는 어쩔 수 없이 **그에게** 사과해야 했다. 누가 스티븐스에게 사과를 강요했는가? 스티븐스의 부모였다. 그녀의 **부모** 말이다. 부모는 딸의 말을 믿지 않았을 뿐 아니라(현재 맥락에서는 그것만으로도 문제적이다), 저명한 의사 선생님의 명예를 실추시켰다며 딸을 단죄했다. 나사르의 진술에는 사실상 의심의 여지가 없다고 간주되었다. 그리고 다른 가스라이팅의 피해자들처럼 스티븐스는 점차 스스로의 기억을 의심하기 시작했다. 2018년 1월에 있었던 나사르의 재판에서 스티븐스는 "세뇌당하고 있다는 생각이 들었다"고 증언했다. "제가 그를 고발한 적이 없었다고 생각하게 됐어요. 현실 감각을 잃고 있다는 느낌이었어요. 그런 학대가 실제로 일어났던 건지 의문이 들기 시작했죠." 스티븐스는 자신에게 트라우마를 입힌 사건들을 머릿속으로 반복해서 재생했다. 그건 거짓말하고 있는 건 자신이 아니라는 사실을 잊지 않기 위한 노력이었다.[22]

최근 인기를 끈 팟캐스트 〈더티 존Dirty John〉이 상세하게 다룬 가스라이팅 사건도 있다. 프로그램 제목이 가리키는 실존 인물 존 미한John Meehan에게 피해를 당한 데브라 뉴웰Debra Newell은 이혼 경험이 있는 50대 중반의 여성이었다. 전 연인과 관계를 끝낸 데브라는 존과 데이트를 시작했다. 온라인에서 처음 만난 존 미한은 뉴웰을 완벽하게 매료시켰다. 그는 낭만적이었고, 상대에게 관심을 기울일 줄 아는 사람이었다. 뉴웰은 존을 마취과 의사로 알고 있었다. 뉴웰은 그와 동거를 거쳐 결혼했을 때에야 (뉴웰의 자녀들이 일찍이 의심했던 것처럼) 존의 배경이 전부 거짓이었음을 알게 되었다.[23] 스스로의 주장과 달리 그는 마취과 의사가 아니었으며, 실제로 의사도 아니었다. 마취 전문 간호사 수련 과정을 거쳤을 뿐이었다. 게다가 환자에게 처방된 약을 훔쳐서 간호사 자격이 정지되었던 탓에 더 이상 간호사도 아니었다. (존이 약을 훔친 그 시각 수술대 위에 있었던 일부 환자들은 상당한 고통을 겪었을 것이다.) 데브라와 존이 처음 만났을 때 존은 약물 절도죄로 형을 살고 나온 직후였다. 뉴웰은 당시 그 사실을 전혀 몰랐고, 한참이 지난 후에야 알게 되었다. 그는 오랜 기간 처방형 진통제에 중독되어 있었다. 또한 직전의 결혼생활을 비롯해 여성들과 원만한 관계를 지속하지 못했다. 그의 전 연인들은 그를 상대로 접근금지명령을 신청했다. 그는 사기꾼이었지만, 그 이상의 면모를 보였다. 그를 직접 만나본 사람들은 그가 상대를 무척이나 불안하게 만드는 존재감을 갖고 있다고 보고했다. 그의 내면에는 〔필요하면 언제든지〕 폭력을 쓸 수 있는 위협적 성향이 도사리고 있었다. 그가 어떻게 '더티 존'이라는 별명을 갖게 되었는지 일부 소개하자면 이렇다.

존은 데이팅 웹사이트에서 여자를 만나곤 했다. 종종 그는 매치닷컴match.com*이나 플렌티 오브 피시Plenty of Fish** 같은 사이트를 이용했다. 데이트를 할 때 그는 수술복을 입고 나가서 의사인 척했다. 그는 여성들에게 신체의 은밀한 부위를 사진 찍어 보내도록 유도했고, 나중에 그 사진들을 빌미로 여성들을 협박했다. 그는 그 사진들을 여성의 가족에게 보냈고, 자녀가 다니고 있는 학교에도 보냈다. 어바인에 사는 한 여성에 따르면, 존이 그녀가 매치닷컴에 올린 사진을 자르고 붙여 만든 전단지를 이웃들에게 돌리며 그녀가 헤픈 여자이고 가정파괴범이라고 떠들어댔다. 판사는 존에게 5년간의 접근금지명령을 내렸는데, 그에 대한 보복으로 존은 그 여성을 상대로 똑같이 접근금지명령을 신청했다. 포터 랜치에 사는 한 여성은 존에게서 익명의 편지를 받았

---

*   영어권의 유명 온라인 성인 데이팅 웹사이트.
**   매치닷컴과 유사한 온라인 성인 데이팅 웹사이트.

다고 경찰에 신고했다. 존이 의식 없는 상태의 그 여성을 강간했고, 그때 그 장면을 사진 찍어두었음을 시사하는 편지였다. 존은 "앞으로 몇 년간 당신만 쫓아다닐 거야. 이거 하나만은 약속하지. 내가 농담을 하는 것 같나? 숨 쉬는 매 순간을 성형한 당신의 인생을 괴롭히는 데 바칠 거야. 이런 사진들을 남겨줘서 고마워."[24]

경력이 있는 한 경찰은 존 미한에 대해 "〔그는〕 내가 만나본 사람 중에 가장 기만적인 사람이었다. 가장 기만적이고, 위험하고, 속임수에 능한 사람"이라고 설명했다.

데브라는 존의 과거를 드러내는 여러 문서들(경찰 보고서, 접근금지명령서, 유치장과 교도소 수감 기록)을 발견하고는 뉴포트 비치에 위치한 그들의 호화 주택을 떠나 이사했다. 그녀는 호텔에서 숨어 지냈다. 데브라는 존의 추적을 피해 며칠에 한 번씩 숙소 위치를 바꿨다. 데브라가 도움을 청한 바 있는 형사의 제안이었다. 한편 허리 수술을 위해 입원했던 존은 장 폐색으로 병원에 발이 묶였다. 《로스앤젤레스 타임스》 기자이자 〈더 티 존〉의 진행자 크리스토퍼 고퍼드Christopher Goffard는 이렇게 말한다.

(존은 데브라에게) 납득할 수 없는 힐난의 문자를 보내기 시작했습니다. 데브라가 자신을 때렸다거나, 자신의 지갑에서 1만 달러를 훔쳐갔다든가 하는 내용이 담겨 있었죠. 그는 데브라에게 경찰에 신고할 거라고 협박했습니다. 그는

(원래 모습을) 알아볼 수 없을 만큼 변해버렸고요. …… (과거에) 그는 미사여구를 동원해 데브라의 미모에 끝없는 찬사를 보내는 식으로 그녀를 유혹한 바 있었습니다. 이제 존은 데브라의 외모를 폄하하고, 그녀의 나이를 비웃고, 59세에도 매력을 유지하고자 하는 노력을 조롱합니다. "다섯 번이나 결혼했으니 가족들도 당신을 싫어하지. 어떻게 끝이 날지 알고 싶기는 한 거야? 나는 잘 알고 있지. 얼마나 나쁘게 끝날지 알고 싶어? 당신은 나를 때렸고. 나를 협박했어." 데브라는 이렇게 답장했다고 합니다. "이제 끝내자고. 당신은 악마 같은 인간이야."

애초 데브라가 단호하게 대응한 것은 물론 그 협박에 일말의 진실이 없는데도 존은 스스로를 데브라의 피해자인 것처럼 꾸며냈다. 추후 데브라는 그 모든 사건들에도 불구하고 존을 용서했다. 존을 어떻게 용서했는지에 대해 데브라는 인터뷰에서 이렇게 말했다.

데브라: 그러니까 (존이 입원한 지) 23일이 지났고, 저는 그 사람 얼굴을 똑바로 쳐다보면서 왜 그런 짓을 저질렀는지 묻고 싶었습니다. 그래서 병원에 갔고, 존은 그 모든 이야기가 사실이 아니라고, 자신이 함정에 빠진 거라고 말했죠. 존은 누군가가 자기를 모함한 탓에 감옥에 가야 한다고 여러 차례 말했어요. 자기를 제발 용서해달라고 했죠. 존은 자기가 모든 증거를 확보하기만 하면 내가 상황을 파악할

수 있을 거라고 생각하고 있었어요.

고퍼드: 이 모든 게 엄청난 오해였다는 말인가요?

데브라: 엄청난 오해였고, 존은 제가 품은 모든 의문에 답을 갖고 있었어요. 그 대답들이 너무 설득력 있어서 저는 그렇다면 괜찮다고 생각했죠. 존은 말 그대로 저를 납득시켰고, 지금도 그는 (자신의 실체를 숨긴 채) 전혀 다른 사람으로 지내고 있어요.

고퍼드: 모든 문서가 그 반대를 증명하고 있는데도요?

데브라: 네. 모든 사실이 제 앞에 있는데도, 그는 너무 말을 잘했어요…… 그리고 저는 그를 사랑해요. 사랑에 빠지면 다른 이야기에 귀를 기울이기가 너무 어려워요. 머리가 아닌 가슴이 하는 이야기를 듣게 되거든요.

고퍼드: '더티 존'이라는 그의 별명에 대해 물어보신 적이 있나요?

데브라: 존은 그게 사실이 아니랬어요. "당신이 어디서 그런 이야기를 들었는지 모르겠다"고 말했죠. 모든 게…… 존이 말하기 시작하면 모든 게 설득력이 있어요. 그 사람은 그런 데 재능이 있어요. 밖은 추운 날씨인데, 존이 섭씨 35도라고 말하면 그걸 마치 사실처럼 받아들이게 되는 거죠. 그 사람은 그런 데 탁월해요. 결국 저는 저 스스로를 의심하게 되는 거죠.

고퍼드: 이건 마치 존의 인생 전반에 관한 사실들이 부인께서 품은 망상이라는 걸 (존이 부인에게) 납득시킨 것 같은데요.

남성 특권

데브라: 맞아요. 존은 제가 그 사실들을 망상이라고 믿게 만들었어요…… 자기는 훌륭한 사람이고, 나머지 사람들이 자기를 오해한 거다…… 그게 그 사람이 한 말이에요. 그는 늘상, 또, 늘상 둘러댈 변명이 있어요. 저를 잃을까봐 저에게 거짓말을 한 거라고 말했죠. 또 저처럼 그렇게 너그러이 용서할 줄 아는 사람을 만나서 자긴 행운아고, 제가 자기 인생의 진정한 사랑이라서 자기가 더 좋은 사람이 되게 만든다고 하더군요. 전 이 모든 일들에…… 얼마간 죄책감을 느낍니다. 그런 사람과 결혼했다는 것과 그가 입원해 있다는 사실에 대해서요. 그리고 동시에 두려움을 느껴요……

고퍼드: 좀 더 설명해주실 수 있을까요? 왜 죄책감을 느끼시는지?

데브라: 왜냐하면 서약했으까요. 결혼할 때 상황이 좋거나 나쁘거나 그에게 헌신한다고 서약했으니까요.

이 대화가 보여주듯, 상대로 하여금 자신의 합리적 판단 능력을 의심하게 하거나 자신이 분명 미쳤다고 생각하게 만드는 것은 인식적 우위를 점하는 유일한 수단이다. 가스라이팅은 이러한 우위를 점하는 것을 목표로 한다.[25] (그렇지만 인식적 우위는 가스라이팅의 산물이기도 하다. 데브라는 자신이 미치지 않았음을 확신하면서도 자신의 판단은 신뢰하지 못했다.) 이 사례에서처럼 가스라이팅 가해자가 직접 피해자를 (자신의 말을 믿도록) 조종하고, 존재하는 자신의 죄를 용서하는 것을 도덕적 정언 명령으로 만드는 경우도 있다.[26] 이때 가해자는 스스로를 〔오히려] 다른 사람들 혹은 자신의 피해자의 피해자로, 또한 여러 모로 취약한 존재로 제시한다. 존이 자신은 살인광이 아니라 (실제로 그는 살인마였다), 다발성경화증을 앓고 있고(이를 뒷받침할 증거는 없었다) 잠재적으로 자살을 할 위험이 있는 사람이라고 주장한 것처럼 말이다.

상대 여성의 신실함이나 연민에 호소함으로써 여성을 자신에게 복종시키는 방법은 여성으로 하여금 자신의 이성을 의심하게 만드는 것과 거의 동일한 결과를 초래한다. 말하자면 자기 자신에 관해 스스로 꾸며낸 근거 없는 이야기에 여성이 의문을 제기하지 못하도록 한다. 이때 여성은 불필요한 죄책감 때문에 어떤 의문도 제기하지 못한다. 상대에게서 복종을 이끌어내는 그런 행위에는 남성을 의심하는 여성에게 무언가 근본적으로 문제가 있다는 의도된 암시가 내포되어 있다. 그 문제로 거론되는 것은 인식적 결함(여성이 "미쳤다"거나 망상을 품는다거나 피해망상에 빠져 있다는 식) 혹은 도덕적 결함 (상대를 믿지 못하는 비정하고 못된 여성이라든지 피도 눈물도 없다든지 하는 말들)이다. 어떤 경우든 결과는 거의 동일하다. 그의 말에 이견을 달지 않고, 달 수도 없는 누군가가 있어야 한다.[27]

결국 가스라이팅은 피해자로 하여금 자기 자신의 이야기보다 상대 남성의 이야기를 믿어야 한다는 허구의 의무감을 짊어지도록 한다. 피해 여성은 인식적 억압을 겪는 것은 물론, 상대 남성의 (인식적) 식민지로 전락한다. 이것이 얼마나 해로운 일인지는 금세 알아차릴 수 있다. 가스라이팅은 불특정 개인을 해치는 단계를 초월한다. 가스라이팅이 성공하면, 피해자는 자신에게 발생한 가해 내용과 가해한 사람을 판별할 수 있는 능력을 빼앗긴다.

존이 데브라를 되찾기 위해, 또한 그의 얄팍한 거짓말과 변명들을 믿게 하기 위해 택한 전략은 결코 이례적이지 않다. 존은 이런 전략을 반복적으로, 심지어 데브라가 법원에 이혼을 신청했을 때도 사용했다. (당시 그는 자신이 암으로 죽어가고 있다고 주장했다. "뎁, 내가 죽어가고 있어요. 서서히 죽어가고 있다고요. 제발, 우리가 같이 해나갈 방법을 찾아봐요"라고 그녀에게 문자를 보냈다. "나는 잘 지내고 있지 못해요, 뎁. 당신 없는 내 인생은 너무 끔찍해. 당신이 필요해요.") 크리스토퍼 고퍼드에 따르면, 이런 식의 읍소형 자기 묘사는 "존이 스스로를 영구적인 피해자로 규정지은 거대한 자기 서사"에 완벽하게 맞아떨어진다. 우선 존은 데브라에게 사용한 것과 동일한 기술을 활용해 라 구나 비치에서만 적어도 여덟 명의 다른 여성들에게 가해를 저지른 전적이 있었다. 물론 그는 얼마간 돈을 원했다. 고퍼드는 데브라가 이 끔찍한 상황에서 빠져나올 수 있도록 도운 마이클 R. 오닐Michal R. O'Neil 변호사를 인터뷰했다.

고퍼드: 존의 목표는 사람들의 인생에 들어가 그들과 결혼하고, 그다음 그들의 소유물 절반을 가지고 나오는 거죠? 맞죠?

오닐: 아닙니다. 그들이 가진 **전부**를 갈취하려고 하는 거죠. …… 존은 결국 자신에게 그럴 특권이 있다고 믿은 겁니다. 마땅히 그럴 권리가 있다고요.

그러나 존 미한의 특권의식은 앞서 살펴본 것처럼 금전적 영역을 훨씬 넘어선다. 자신의 여성 피해자들을 털어먹는 행위는 사실상 자신의 궁극적 목적에 도달하기 위한 수단에 불과하다. 여성을 지배하고자 하는 충족되지 않는 욕망이 금전의 형태로 나타난 것뿐이다. 그것이 존을 그토록 공포스럽고 위험한 존재로 만들었다. 고퍼드는 이렇게 정리한다.

> (존 미한이 여성에게 가해를 저지르는 방식에 관한) 이야기를 관통하는 일관된 주제는 가학성과 집약된 복수심이라 할 수 있습니다. 그 이야기 속에서 우리는 스스로 완성한 음험한 기술이 작동하는 것을 보며 즐거움을 느끼는 한 남자를 찾을 수 있습니다. 그 기술은 (여성들의) 돈(을 갈취하는 것) 그 이상을 노립니다. 자신의 의지에 반하는 모든 사람에게 수치심을 주는 데 집착하고 있는 것이죠.

선호하는 가스라이팅 기술을 논외로 하더라도 '더티 존'은 여러모로 현실판 잭 매닝엄이라 할 수 있다. 그리고 그의 동기는 적어도 몇몇 측면에서는 [매닝엄의 그것보다] 훨씬 더 투명하다. 변호사 마이클 오닐은 돈을 원했을지라도 "그의 최종 목표는 언제나 게임 그 자체"라고 설명한다. 그 여성들을 이기기로 작정한 존은 자신이 유혹과 기만, 지배를 위한 심리전에서 질 수도 있다는 것 자체를 못 견뎌했다. 따라서 존의 뒤틀린 시각에서 보면 가스라이팅이 오히려 그런 문제에 독특한 해결책을 제공해준 셈이다. 그 여성들을 통해 자신이 파트너와 대화 상대, 다시 말해 독립적인 시각을 지닌 사람을 만난다는 **환상**을 유지하는 동시에 그들에게서 자신에게 반대할 능력을 파괴하는 식의 가스라이팅 말이다. 존이 말 그대로 피해자를 파괴하는 것에 대해 어떤 양심의 가책도 느끼지 못했고, 그런 식으로 상대 여성의 시각을 제거해버린다는 사실은 〈더티 존〉 팟캐스트의 마지막 에피소드에서 드러났다. 존이 어떻게 데브라의 딸인 테라를 납치해 (여러 정황상) 살해하려 했는지가 자세히 소개된 것이다.[28] 그러나 존은 상대를 더 잔인하게 말소하는 방법에 의존하지 않고 대부분의 피해자를 가스라이팅함으로써, 실제로 자신이 그 여성들을 매료시키고 유혹하며 그들에게 신뢰감을 주고 있다고 믿을 수 있었다. 물론 동시에 그는 여성들이 자신에게 저항할 수 있는 여지를 사전에 차단했다.

* * *

케이트 아브람슨이 주장한 것처럼, 가스라이팅은 보통 장기간에 걸쳐 진행된다. 가스라이팅을 하는 사람의 이야기를 따라가야 한다는 인식적 의무감을 만들어내기까지는 시간이 소요되며, 보통 상당한 노력이 요구된다. (비록 그런 노력이 가스라이팅이 궁극적으로 성취하고자 하는 것, 즉 인식적 지배를 의식적으로 목표로 삼지 않는다 해도 말이다.)[29] 또한 인식적 특권은 다른 사람들이 자신의 의견에 반대되거나 위협이 되는 견해를 낼 권리가 **없다**는 착각을 낳는다. 그럴 권리가 다른 이들에게 충분히 있는데도 말이다. 이는 구조적으로 여성들을 영원히 침묵시키려는 시도로 이어진다. 더 나아가 남성들은 여성이 자신의 견해를 내비치는 순간 분노를 표출하기도 한다. 그러나 이 경우에도 분노를 표출하는 행위 자체가 피해 당사자인 여성들에게 암묵적 위협이 된다는 점은 변하지 않는다. (솔닛 스스로가 밝혔듯) 맨스플레인을 다룬 책으로 고전의 반열에 오른 솔닛의 글이 비교적 악의가 없어 보이는 사건에서 시작해 강간과 살인으로 끝을 맺은 데는 충분히 그럴 만한 이유가 있었다.[30] 여성은 성폭력에 대해 증언하려 하지만 영원히 침묵당한다.

남성이 온라인상에서 자신의 견해를 펼치려는 여성에게 분노하곤 하는 경미한 수준의 사례를 떠올려보자. 나 역시 그런 분노를 직접 경험한 적이 적지 않다. 나는 그러한 여성혐오를 예측하고, 그것과 함께 살아가는 법을 배웠다. 그럼에도 남성들이 나 혹은 다른 여성들을 향해 쏟아놓는 독설이 나를 숨막히게 할 때가 있다.[31] 이 장을 쓰고 있을 때, 호주의 우파 라디오 방송 진행자 앨런 존스Alan Jones가 뉴질랜드의 여성 총리 저신다 아던Jacinda Ardern이 기후변화에 관해 제시한 의견에 이의 제기하는 것을 들었다. 존스는 오랜 세월 여성혐오적 발언을 일삼아온 사람이었다.[32] 국제 지도자들이 태평양 도서국 포럼Pacific Islands Forum에 참석했을 때, 아던은 호주 정부가 기후변화에 대해 아무런 조치도 취하고 있지 않다면서 호주가 "태평양 도서에 책임을 져야 한다고" 적확하게 언급했다. 해수면 상승이 태평양에 파괴적 영향을 미칠 수 있다는 지적이었다. 아던은 2050년까지 뉴질랜드에서 탄소가 아예 배출되지 않도

남성 특권

록 하겠다고 자신의 결의를 거듭 강조했다.[33] 이런 발언은 당연히 앨런 존스를 자극했을 것이다. 일부 연구들에 따르면, 보수적 성향의 백인 남성들은 특히 기후변화 문제와 관련해 마땅히 자신의 의견을 고수할 권리가 있다고 믿는다. 그 견해가 잘못되어 벌어지고 있는 일들을 부정하면서 말이다.[34] (기초적 현실에 대한 그런 부정은 어떤 점에서 지구라는 행성을 가스라이팅하는 시도라고 할 수 있다.)

존스의 분노는 이미 예상된 것이었을 수도 있지만,[35] 그럼에도 그가 분노를 표출하는 방식은 큰 화제를 불러모았다. 자신의 라디오 프로그램에서 존스는 "뉴질랜드 총리는 지구 온난화에 대해 설교를 늘어놓고, 우리가 기후변화에 대해 무언가 조치를 취해야 한다고 말하고 있다"고 분을 뿜으며 말했다. "나는 그저 [호주 총리] 스콧 모리슨Scott Morrison이 아던의 목구멍이 무려 양말 신은 발로 틀어막혔다는 브리핑을 받게 될지 궁금할 뿐이다."[36] 그러자 이 위협적인 발언에 대한 비난이 여기저기에서 쏟아졌다. 존스는 아던이 자신과 비슷한 권위를 지닌 남성에 의해 발언권을 상실할 수 있다는 사실을 진정 즐기는 듯했다. 처음에 그는 사과하려 하지 않았다. 가장 개연성 없는 방식으로 상황을 회피하려 들 뿐이었다. 평론가들은 원래 존스는 아던이 스스로 **자기** 목에 양말을 넣으려 한다는 식으로 말하려 했다면서 그를 의도적으로 비호했다. 이 말이 듣기에는 약간 나을지 몰라도 터무니없기는 매한가지다.[37]

어떤 남성들에게는 실제로 어떤 일이 벌어졌는지, 그 일이 어떻게 진행되어야 하는지 자신을 위협하는 의견을 피력하는 타인을 직접 마주할 능력이나 의향이 없다. 특히 그들은 여성들이 지금 이 세계에서 무슨 일이 벌어지고 있는지, 무엇이 변하고 진보해야 하는지에 관한 정당한 인식적 권리를 행사하는 것을 견디지 못한다. 그들은 단지 여성들의 의견을 집요하게 반박하는 데서 그치지 않는다. 사실상 그들은 여성들의 의견에 반박할 기술이나 의지를 결여하고 있는 듯하다. 그 대신 그들은 여성을 입 다물게 하거나, 여성들이 반박할 수 있는 여지를 떡잎부터 잘라버리고 싶어 한다. 여성의 발언이 아무런 의미도 가치도 없다고 부정하면서 말이다. (상대 여성이 미쳤다거나 악하다고 말하는 것이 전형적인 방식이다. 두 경우 모두 여성의 발화를 논할 가치조차 없는 것으로 간주한다.) 또한 이들은 엄청난 상상력을 발휘하여 자신과 비슷한 부류의 남성들이 여성의 발언을 애초에 차단하는 세상을 꿈꾼다. 무언가로 여성의 목구멍을 틀어막음으로써 여성을 영원히 침묵시키는 그런 세상 말이다. 놀랍게도 남성은 자신의 모든 행동이 정당화될 수 있다거나 오히려 자신이 피해자라고 믿는다.

《가디언》이 보고한 대로, 가정폭력에 반대하는 조직 아워 워치Our Watch*의 CEO 패티 키널슬리Patty Kinnersly는 "말에는 여성에 대한 폭력을 용인하거나 정당화할 수 있는 환경을 조성하는 힘"이 있음을 지적하며 존슨이 보인 "언어적 차원의 위협"을 염려했다. 키널슬리는 "우리는 상대를 침묵시키지 않으

---

* 아워 워치는 여성과 아동을 대상으로 하는 가정폭력을 예방하기 위해 설립된 호주의 단체이다.

남성 특권

면서도 상대와 다른 의견을 낼 수 있다"고 이성적으로 덧붙였다.[38]

글쎄, 독자들이여, 여러분들은 그럴 수 있다고 나는 믿는다. 그러나 모든 사람이 그런 능력을 갖고 있는 것은 아니다.

9장

'당선 가능성'이 말하지 않는 것

여성 그리고 권력

2016년 미국 대선에서 힐러리 클린턴Hillary Clinton이 도널드 트럼프에게 패배한 놀라운 사건이 발생하면서 여성 정치인의 당선 가능성이라는 주제가 중요한 화두로 급부상했다.[1] 수많은 연구 결과들이 보여주듯 당선 가능성은 결코 가벼운 사안이 아니다. 점차 논의하겠지만, '여성이 선출직에 당선될 수 있는가'라는 물음에 대한 답은 조작되거나 곡해될 여지가 다분하다. (늘 그런 것은 아니지만) 여성들은 당선 가능성이라는 문제 앞에서 여러모로 불리한 상황에 처한다. [진보 성향을 띠는] 다수의 미국인들에게 2020년 미국 대선에서 도널드 트럼프를 낙선시키는 것이 중차대하고 매우 시급한 정치적 과제였다는 사실을 떠올려보자. 특권을 가진 여타의 남성 정치인과 달리 여성 정치인들이 직면했던 난관을 보여주는 증거는 일축하기 어려운 수준이었다. 우리는 이런 증거들이 얼마나 산적해 있는지 입증해야 하고, 이런 어려움이 과연 극복하기 어려운 문제인지 질문해야 한다. 또한 당선 가능성이라는 프레임이 어떤 후보에게 더 우호적으로 작동하는지 질문해야 한다. 이 문제에 관해서는 이 장 후반부에 다룰 것이다.

매들린 헤일먼Madeline Heilman과 공동 연구자들은 획기적인 연구를 수행했다. 이들은 자신들의 실험에 참가한 피험자들에게 "제임스"라는 이름을 가진 가상의 남성과 "앤드리아"라는 이름을 가진 가상의 여성에 해당하는 인사 기록 파일을 제공하며 그 파일을 근거로 이들을 평가할 것을 지시했다.[2] 제임스와 앤드리아 모두 남성적 리더십이 강하게 드러나는 항공사 부사장직을 담당하는 것으로 기재되어 있었다. 연구자들은

(두 사람의) 이름을 인사 파일에 번갈아 기재함으로써(피험자가 바뀔 때마다 각 파일에 붙일 이름을 교체했다) 모든 피험자들이 평가 대상인 두 인물에 관해 별반 다르지 않은 정보를 전달받도록 했다. 그러나 피험자들은 남성 리더에게 뚜렷하고도 일관된 편향을 보였다. 특히 두 사람의 업무 능력에 관한 정보가 비등할 경우, 86퍼센트의 피험자들이 제임스가 앤드리아보다 업무 능력이 더 뛰어날 거라고 예상했다. 각 후보에 대한 선호도 조사 때 두 인사를 별반 다르지 않게 평가했음에도 말이다. 인사 파일에서 (두 후보 모두 자신이 속한 직급에서 상위 5퍼센트를 차지한다는 정보를 밝힘으로써) 후보들이 가진 최고 업무 능력을 명시했을 때도 결과는 마찬가지였다. 83퍼센트의 피험자가 앤드리아보다 제임스에게 **더 호감을** 표했다. (이들의 업무 능력에 이렇다 할 차이가 없었음에도 말이다.) 피험자의 성별에 따라 실험 결과가 달라지지도 않았다. 남성과 여성 모두 동일한 편견을 보이는 것으로 나타났다.[3]

최종 결과는 이렇다. 성별에 관계없이 사람들은 역사적으로 남성이 지배해온 직위에서 여성보다 남성이 훨씬 더 뛰어난 업무 능력을 발휘할 거라고 가정한다. 그런 가정을 명쾌하게 반박하는 다른 추가적인 정보들이 없다면 말이다. 그런 가정이 반박될 때 여성들은 특히 "대인관계에 적대적"인 존재로 인식되며 더욱더 비호감의 대상이 되거나 무시당한다. 앞서 언급한 연구에서 진행된 여성 인사에 대한 평가에서 "대인관계에 적대적"이라는 것은 불의를 묵과하고, 위압적이며, 이기적이고, 까칠하고, 교활하며, 불신을 일으키는 존재로 인식되는 것을 모두 포괄한다. 연구자들은 이러한 결과에 대해 "극적"이라고 설명했는데, '우리를 낙담시키는 결과'라는 설명을 함께 덧붙였다면 좋았을 것이다. 이토록 편견이 만연한데 어떻게 여성이 선출직에 당선될 수 있단 말인가?

2008년 대선이 있기 2년 전 유권자들을 대상으로 진행된 연구가 그 어려움을 뒷받침하는 증거들을 다수 보여준다. 공동 연구자 데이비드 폴David Paul과 제시 스미스Jessi Smith는 피험자들〔유권자들〕에게 공화당 의원인 루디 줄리아니Rudy Giuliani, 존 매케인John McCain, 엘리자베스 돌Elizabeth Dole과 민주당 의원인 존 에드워즈John Edwards와 힐러리 클린턴에 대한 평가를 지시했다. 결과적으로 (당내 경선과 전체 경선을 비롯해) 모든 1 대 1 경합에서 여성 후보가 남성 후보에게 완패했다. 무엇보다 놀라운 것은 상당수의 유권자들이 여성 후보를 선택하고 싶지 않다는 이유로 자신의 지지 정당을 옮기기까지 했다는 점이다. 이를테면, 민주당을 지지하는 유권자들이 힐러리 클린턴을 지지하지 않고 남성 공화당원을 지지한 것이다. 최근 몇십 년간 미국인들이 자신이 지지하는 정당 후보들에게 높은 충성도를 보여왔다는 점을 염두에 둘 때, 이런 연구 결과는 적어도 여성 후보는 대선에서 "절대 당선될 수 없다"는 전제를 별 무리 없이 뒷받침하는 것처럼 보인다.[4] 이 전제를 뒷받침하는 (그리고 마찬가지로 우리를 낙담하게 만드는) 증거는 더 있다. 최근의 연구들은 다수의 미국인들(미국 남성의 과반수를 좀 더 웃도는 수)이 여성이 대통령이 되는 것에 여전히 "매우 불편한" 반응을 보이고 있음을 드러낸다.[5]

물론 여성이 남성 경쟁자를 제치고 선출직에 **당선될 수 있음**을 보여주는 증거 또한 적지 않다. 2018년 중간선거에서 기록적인 숫자의 여성 정치인들이 의회에 입성한 것을 예로 들 수 있다.[6] 그러나 사회심리학자들은 사람들이 권력의 **정점**이나 **가장** 남성화된 직위를 물색하는 여성들을 여전히 탐탁지 않게 여긴다고 추측한다. 한 연구는 상원의원 선거에 출마한 것으로 제시된 가상의 여성 정치인들이 명백히 권력을 추구하는 존재로 묘사되지 **않을 경우** 성별 편견을 거의 접하지 않는다는 사실을 밝혔다. 그러나 그렇지 않은 경우, 성차별주의에 근간한 엄청난 백래시backlash가 여성들을 강타한다. 게다가 연구자들이 언급했듯 여성이 권력을 추구하는 인물로 인식되는 데는 그리 많은 것이 필요치 않다. 여성이 대통령 선거에 출마하는 것만으로도 충분하다. 연구자들의 지적대로, "사람들을 진두지휘해야 하고, 단호하고 권위적이어야 하는 정치 보직에서 여성들은 훨씬 더 빈번하게 백래시와 맞닥뜨린다. (미국 대통령이나 하원의원 대변인 같은 역할을 떠올려보라.)"[7] 이 연구자들은 비교적 평범한 직위(부장·차장급과 같이 남성적 리더십이 적용되는 자리)를 추구하는 여성들도 유사한 처벌을 받을 가능성이 있다고 추측한다.

이것이 많은 여성들이 하원의원, 더 나아가 상원의원으로 당선되었다는 사실에 안주할 수 없는 이유다. 역으로 이런 질문을 던져야 한다. 사람들은 어떤 조건하에서(만일 그런 조건이 성립한다면) 여성 권력자라는 가장 비호감적 형태를 거부감 없이 받아들이게 되는가?

* * *

헤일먼은 또 다른 연구에서 여성 권력이 어떤 이유에서 어떤 방식으로 용인되는지 중점적으로 논한 바 있다. 헤일먼은 공동 연구자 타일러 오키모토Tyler Okimoto와 함께 역사적으로 남성들이 지배적이었던 직위를 차지하게 된 여성들이 직면하는 근본적인 편견을 추적한다. 이들은 "여성이 흔히 남성에게 적합하다고 여겨지는 직무를 성공적으로 수행한다는 것을 몸소 증명해 보이는데도, 자신의 커리어를 맘껏 펼치지 못하게 되는" 이유(사람들이 싫어한다거나 인간관계에서 무시당하는 문제들)를 분석했다.[8] 연구자들은 그런 자리에서 성공을 거둔 여성은 "연대의식"을 결여하고 있을 거라는 전제가 그런 문제를 발생시킨다고 추정했다. 헤일먼과 오키모토가 설명하듯, 여성들은 "협동심을 갖춰야 하고, 타인을 보살피고 동시에 배려, 상냥함, 연민, 이해심과 같은 사회적 감수성을 발휘하길" 요구받는다.[9] 여성들은 자신과 같은 직위에 있는 남성들보다 훨씬 더 가혹하게 이런 사회규범을 강요받는다. 이들의 연구에 따르면, 여성들이 연대의식을 결여했다고 여겨지거나 비난받는 것은 그들이 자신의 무심함을 **적극적으로** 드러내서가 결코 아니다. 여성이 소위 남성적 리더십이 요구되는 직책에서 성공을 거뒀다는 것 자체가 연대의식의 부재를 유추하거나 가정하는 충분한 근거로 작용하기 때문이다. 헤일먼과 오키모토는 이렇게 쓴다.

피험자들은 여성 부장이 성공적으로 업무를 수행했다는

말만 듣고서(다른 행동에 대한 정보는 제공받지 않은 상태에서) 그들을 상대에게 호감을 준다고 여겨지는 대인관계의 특징들을 결여한 존재로 묘사했다. 반대로 피험자들은 이 여성 부장들의 특징을 '이기심' '속임수' '솔직하지 않음' '차가움' '[타인을] 조종하는 성향' 등의 단어로 묘사했다. ⋯⋯ 남성이 주로 활동하는 직군에서 성공하는 여성들에게 부정적인 대인 반응을 보이는 데는 그리 많은 지식이 필요하지 않은 듯하다.[10]

그런 추론을 막을 방법은 없을까? 그런 가정을 무효화할 수는 없을까?

그럴 수 있다. 헤일먼과 오키모토는 연구 도입부에서 제시한 설정과 유사한 패러다임을 활용하면서도 중요한 차이를 두어 위의 질문을 연구했다. 실험군에서 이들은 제임스와 앤드리아 모두 연대의식을 갖추고 있음을 시사하는 정보를 기입했다. (반면 통제군에서는 그런 정보를 언지하지 않고, 그저 두 사람 모두 매우 유능하다는 사실만 명시했다.) 결과는 어떻게 달라졌을까? 피험자들은 앤드리아에 대한 반감을 드러내는 동시에 제임스에게 우호적인 태도를 취했다. (이전 연구 결과와 완벽하게 동일한 결과다.) 반면 피험자들이 앤드리아가 부하직원으로부터 "이해심이 많고 타인에게 관심을 기울이며, 협동심과 이타적인 행동을 장려하고, 직원들이 좀 더 소속감을 가질 수 있도록 애썼다"는 평가를 받은 것을 명확히 알게 되었을 때, 이런 경향은 역전되었다. 의미심장하게도 **앤드리아**를 [제임스보다] 더 이상적인 상사이자 더 호감이 가는 사람으로 꼽고, 제임스만큼이나 타인에게 적대적이지 않다고 판단하는 피험자들이 늘어난 것이다. 여기서 기억해야 할 것은 제임스 역시 앤드리아와 유사하게 연대의식이 있는 인물로 제시되었음에도 피험자들이 앤드리아를 택했다는 사실이다.[11] 말하자면 연대의식을 갖춘 존재로 인식되는 것은 남성 후보에게는 별다른 영향을 끼치지 않지만, 여성 후보에게는 엄청난 영향을 끼친다. 눈에 띄는 친절함은 권력을 쥔 여성들이 반드시 갖춰야 할 자질로 간주된다. 반면 같은 조건의 남성(비교군)에게 친절함은 그리 중요한 요소가 아닌 듯하다.[12]

남성 대선 후보가 자신과 유사하거나 더 뛰어난 자질을 가진 여성 후보에 비해 수월하게 대중들의 지지를 얻는다고 [섣불리] 가정하면 오산이다.[13] 앞서 언급한 헤일먼과 오키모토의 연구는 남성이 주도하는 영역에 종사하는 여성들이 특정 조건하에서는 자신과 경쟁관계에 놓인 남성만큼이나, 혹은 그 남성보다 더 권력을 장악할 권리가 있다고 인식될 **수 있다**는 것을 보여준다. 고무적인 이야기다. 그러나 골치 아픈 사실도 있다. 그 특정 조건이 맞아떨어지는 일이 거의 없다는 것이다. 대권 경쟁에서 연대의식을 겸비한 인물로 인식되는 것 자체가 수많은 여성 후보들에게 힘겨운 투쟁이었음을 알 수 있다.

* * *

⟨샐러드 괴물 에이미 클로부차가 보좌관이 포크를 잊었다는 이유로 그를 질책했다⟩는 문구를 냉큼 헤드라인으로 뽑은 기

사가 있었다.[14] 이 기사가 다룬 일화는 《뉴욕 타임스》에 〈에이미 클로부차가 보좌관을 대하는 법〉이라는 훨씬 점잖은 제목으로 소개되었다. [기사 발행일로부터] 2주 전쯤 대선 출마를 공식 발표한 미네소타 상원의원 에이미 클로부차에 대해 타당한 염려를 표하는 이 기사는 해당 일화를 매우 선정적인 방식으로 보도한다. 가장 이목을 끄는 부분은 다음과 같다.

에이미 클로부차 상원의원은 배가 고팠고, 포크가 없다는 사실에 평정심을 잃었다.

보좌관 중 한 명이 2008년 사우스캐롤라이나주로 가는 출장에 동행했다. 그는 무거운 짐을 둘러메고 공항 터미널을 통과하던 도중 클로부차 의원을 위해 샐러드 도시락을 챙겼다. 비행기에 탑승한 그는 의원에게 좋지 않은 소식을 전했다. 게이트에 도착하기 전 자신이 플라스틱 식기를 흘렸고, 짧은 국내 비행에는 승무원이 플라스틱 포크를 제공해 주지 않는다는 사실을 말이다.

그다음에 벌어진 일은 우리의 예상을 벗어나지 않는다. 클로부차는 그 즉시 실수한 보좌관을 질책했다. 이후에 벌어진 일은 예상치를 벗어난다. 이 에피소드를 익히 알고 있는 사람들에 따르면, 클로부차는 가방에서 빗을 꺼내 그걸로 샐러드를 먹기 시작했다고 한다.

식사를 마친 클로부차는 그 빗을 다른 보좌관에게 건네며 씻어오라고 명령했다.[15]

이 기사가 이후의 다른 일화, 그러니까 내가 볼 때 훨씬 더 우려되는 클로부차의 언행들(보좌관에게 물건을 던진다거나 그들에게 정기적으로 설거지를 시키는 식으로 부적절한 업무를 지시한 것)을 언급하지 않고 이제는 10년도 더 된 사건이자 보좌관이 일방적으로 회고한 일화로 도입부를 여는 것은 의미심장하다. 마치 클로부차의 입지를 최대한 난처하게 만들려는 것처럼 보인다. 클로부차가 보좌관이나 다른 비서들에게 명백히 폭력적이었다는 사실을 심각하게 다뤄야 하는 것과 별개로, 이 기사가 순간적으로 분노(납득할 만한 분노였든 인간적인 분노였든 관계없이)를 표출하는 여성 상사를 용인할 수 없는 사람들의 심기를 건드렸다는 사실은 분명하다. 더 중요한 것을 지적하자면, 클로부차를 둘러싼 이 모든 일화가 대중들에게 즉각적으로 심려를 끼쳤고 적절한 방식으로 기사화되었다고 생각하는 사람들조차 **남성** 정치인들에 관한 유사 기사에는 거의 주목하지 않는다는 사실을 부인하기는 어려울 것이다. 아래의 일화를 예로 들어보자.

온화함과 유머 감각을 겸비하고 있다는 조 바이든의 대외적 이미지는 그 이면에 있는 사나운 성미를 가린다. 전 부통령[현 미국 대통령]이 정기적으로 부하직원들을 혹독하게 몰아붙였다는 사실에 대해 한 기자는 이렇게 기록한다. …… 과거 그의 고문으로 일했던 사람은 "바이든은 자기 밑에서 일했던 모든 사람들에게 소리를 질렀다"고 말했다. 바이든에 대한 새로운 발견은 그의 2020년 라이벌이었던 미네소타 상원의원 에이미 클로부차가 그해 2월 대선 출마 계획을 공표한 이후 쏟아졌던 클로부차에 관한 기사들과 유사하다.[16]

내용상 유사한 부분들은 있겠지만 사건의 반향은 전혀 달랐다. 조 바이든Joe Biden의 성격에 관해 보도한 기사들은 기본적으로 말을 아꼈다.

버니 샌더스Bernie Sanders 역시 전 부하직원에 의해 "믿을 수 없을 정도로 폭력적"인 사람으로 보도된 적이 있다. 2016년 그가 대선 경선을 치르던 당시 〈분노 조절: 샌더스는 노동자를 위해 싸운다, 단 자신에게 고용된 노동자는 제외〉라는 제목의 기사가 발행되었다. 이 기사를 쓴 폴 하인츠Paul Heintz는 샌더스의 할아버지같이 인자한 인상에 이의를 제기했다.

수년간 샌더스의 측근으로 일했던 사람들에게는 그의 "투 덜대는 할아버지" 이미지가 성립하지 않는다. 그와 함께 일했던 사람들은 하나같이 샌더스 상원의원이 무례하고, 화를 잘내며, 때로는 여과없이 공격성을 드러낸다고 말한다. 샌더스가 버몬트주의 노동계층을 위해 싸우는 데 자신의 인생을 바치긴 했지만, 사람들은 그가 **자신**을 위해 일하는 사람들을 홀대한다고 말한다.

샌더스 캠프에서 일했던 전 직원은 그가 "상사로서 믿을 수 없을 정도로 폭력적"이라고 말한다. 그는 샌더스의 빈번한 언어폭력을 감내해야 했다고 한다. 샌더스에게 이중잣대가 있음은 분명하다. "다른 직장의 상사가 자기 직원들에게 했다면 당장 쫓아가 가만두지 않았을 일들을 샌더스 본인이 한다. 자기 직원들을 그렇게 대하면 안 된다." …… 다른 직원들 역시 이와 유사한 이야기를 들려주었고, 샌더스 의원이 걸핏하면 화를 낸다고 했다. 샌더스의 선거 유세를 보좌했던 한 민주당 내부인은 "버니는 고약한 놈"이라고 말한다. "불필요하게 못된 짓을 한다."[17]

또 다른 대권 유망주였던 베토 오로크Beto O'Rourke 역시 스스로 인정하듯 "고약한 놈"처럼 행동했다. 〈베토와 함께 출마를Running with Beto〉(2019)이라는 제목의 다큐멘터리는 오로크가 텍사스주 상원 선거에서 낙선한 에피소드를 다룬다. "언론의 구미에 맞게 '춤춰야' 한다는 사실에 불평할 때나 보좌관들에게 화가 날 때, '씨×'이라고 욕하는" 오로크의 모습이 비쳐진다. "이 다큐멘터리의 한 대목에서 그는 보좌관들에게 '어떨 땐 내가 같이 지내기에 엄청 밥맛인 인간이라는 걸 나도 잘 알고 있다'고 시인한다." 오로크가 대선 출마를 선언하기 전 발행된 한 기사에 따르면, "보좌관들은 그 사실에 이의를 제기하지 않았다"고 한다.[18]

클로부차가 자기 직원을 어떤 식으로 대하는지 다룬 기사와 달리, 바이든과 샌더스, 오로크에 관한 기사는 그 어떤 관심이나 당혹감을 유발하지 않았다. 이는 연대의식을 결여하고 있다고 간주되는 여성 권력자가 가혹한 처벌을 받게 되는 것과 일맥상통한다. 대중은 여성 권력자의 경쟁 상대인 남성 권력자에게서 발견되는 동일한 성격적 결함에 대해서는 비교적 무심하다. 대권 후보의 도덕적 결함을 중대하게 **다뤄야 한다고** 생각하는 사람도 있을 수 있겠지만, 그런 판단에 젠더화된 이중잣대가 적용된다는 것은 엄연한 사실이다.

관련 일화가 대중에게 알려지지 않았더라면 클로부차가 얼마나 많은 지지자를 모았을지를 두고 의견이 갈릴 수는 있다.[19] 그러나 연대의식이 부족하다는 이유로 경선에서 하차하게 된 여성 대선 후보는 또 있다. 바로 뉴욕주 상원의원 키어스틴 질리브랜드Kirsten Gillibrand이다.[20] 질리브랜드의 이른바 부족한 연대의식은 클로부차의 그것과 사뭇 결이 달랐지만, 그와 유사한 수준의 공분을 촉발했다. 질리브랜드는 미네소타주 상원의원 알 프랑켄Al Franken의 성적 위법행위에 대해 진술한 후로 "알 프랑켄의 정치 생명을 앗아간" 존재로 이름을 떨치게 되었다. 또한 그녀는 "불충하며, 기만적이고, 이기적인 기회주의자"로 묘사되었다.[21] 질리브랜드는 프랑켄의 사임을 촉구한 30명의 민주당 의원 중 한 명에 불과했지만, 많은 이들은 그녀가 알 프랑켄의 사임을 촉구한 최초의 1인이라는 사실을 용서하지 않았다.[22] 2018년 초 프랑켄이 자진 사임하고 그 이후 2019년 8월 질리브랜드가 경선 하차를 선언하자 〈폴리티코〉의 한 기사는 그 상황을 일목요연하게 요약했다.

신문 지면에서 질리브랜드가 정치적 존재감이 엄청나지는 않지만, 적절한 대선 후보로 비쳐지던 때가 있었다. 흠결은 있지만 완벽한 당선 기록을 보유하고 있고, 도널드 트럼프에게 효과적으로 반격할 수 있는 분명한 여성주의적 메시지를 지닌 후보였다. 그러나 알 프랑켄 상원의원을 사임으로 몰고갔다는 비판에 발이 묶여 제대로 날아오르지 못했다. …… 수요일 밤, 질리브랜드가 경선 하차를 발표한 지 몇 시간이 지나자 트위터의 '실시간 트렌드'에 그녀와 프랑켄의 이름이 나란히 올랐다. 둘은 떼려야 뗄 수 없는 관계처럼 보였다.

질리브랜드 대선 캠페인을 잘 아는 측근은 "프랑켄은 확실히 [질리브랜드가] 대선 자금을 마련하는 데 걸림돌로 작용했다"고 말했다. 힐러리 클린턴의 전 공보국장 제니퍼 팔미에리Jennifer Palmieri는 "프랑켄의 이름이 계속해서 거론되었다"고 말하며, 프랑켄과 연결된 고충이 "질리브랜드에게 압도적인 영향을 주었"음을 "부인할 수 없다"고 지적했다. 또한 팔미에리는 "대선 출마 배후에는 프랑켄의 사임과 그 책임을 부당하게 질리브랜드에게 돌리는 이들이 있었다"고 말한다. "쟁쟁한 후보들이 차고 넘쳐 어느 후보에게나 어려운 경선의 장은 질리브랜드에게 유독 더 족쇄가 되었다."[23]

어떤 이들은 남성이 누려야 한다고 암묵적으로 간주된 권력에 대한 특권을 저지한 여성 지도자들이 지은 것만큼 최악의 죄도 없다고 여길 것이다. 신뢰할 만한 다수의 기사들이 그 남성 지도자가 성적으로 부적절한 행동을 했고, 색을 밝히며, 타인의 몸을 함부로 더듬는 사람이라는 걸 밝히더라도 그들은 꿈쩍도 하지 않을 것이다.

*　*　*

헤일먼과 오키모토는 여성 권력자를 둘러싼 편견을 연구하던 중 또 다른 두 건의 실험을 진행했다. 그중 한 실험에서 이들은 제임스뿐 아니라 앤드리아 역시 연대의식을 중시했다는 정보를 다시 기입했다. 그러나 행동을 촉발한 동기가 무엇이었는지는 명시하지 않음으로써 그런 행동 방식이 해당 부서나 회사 전체가 달성할 더 큰 목표의 일부인 것처럼 제시했다. "(단순히) 직무 책임을 다하기 위해 실행된 것"처럼 보이도록 유도한 것이다.[24] 그와 유사하게 피험자들은 "제임스/앤드리아가 작년에 〔모 기업에서〕 직원들과의 관계를 중시하는 것으로 알려진 상사와 일했다"는 한 가지 정보를 접했다. (연구자들은 이 정보를 한 번은 제임스에 해당하는 정보로, 그다음 번에는 앤드리아에 해당하는 정보로 매 피험자들에게 번갈아가며 제시했다.) 또 다른 평가를 위해 피험자들은 "최근 〔모 기업에서는〕 조직 강령을 개편하면서 직원들의 사정을 헤아리는 데 중점을 두었다. 회사 차원의 이런 목표의 일환으로 제임스/앤드리아는……"으로 시작하는 정보를 접했다. 피험자들은 두 후보가 연대의식을 실천했다는 설명을 읽은 후 이전과 마찬가지로 평가표를 작성했다.

앤드리아가 자신의 부하직원에게 관심과 배려를 보였다는 사실이 그녀를 싫어하는 피험자의 편향과 그녀에 대한 부정적 평가, 즉 인간관계에서 적대적인 사람이라는 평가를 상쇄하기에 충분했을까? 결과는 그렇지 않았다. 앤드리아의 연대적 행동이 개인적 성격인지 판단이 불가능한 경우, 피험자들은 다시 한 번 이전의 연구에서 보인 뚜렷한 성차별적 편견을 드러냈다. (그리고 다시 한 번 이런 편견을 되풀이했다.)[25] 연대의식을 실천하는 행동은 그것이 불변의 인격적 특징이나 자신의 진짜 본성으로 판명될 때만 여성들에게 도움이 된다.

이런 사실이 대단히 놀라운 것은 아닐지라도, 저명한 여성 정치인이 진정성 있는 존재로 인식되기 어려운 정치라는 장에서 어떤 문제적인 일들이 발생하는지 시사한다. 여성 정치인은 "가짜"이고 진정성이 없으며 단순히 권력을 얻으려고 애쓴다는 비난은 유명한 여성 정치인들 여럿을 괴롭혔다. 힐러리 클린턴은 물론 호주의 최초 여성 총리인 줄리아 길러드 Julia Gillard도 이런 비난에 발목이 잡혔다.[26] 국무장관을 하던 당시 하늘을 찔렀던 클린턴의 지지율은 그가 대선 출마를 선언하자 바닥으로 곤두박질쳤다. 지지율 하락은 언론이 (클린턴의 이메일을 둘러싼 허위 스캔들*을 내세워) 클린턴을 리비아 벵가

---

* 2012년 힐러리 클린턴의 국무장관 시절 리비아 벵가지에서 무장 괴한 수십 명이 테러를 벌여 크리스토퍼 스티븐스Christopher Stevens 리비아 주재 대사를 포함한 네 명의 외교관이 숨지는 사건이 발생했다. 그로부터 4년이 지난 2016년, 벵가지 사태 때 숨진 외교관 두 명의 부모가 클린턴을 고소했다. 그 부모들은 클린턴의 개인 이메일 계정에 있던 기밀 정보가 타국의 외부세력에게 해킹된 탓에 자신의 아들들이 머물던 집이 테러세력에게 노출됐다고 주장했다. 즉 클린턴이 기밀 정보를 개인 계정을 통해 보고받아 그런 일이 벌어졌다는 것이다. FBI가 수사를 통해 클린턴의 실책을 입증할 만한 명확한 증거는 발견되지 않았다고 밝혔으나, 클린턴의 개인 계정에서 높은 기밀 수준의 정보들이 발견되어 여론의 비난을 샀다. 대선이 임박한 시점에 본격화된 FBI의 재수사 역시 클린턴의 대선 레이스에 적지 않은 영향을 끼쳤다.

지 사람들의 운명과 국가 안보에 잔인할 정도로 무심한 정치인으로 보도한 시기와 맞아떨어졌다. 줄리아 길러드는 총리가 되기 전까지만 해도 호주에서 상당히 인기 있는 정치인이었다. 총리 당선 이후 언론은 그를 진정성이 없는 데다, 이기적이고 기회주의적이며 냉소적이고, (당내 경선에서 전 당대표였던 케빈 러드Kevin Rudd를 이겼다는 이유로) 상대의 뒷통수를 치는 이로 그려졌다.[27]

대중에게 노출된 사람들에 대한 정보가 넘쳐나는 세상에서 저명한 여성 인물들이 언제 어떤 부분에서 충분히 상대에게 관심을 기울이지 않았는지, 배려가 부족했는지, 타인을 의식하지 않았는지 열거하기란 그리 어렵지 않다. 여성 정치인들에게 쏟아지는 노골적인 인격 살해와 비방 선전은 물론이고, 여성 정치인이 대단히 중요한 인사로 각인되는 상황에 제기되는 좀 더 미묘하고 어쩌면 타당해 보일 수 있는 우려들 또한 경계해야 한다.

이런 사안들을 제대로 다루기 위해서는 섬세한 독해가 필요하다. 연대의식을 실천하는 것은 중요한 미덕이지만, 이 외에도 지도자들은 다른 수많은 자질을 요구받는다. (이성적인 수준에서 정치인에게 친절함, 공감 능력과 배려 등을 요청하는 것에 반해) 권력을 행사하는 자리에 있는 사람에게 **특별히** 더 연대의식을 요구하는 것은 현실적이지도 공정하지도 않다. 또한 여성에게 정말이지 합리적인 수준의 연대의식을 요구하고, 딱 그만큼의 도덕적 기준을 남성에게도 적용시키려면 앞으로 갈 길이 멀다는 것을 짚고 넘어갈 필요가 있다.

여기서 잠시 숨을 고르고 또 다른 복잡성에 대해 생각해 보자. 사실 연대의식이란 어떤 정치적 가치를 추구하느냐에 따라 완전히 달라질 수 있는 관념이다. 예를 들어 알렉산드리아 오카시오-코르테스Alexandria Ocasio-Cortez 하원의원은 좌파 세력에게 이례적으로 연대를 실천하는 인물로 널리(그리고 내 생각에는 분명히) 알려져 있다. 그러나 우파 세력에게 그녀는 연대와 관계없는 인물로 그려진다. 폭스 뉴스나 다른 보수 언론 매체가 그녀에게 보이는 당혹감으로 미루어보건대 그렇다. 여러 사회정의social justice 이슈 중에서도 환경 문제라는 대의에 헌신적으로 뛰어든 여성들에게도 동일한 상황이 펼쳐진다. 환경 운동가 그레타 툰베리Greta Thunberg의 UN 연설 내용을 두고 쏟아진 양극화된 반응을 보라. UN 회의에서 툰베리는 청중들에게 희망을 제시해야 한다는, 즉 여성에게만 강요되는 일종의 의무감을 거부했다. 대신 툰베리는 올곧고 감동적인 방식으로 청중들을 맹비판했다.

당신들은 그 공허한 말들로 내 꿈과 유년기를 앗아갔습니다. 그럼에도 저는 운이 좋은 사람 중 한 명입니다. 사람들이 고통을 겪고 있습니다. 사람들이 죽어가고 있습니다. 모든 생태계가 붕괴되고 있습니다. 우리는 대량멸종의 시작점에 들어섰는데, 당신들은 고작 돈과 영원히 지속될 경제 성장에 대해 떠들어대는 동화만 늘어놓고 있습니다. 어떻게, 감히 그럴 수 있습니까![28]

이 장에서 논한 권력의 역학은 오카시오-코르테스와 툰베리에게 무차별적으로 쏟아지는 여성혐오적 발언들을 어떻게 이해할 수 있을지 돕는다. 또한 이런 여성혐오적 평가는 대중적으로 알려진 여성 인물들이 강요받는 잔인한 기준들과 연관되어 있다.[29] 좌파 진영이 (미래 세대를 위해 싸워야 한다는 좌파의 특별한 연대의식에 어느 정도 기초해) 이 여성들을 지지하면 할수록, 우파는 이들을 더 강렬하게 싫어한다. 이 여성들이 실제로 사람들의(라고 쓰고 '그들만의'라고 읽는다) 이해관계에 흠집을 내고 자신들의 도덕성을 의심한다는 게 특히 그 이유다.[30]

또한 연대에 대한 관념이 성별 편견을 비롯한 다른 종류의 주변화와 어떻게 상호작용하는지 역시 다루기 까다로운 문제다. 예를 들어, 신경비전형인*이나 극도로 내향적인 사람들에게는 자신들이 시간이 좀 더 소요되는 훨씬 더 다양한 형태의 소통을 거쳐 관심사를 표현한다는 사실이 유쾌하지 않을 수 있다. 그럼에도 그들은 도덕적 문제에 깊이 관여할 것이고, 사회정의를 충실히 실천할 것이다. 우리는 연대의식에 기반을 둔 도덕성이 다양한 방식으로 발현될 수 있음을 염두에 둬야 한다.

또한 연대의식을 가진 리더의 모습을 무색무취의 상냥하기만 한 존재로 고정시켜서도 안 된다. 철학자 미샤 체리Myisha Cherry와 아미아 스리니바산Amia Srinivasan, 정치이론가 브리트니

---

*　143쪽 옮긴이 주를 보라.

쿠퍼Brittney Cooper, 정치평론가이자 작가인 소라야 셰말리Soraya Chemaly와 리베카 트라이스터Rebecca Traister가 주장했듯, 어떤 상황에서는 화, 심지어 격렬한 분노를 표출하는 것이야말로 진정한 권리일 때가 있다.[31] 좀 더 섬세한 차원에서 연대란 부당한 대우를 받거나 억압받고 주변화된 사람들을 대신해 분노를 자유롭게 표출하는 행위로 이해될 수 있을 것이다. 최근 엘리자베스 워렌Elizabeth Warren은 "나는 화가 났고, 그 사실을 잘 알고 있다"라는 제목의 이메일을 자신의 지지자들에게 보냈다. 워렌이 사사건건 과도하게 반응한다는 것을 암시한 조 바이든 측 내용에 대한 응답이었다. 워렌은 바로 이것이 세계에서 가장 부유한 나라에서 발생하는 불의라며 우리가 이 점에 비분강개해야 한다고 목소리를 높였다. 그러나 워렌의 지적에 따르면, 우리는 "여성들이 분노해선 안 된다는 이야기"를 반복해서 듣게 된다. "우리가 조용히 있기를 바라는 남성 권력자들은 우리를 못난 존재로 여긴다."[32]

야심이 있는 여성 정치 지도자들이 자신을 바라보는 대중의 인식을 개선하기란 여간 어려운 일이 아니다. 상대에게 진정 관심을 기울이고, 친절하며 사려 깊은 여성 정치인이라면 이론상 헤일먼과 오키모토가 연구에서 밝힌 것처럼 연대의 대상이 되어야 하지만, 그런 일은 요원하다. 게다가 성별을 막론하고 누군가가 진정 **연대의식이 있는** 사람임을 증명해 보이기란 쉽지 않다. 당신이 사진 찍히는 것을 염두에 두고 아기에게 뽀뽀해주는 게 아니라, 아기에게 진정 관심이 있다는 것을 어떻게 증명할 것인가? 아기에게 뽀뽀하는 행위에 언제나 사진을 남기기 위한 의도 그 이상의 무엇이 담겨 있을 거라고 기대하는 것이 타당한가? 정치인에게 요구되는 엄청난 시간과 에너지를 생각해보라. 선거 유세 중 만나는 모든 사람과 인간 대 인간으로서 깊은 교감을 나누길 기대한다면 그건 여성 정치인에게 사회적 초인(일종의 유니콘)이 되라고 요구하는 것과 다를 바 없다.

★   ★   ★

엘리자베스 워렌의 이야기를 시작해보려 한다. 그는 선거 자금 소액 후원자들에게 직접 전화를 걸어 통화하는 것으로 잘 알려져 있었다. 또한 2020년 초 개별 유권자들과 10만 장의 셀피selfie를 찍은 것으로도 알려져 있다.[33] 코미디언이자 배우인 애슐리 니콜 블랙Ashley Nicole Black은 장난 삼아 워렌이 스스로의 사랑 문제를 바로잡을 의향이 있는지 궁금해하는 트윗을 올렸다. 워렌은 "저에게 DM을 보내세요. 같이 해결해보자고요"라고 응수했고, 이후 블랙에게 전화를 걸었다. 확실히 아주 유익한 통화였다고 한다.[34]

　워렌은 좌파 진영에서 자신의 라이벌인 버니 샌더스가 선거 유세 중 심근경색을 겪었을 때 (다른 대선 후보들처럼) 그에게 쾌유를 비는 카드를 보냈다. 여기서 한 걸음 더 나아가 샌더스가 병원에 입원해 있는 동안 그의 보좌관들에게 저녁 식사와 쿠키를 보내기도 했다.[35]

　"엘리자베스 워렌은 스타벅스 대기줄에 서 있을 때 언제나 자신이 원하는 것을 정확히 알고 있다. 그래서 다른 사람이 대신 기다려 주문하도록 두지 않는다."[36] "엘리자베스 워렌은 바텐더에게 '어떤 위스키가 있죠?'라고 질문하지 않는다. 이미 술장을 다 훑어보았으니까."[37] "엘리자베스 워렌은 인도나 지하철에서 많은 공간을 차지하지 않는다. 항상 자신의 특권을 최소화하고, 공공장소를 다른 사람들과 공유한다."[38]

트위터상에서 인기 있는 밈meme이 된 이런 식의 트윗은 워렌이 유달리 연대의식을 지닌 사람임을, 다시 말해 친절하고, 타인에게 관심을 기울일 줄 알며, 타인을 배려하고, 타인의 필요에 주의를 기울이는 사람이라는 걸 보여준다. 이 장에서 다룬 실증적 근거에 비춰볼 때, 대중의 이런 인식은 워렌이 민주당 경선에 출사표를 던졌을 때 누렸던 엄청난 인기와 2019년 10월에 가장 유력한 당선 후보가 되었던 이유를 설명해준다.[39] 동시에 워렌이 아주 빠르게, 극적으로 몰락한 이유, 다시 말해 자신의 지역구인 매사추세츠주를 비롯해 초반 예비선거에서 3위로 밀려난 이유 또한 설명해준다.[40]

워렌은 연대의식이 투철하고, 민주당 대선 후보들 중 가장 경륜이 많고, 가장 준비되어 있으며, 가장 똑똑한 후보였음에도 결국 밀려났다. 워렌은 기후변화부터 코로나19 바이러스까지 주요 의제 전반을 아우르는 공약을 내세워 유명세를 떨쳤다. 게다가 워렌은 자신의 미국 원주민 혈통을 증명하기 위해 DNA 검사를 받는 식의 잘못을 저질렀을 때도 그저 사과하는 데 그치지 않았다. 워렌은 자신의 잘못을 통해 배우고 성장했다.[41] 킴벌리 W. 크렌쇼는 트위터에 이렇게 썼다.

나는 오늘 @ewarren에게 투표했다.* 왜냐하면 워렌은 흑인 여성에게 귀를 기울이고, "경제적 정의가 인종적 정의를 확보하는 데 충실하지 못했다"는 사실을 이해하고 있기 때문이다. 또한 그는 자신의 잘못을 인정할 줄 알고, 쉽게 물러서지 않는 강한 여성이다. 게다가 우리는 지금 제대로 된 계획을 갖고 있는 리더가 없으면 사람들이 마구 죽어나간다는 것을 보고 있다.[42]

나는 이 말에 백 번, 천 번, 만 번 동의한다. 그리고 자세히 고백하자면, 나는 열렬한 워렌 지지자로서 경선 초기부터 워렌에게 투표했다고 쓴 바 있다.[43] 나는 워렌이 [당선되었더라면] 훌륭한 대통령이 되었을 거라고 믿는다. 이 글을 쓰던 당시 워렌의 캠페인이 중단되어 매우 처참한 심정이 되었다.

워렌이 당내 지명을 받을 자격이 있는지에 대해서는 의견이 분분할 수 있지만, 그가 자신이 일군 성과에 비해 더 좋은 결과를 얻지 못했다는 사실은 상당히 놀랍고 당혹스럽다. 지금까지 받은 대중적 지지만 보더라도, 워렌이 여러 백인 남성 후보들, 즉 버니 샌더스와 조 바이든, 그리고 때로는 피트 부티지지Pete Buttigieg나 마이크 블룸버그Mike Bloomberg에게까지 패배했다는 사실은 놀랍기 그지없다.[44] 이 장에서 살펴본 연구들은 이런 당혹스러운 결과에 대해 시사점을 준다.

연대의식에 대한 [대중의] 인식은 금세 휘발된다는 점에

---

* @ewarren은 엘리자베스 워렌의 공식 트위터 계정이다.

남성 특권

서 문제가 있다. 연대의식이 여성 정치인들의 매력을 논할 때 필수 요소가 되면서도 상당한 위험성을 갖는 건 그 때문이다. 우리는 이미 이에 대해 살펴보았다. 여성 정치인에게 연대의식은 강력한 이중구속이다. 다시 말해 여성 정치인은 자신이 특별할 정도로 연대의식이 있는 사람이라는 희망을 줘야 하며, 사람들이 자신의 인생, 시각, 공약의 어떤 지점에 불가피하게 실망하게 될 때 그들의 지지가 사그러질 가능성도 감수해야 한다. 또한 스스로를 지나치게 연대의식을 중시하는 사람으로 홍보해서도 안 된다. 그럴 경우 클로부차나 질리브랜드처럼 선거 유세 자체를 진행하지 못하게 되는 위험을 감수하게 될 것이다.[45]

워렌 역시 대선 캠페인을 진행하며 여성혐오의 맨 얼굴과 각종 성별 편견을 마주해야 했다. 타당한 분노도 밉상으로 비쳐졌고, 심지어 불쾌감을 드러내는 이들도 있었다. (보수적인 성향의 작가 제니퍼 루빈Jennifer Rubin은 트위터에 "심술 맞고 화가 난 워렌은 보기에 썩 좋지 않다"고 쓰기도 했다.[46]) 워렌의 직업적 배경이 여성이라는 맥락에서 제시될 때 일부 사람들은 그것을 혐오의 대상으로 삼았다.[47] 그 외 다른 사람들은 여전히 워렌을 충분히 선호해서 그를 **두 번째** 선택지로 삼지만, 투표장에서 진실을 밝혀야 할 순간이 오면 결국 남성 후보를 선택한다. 때로 이런 선택은 앞서 언급한 것과 같은 성별 편견이 표현되는 방식일 수 있다(물론 사람들이 자신의 가치관에 따라 바이든이나 샌더스에게 투표할 정당한 이유를 발견한다는 사실을 부정하지는 않겠다).[48] 사람들은 대개 무의식적인 그런 편견을 자신의 행동을 사후적으로 정당화하는 데 동원한다. 예를 들어, 여성은 선출직에 당선되기 부적합하다는 흔한 말들이 그렇다. (그런 말들에 대한 적합한 반응은 한 티셔츠에 "씨ㅂ, 당신이 워렌에게 투표했더라면 그는 당선됐을 것이다"라는 문구로 볼록하게 강조되어 있다. 이 티셔츠는 물론 욕설이 고스란히 드러난 버전으로도 판매되고 있다.[49]) 또한 우리는 기억해야 한다. 실제로 남성뿐 아니라 여성, 심지어 밀레니얼 세대 같은 젊은 층 또한 그런 식의 성별 편견을 보인다는 것을.[50]

그러나 이뿐만 아니라 여성혐오가 작동하는 미묘한 방식이 워렌의 당선 가능성에 부정적인 영향을 미쳤다는 사실에도 주목할 필요가 있다.[51] 국민의료보험을 어떻게 실행할지 자세히 설명해달라는 압박을 받았을 때 그는 부담적정보험법 Affordable Care Act, ACA*하에서 의료보험 지원 대상을 점차 확대한다는 종합계획을 발표했다.[52] 대통령 임기 3년 차에 계획되어 있는 1인 부담 의료 제도 시행을 위한 전면적인 의료보험법 개선안을 통과시키기 전에 지원 대상을 확대해나간다는 방안이었다. 이 계획에 대한 견해와 관계없이(나의 경우, 의료보험과 같은 진보의 핵심 가치를 구체적으로 어떻게 실현할 것인가에 대해 상

---

* 부담적정보호법은 미국 내 의료보험 제도를 전면적으로 개혁하기 위해 2010년 3월 제정된 법안이다. 흔히 '오바마케어'라고도 불리는 이 법안은 크게 세 가지를 목표로 한다. 첫째, 대다수의 미국인들이 지불할 수 있는 적정 수준의 의료보험을 제공한다. 둘째, 상위 소득분위에 해당하는 저소득층 가구에 의료 보조Medicaid를 확대 지원한다. 셋째, 각종 의료서비스의 비용 전반을 낮춘다. 이처럼 부담적정보험법은 미국 사회에서 중대한 사회적 의의를 띠지만, 보험사들의 알력, 의료 관계자들의 이해관계, 당파적인 이유 등으로 입안 및 시행 과정에서 여러 어려움에 직면했다.

남성 특권

당히 겸손한 관점을 취하는 편이지만) 워렌은 대대적이고 (내 생각에는) 엄청난 비난과 공격을 받았다. 의료보험법을 퇴보시켰다는 것이 그 이유였던 듯하다. 그런 제안이 돌봄에 관한 명확한 실패로 인식되며 워렌이 상당한 대가를 치르게 된 것은 결코 우연이 아니다. 사람들은 여성 리더와 비등한 위치에 있는 남성 리더들의 그와 유사하거나 더 심각한 실책은 부지불식간에 용인하면서도 여성 리더에게는 완벽한 돌봄을 요구하는 경향이 있다.[53]

워렌은 살인적인 대선 캠페인 일정을 소화하는 와중에 슈퍼팩super-PAC** 자금을 받기로 결정했고, 이 때문에 상당수의 진보적 지지자들을 잃었다. 워렌의 이런 결정에 동의하든 동의하지 않든 워렌의 지지자라면 최소한 이것만큼은 판단을 유보해야 한다. 워렌의 그 결정이 그에 대한 지지를 철회할 만한 일이었는가 말이다. 그러나 다시 한 번 말하건대 여성은 일

** 　미국의 정치·선거 자금은 팩Political Action Committee, PAC(정치활동위원회)이라는 모금 기구를 통해 운용된다. 팩은 1974년 미국 연방선거운동법 개정안에 따라 합법적인 선거 자금 조달 창구가 되었다. 즉 개인은 팩을 통해 특정 후보와 정책을 지지하기 위한 선거 자금을 모금하고 기탁할 수 있었다. 그러나 2002년 초당적 선거자금개혁법이 통과되면서 개인은 물론 기업, 단체의 무제한적 정치 헌금은 금지되기에 이른다. 팩이 다시 활기를 띠기 시작한 것은 2010년 대법원이 선거자금법에 대한 판결을 달리하면서부터다. 대법원이 기업의 정치적 의사 표현의 자유를 확대하고 '소프트 머니'에 대한 규제를 대부분 폐지함에 따라, 노조, 시민단체 등 비영리 조직뿐 아니라 기업 또한 (특정 후보의 캠프나 정당과 직접적인 연관만 없다면) 무제한으로 자금을 모금해 특정 후보를 지원하거나 반대하는 데 쓸 수 있게 되었다. 특히 거대 기업과 부자들이 지갑을 여는 슈퍼팩은 규모 면에서 비영리 조직이 모으는 자금과 차원을 달리한다. 민주당 내에서 진보 진영을 대표하며 월스트리트의 투자은행 권력을 비판하고 개혁을 위해 애써온 워렌이 슈퍼팩 자금을 받기로 결정한 것은 자신의 정치적 지향점과 그간의 행보를 손상시킨 것으로 여겨졌다.

관성과 투명함을 요구받을 때 성별 편견의 이중잣대에 결박된다. 이러한 잣대 때문에 여성은 작은 실수를 범하기라도 하면 무자비하게 공격당한다.[54] 물론 그 어떤 정당한 이유 없이 여성 리더의 신뢰성을 의심하는 일도 빈번하게 발생한다.[55]

우리는 여성들에게 너무나 많은 것을 기대한다. 우리가 좋아하거나 존경하는 여성이 실망스러운 행동을 했을 때 그 여성은 처벌받기 십상이다. 그 실수가 사소하고 용서받을 수 있는 범위의 것임에도 말이다. 자신이 그 여성들보다 더 높은 도덕성을 갖는다고 생각하는 사람들은 자신들이 정당한 이유로 여성을 처벌한다고 생각한다. 자신의 도덕주의가 여성혐오를 공고히 하는 데 일조한다고 생각하지 못한 채 말이다. 한편 여성의 맞수인 남성 리더는 그런 식의 도덕적 무결함을 요구받지 않는다. 샌더스의 경우, 다수의 대의원을 확보한 후보가 자동으로 민주당 대선 지명자가 되어야 한다는 2016년 대선에서 보였던 입장을 2020년 그 결과가 자신에게 유리해지자 철회했을 때* 워렌이 받은 것과 같은 처벌을 받지 않았다.[56] 바이든 또한 국민 일반이 선택할 수 있는 의료보험 정책이라는

---

* 2016년 민주당 예비선거 당시 힐러리 클린턴과 경쟁하던 샌더스는 클린턴에 비해 선언 대의원pledged delegates 지지가 300표 이상 뒤처지고 있었다. 그는 국면을 전환하기 위해 슈퍼 대의원들superdelegates(미국 민주당의 선거직 공직자와 상·하원의원, 주지사 등 전·현직 고위 핵심 인사들로 구성된 당연직 대의원)에게 당 내부의 지지 비율은 떨어지더라도 자신은 (당시 공화당 대선 후보였던) 도널드 트럼프를 이길 수 있는 능력 등과 같은 '다른' 요소를 갖고 있다며 당연직 대의원의 지지를 호소했다. 그러나 2020년 예비선거에서 다수의 선언 대의원 지지를 받게 되자, 샌더스는 2016년 자신이 했던 말을 번복했다. 당시 그와 당내 지명을 놓고 경쟁하던 바이든 역시 샌더스의 이러한 번복을 비판했다.

남성 특권

모호한 공약을 내세웠을 때 별다른 비판을 받지 않았다. 표절 이력은 말할 것도 없고, 선거 유세 중 과장하며 떠들어댄 내용들에 대해서도 처벌받지 않았다.[57]

반면 워렌은 민주당 경선 유세 중 지지자를 잃었다. 그 중요한 계기를 그녀와 샌더스 사이에 벌어진 보기 드문 갈등에서 찾을 수 있을 것이다. 이 사건은 2018년 12월에 있었던 두 사람의 회의 내용이 유출된 이후에 벌어졌다. 그 회의에서 워렌은 샌더스에게 자신의 대선 출마 계획을 밝혔다. 워렌의 측근과 추후 워렌 자신이 공식화한 바에 따르면, 샌더스는 여성 후보가 트럼프와 맞붙어 승리하기 어려울 거라고 말했다. 하지만 샌더스는 그런 말을 했다는 사실을 강력히 부인하며 도리어 자신은 트럼프가 성차별을 무기로 내세워 여성 후보를 공격할 것이라고 말했다고 주장했다.[58]

두 사람 사이에서 실제로 무슨 일이 벌어졌는지와 관계없이(두 후보가 요약한 사건 내용은 서로 모순된다) 워렌은 이런 갈등을 초래했다는 비난을 받으며 샌더스보다 더 큰 정치적 손상을 입었다.[59] 신뢰받는 남성의 인식적, 도덕적 권위에 도전하는 여성은 해당 남성과 다른 모든 면에서 동등해도 부도덕하거나 오류를 범하는 존재로 인식된다. 설상가상으로 이 사안에서 워렌은 징징대는 존재로 인식되었다. 사람들은 워렌이 직접 샌더스에게 그런 혐의를 제기한 적이 없음에도, 워렌이 샌더스를 성차별주의자로 몰아세운다고 여겼다. 그런 비난은 워렌이 샌더스와 "나이스하게" 싸우지 않음으로써 진보의 대의를 배신했다는 인식과 결합했고, 결국 워렌은 그 대가를 톡

톡히 치러야 했다. 이 모든 일에서 워렌과 샌더스 양측의 좁혀지지 않는 견해차가 분명하게 드러난다. 워렌과 샌더스 모두 상대측이 사건에 대해 제대로 진술하지 않는다거나, 당시 상황을 제대로 기억하지 못하고 있다고 주장했지만, 샌더스 쪽에서 워렌이 거짓말을 하고 있다고 주장했을 때 사람들은 그 말을 곧이곧대로 믿었다. 반면 워렌 측에서 샌더스가 거짓말을 하고 있다고 주장했을 때 사람들은 워렌이 샌더스를 잔인하게 공격한다고 여겼다. 트위터에는 이 사건과 연관지어 워렌을 뱀으로 묘사한 밈들이 넘쳐났다. 그런 상징이 가리키는 바는 분명하다. 남성과 여성이 충돌할 때, 여성은 교활하고 앙심을 품은 존재로 그려진다.

이 모든 일들에 여성은 특히 연대라는 가치를 실천하는 사안에서 그들의 남성 라이벌과 달리 실수할 권리조차 없다는 만연한 여성혐오적 사고가 반영되어 있다. 여성은 선거 자금을 받을 권리가 없다. 여성은 상대 남성이 제시한 진술에 반박할 권리가 없다. 또한 어떤 조건하에서는 권력을 쥘 권리가 있지만, 적극적으로 권력을 추구할 권리는 주어지지 않는다. 나아가 자신과 경쟁관계에 있는 남성에게서 권력을 박탈할 권리도 없다. 이런 사실들을 직시하지 않는다면, [앞으로] 여성 대통령을 선출하는 일은 요원해질 것이다.

그러나 돌이켜 생각해보면, 내가 워렌이 결국 민주당 대선 지명자로 뽑힐 수 없는 사람이었다는 식의 서사를 지지했던 것은 결코 아니다. 예비선거 개표 전까지는 어떤 결과가 나올지 미지수다.* 게다가 당선 가능성이라는 프레임은 여러모로 문제적이다.

우선 그것은 자기실현적 예언이다. 당선될 수 없다고 언급되는 후보일수록 실제로 당선될 확률이 줄어든다. 당선 가능성은 불변의 사회적 사실이 아니다. 그것은 우리가 지속적으로, 집단적으로 구성해가는 사회적 사실이[고 그렇기에 가변적이]다.[60] 2019년 6월에 있었던 여론조사에서 그날 예정된 선거에서 누구에게 투표할 거냐는 질문에 유권자들은 조 바이든을 유력한 당선 후보로 꼽았다. 그 뒤를 이은 건 버니 샌더스였다. 그러나 마법 지팡이를 휘둘러 대통령을 만들 수 있다면 누구에게 투표하겠느냐는 질문에 유권자들은 워렌을 최우선 순위로 꼽았다.[61]

유권자들이 [워렌의] 당선 가능성을 우려하도록 해서 너무나 성급하게 워렌[에게 투표하는 것]을 포기하게 만든 것이다. 정작 유권자들은 민주당 후보들 중 워렌을 선호했는데도 말이다. 이 시나리오는 특히 여성 유권자들의 투표행위에 잘 들어맞는다. 투표 결과를 예상하는 웹사이트 538을 운영하는 네이트 실버Nate Silver는 이렇게 지적한 바 있다. "다른 유권자들이 여성 후보에게 투표하지 않을 것을 우려해 그 후보를 찍지

---

* 케이트 만이 이 장을 집필하던 2019년 당시는 2020년 미국 대선이 끝나지 않은 시점이었다. 2020년 3월 5일 《뉴욕 타임스》는 워렌의 대선 출마 포기 선언을 알렸다. 미국 역사상 민주당 대통령 경선에서 여섯 명의 여성 정치인이 출마를 선언했다는 점에서 가장 '다양성'이 두드러졌던 대선은 결국 바이든과 샌더스의 경합으로 압축됐다. 워렌은 출마 포기를 공표하며 애초 2020년 민주당 경선에는 샌더스가 대표하는 진보 진영과 바이든이 대표하는 중도 진영의 대결밖에 없었다고 지적했다. 이미 잘 알려져 있듯, 그 후 바이든이 대통령으로 당선되었다.

않은 여성이 엄청 많다. 그러나 만일 모든 사람들이 정말로 대통령이 되길 바라는 사람에게 투표했다면 그 여성 후보는 당선되었을 것이다!"[62]

또한 당선 가능성이라는 서사는 다른 사람들의 편견 어리고 불공평한 선호를 쉬이 정당화하는 도구로 쓰이며, 다른 후보들이 다른 여러 이유로 [당선될 수 있도록 표를 몰아주어야 한다고 홍보되는] 후보와 동등하게 혹은 그를 압도하고 당선될 가능성이 있다는 점을 가려버린다.

이번 선거에서는 촉망받는 여성 후보(와 유색인 후보[63])가 유세를 할 때 유례가 없을 정도로 당선 가능성에 대한 우려가 컸다. 이런 현상에는 **무언가** 근본적인 문제가 있다. "그 여성 후보가 ~이/가 아니었다면, 그 사람을 찍었을 거야"라는 문장의 저 빈칸을 채울 말들은 언제나 있다. 여성 후보의 업무수행 능력을 공개적으로 우려하는 것이든, 아니면 여성 후보의 호감도에 문제를 제기하는 것이든, 아니면 지금까지 살펴본 것처럼 당선 가능성을 걱정하는 것이든 이런 시나리오는 이미 정해진 결론(다른 백인 남성 후보에게 투표하는 행위)을 정당화하는 구실에 지나지 않으며, 어떤 개인의 무의식적인 성별 편견을 반영하는 것일 수 있다. 또한 어떤 경우 위와 같은 말은 타인의 편견에 굴종한 결과이기도 하다.[64] 그 이유가 무엇이든 ~이/가 없어 여성 후보에게 투표할 수 없다는 언명은 곧 온 힘을 다해 보수주의를 지지한다는 의사를 드러내는 행위이며, 그런 점에서 집단 행동의 문제라 할 수 있다. 이런 상황에서 우리 모두가 어떤 후보를 여성이라는 이유로 성급하게 포기해버린다면 여성들은 그 어디에도 도달할 수 없을 것이다. 또한 이로 인해 여성들은 사실상 여성혐오에 종속될 것이다. 여기서 여성혐오란 남성들의 질서로 꾸려진 세상에서 여성으로서 마주하게 되는 장벽들을 뜻한다. 그 의도가 제아무리 선하다 한들 여성혐오는 여성들의 미래를 꺾는 일일 뿐이다.

당선 가능성 서사의 치명적 해로움은 무엇보다 2020년 민주당 경선 당시 여성 후보에게 투표하는 행위가 '이기적인 선택'으로 부각되었을 때 드러났다. 트럼프가 재선될 수 있다는 실질적 위협이 닥치자 여성 후보를 지지하는 행위는 정치적 책임론과 직결되었다. 그러한 프레임은 워렌의 정치(력)에 매료되었던 사람들의 양심을 먹이로 삼았다. 연대를 중시하는 사람들과 바로 그 이유로 소위 더 큰 그림을 위해 자신이 선호하는 후보를 포기할 용의가 있었던 사람들이 다른 남성 후보에게 표를 몰아주도록 만든 것이다.

그러나 그들이 말하는 더 큰 그림은 지금 내가 말하고자 하는 바의 일부다. 즉 우리에게는 우리가 생각하기에 그 일을 가장 잘 수행할 사람에게 투표할 권리가 있다는 사실을 강조하고 싶다. 그 후보란 최근에 인종분리주의자와 일했던 사실을 변명하던 남성[바이든]도 아니고, 추악하게 여성 정치인의 머리카락에 코를 대고 냄새를 맡으려던 남성[바이든]도 아니며, 선거 유세 도중 심근경색이 왔고 이후 의료 기록을 공개하길 거부했던 남성[샌더스]도 아니다.[65] 그 후보는 명민하며, 타인을 진심으로 배려하고, 모든 일에 계획이 있는 여성이다.

10장

다음 세대의 여성들을 위하여

나는 절망감을 안고서 나의 첫 책《다운 걸》을 썼다. 첫 책에서 나는 "포기했다. …… 더 희망적인 메시지를 전할 수 있다면 좋았을 텐데"라고 썼다. 나는 희망적인 메시지 대신 암울한 검시 보고서를 전달한 셈이다. 사람들이 여성혐오를 심각하게 다루도록 하는 것, 혹은 무엇이 됐든 여성혐오를 하나의 문제로서 마주하도록 만드는 것에 비관적이 된 암울한 배경을 개괄했다.

나는 여전히 낙관과 거리를 두지만, 그렇다고 더 이상 절망하지도 않는다. 그건 어느 정도는 애초 내가 범한 지적인 오류 때문일 것이다. 나는 **일부** 사람들이 보이는 비타협적 태도, 즉 여성혐오 문제에 관해 진지하고 깊이 있게 생각해보지 않으려 하는 태도를 **대다수** 사람들이 가지고 있다고 착각했다. 첫 책이 나오고 이 책을 쓰는 동안 나는 좋은 쪽으로 놀랐다. 심지어 충격을 받기도 했다. 여성혐오와 싸우기 위해 나와 함께 이런 문제들을 고민할 **준비가 되어 있고**, 열성적으로 동참하길 원하는 독자들을 만났기 때문이다. 이 책에서 분명히 밝힌 것처럼, 애석하게도 여성혐오[가 존재하며 실행되고 있다는 사실]를 부인하거나 축소하기 위해 여전히 엄청난 에너지를 쏟는 사람들이 있다. 그러나 그런 시도들에 저항하고자 하는 엄청난 기세들이 응집됐다. 이런 기세는 지금 여기에 존재하고 있으면서도 확장되고 있다.

내가 더 이상 절망하지 않게 된 것은 또 다른 개인적 이유 때문이다. 나는 첫아이를 임신하고 있을 때 이 책의 대부분을 썼고, 내가 전에 느꼈던 절망이 일종의 사치였음을 깨달았다.

이제는 더 이상 누릴 수 없는 사치 말이다. 파괴적이고 유해한 백래시 없이 우리에게 너무도 필요한 여성주의적 사회 진보를 꾀할 수 있을지 나는 여전히 비관적이다.[1] 그러나 내게 포기라는 선택지는 없다. 나는 결과와 무관하게 계속해서 더 싸워야 할 필요를 느낀다. 나에게 희망이란 미래가 더 밝아지리라는 믿음인데, 나는 예전에도 낙관하지 않았고, 앞으로도 쉽사리 낙관하지 못할 것이다. 그러나 더 나은 세계를 위해 싸운다는 발상(그리고 이와 동등하게 상황이 나쁜 쪽으로 퇴보하는 것에 맞서 싸운다는 것 역시 중요하다)은 신념의 문제가 아니다. 그것은 내가 동의할 수 있는 정치적 **책무**다.[2]

이런 감상은 우리, 즉 나와 내 남편이 딸을 가졌다는 소식을 듣게 되었을 때 더욱더 강렬해졌다. 우리는 기뻤고, 동시에 두려움을 느꼈다. 우리가 아이에게 자연스레 품게 되는 바람들은 여성혐오와 남성 특권이 지배하는 현실을 냉정하게 인정하는 일과 양립하기 어렵다. 지금껏 이 책에서 살펴본 것처럼, 여성들은 남성들에게 그들이 암묵적으로 누릴 자격이 있다고 생각하는 것들을 제공하지 않을 때 너무 자주 처벌받는다. 이는 남성들 스스로가 자신이 마땅히 누려야 할 것들에 대해 부풀려 생각해서 나타나는 결과가 아니라, 남성 특권을 가능케 하고, 촉발하고, 지속시키는 사회 구조의 결과이다. 부모로서 우리 부부는 분명 우리 딸에게 더 나은 미래가 있기를 바란다.

동시에 나는 우리가 딸을 낳게 된다는(여자아이[3]일 가능성이 크다고 말하는 것이 더욱 정확한 표현일 것이다) 소식을 듣고 안도했음을 인정해야겠다. 자신감 있고 쾌활하면서도 남자로서 자신이 누리는 특권을 경계하는 남자아이를 키운다는 것은 특히 나를 두렵게 하는 도덕적 과제처럼 느껴졌다. 분명 **어떤** 아이도 자신이 악당으로 자랄 수 있다는 비관적 감각을 갖고 성장해선 안 된다. 그런 감각은 아이의 유년시절을 유령처럼 쫓아다닌다. 그건 너무나 비생산적이고, 비윤리적이고, 극단으로 치달을 경우 폭력적이기까지 하다. 그래서 올바른 균형을 잡기 위해 나와 남편은 꼭 필요한 지혜와 경험을 가진 타인들에게 배워가기를 고대하고 있다.[4] 꼬리에 꼬리를 무는 양육법에 관한 의문(이런 양육법 대부분이 아이의 성별을 고려하지 않는다)에도 그런 식으로 대처하고자 한다. 나는 스스로를 어떤 식으로든 전문가로 내세우고 싶지 않다. 지금 이 시점에서 나는 정말이지 전문가와 가장 거리가 멀다.

그러나 이 책을 쓰며 내 딸이 스스로에게 어떤 권리가 있다고 생각했으면 싶은지 몇몇 것들을 떠올려보지 않을 수 없었다. 그 권리들은 **모든** 사람이 자신의 성별과 무관하게 마땅히 누려야 할 재화이기도 하다. 그러나 대개 여성은 스스로를 남성보다 중요하지 않거나 열등한 존재로 느끼도록 사회화될 뿐 아니라, 기본적 인간애나 상식적인 예의를 남성에 비해 적용받지 못한다. 이 책에서 밝힌 것처럼, 특권의식은 대개 자신이 마땅히 누려야 하는 것이나 타인에게 받아야 할 것을 부풀려 산정하는 일부 사람들의 태도를 가리킨다. 하지만 그럼에도 특권이라는 단어 자체는 오염되지 않았다. 이 개념은 유효하며, 나름의 맥락을 가지고 있으며, 우리에게 어떤 진실을 말해준다.

　그리고 나는 장차 부모가 될 사람의 시각으로 이 사안을 바라보는 것이 개념적으로 유용하다고 생각한다. 적어도 두 가지 이유 때문이다. 첫째, 사람들은 여성이 진정 누리거나 가져야 하는 어떤 권리에 대해 이야기할 때 '피해자 비난하기'라는 덫에 너무 쉽게 빠진다. 우리가 이렇게 불공정한 사회에 몸담고 있는데, 자신에게 어떤 도덕적 권리가 있는지 잘 알지 못한다거나 그런 권리들을 주장하려 하지 않는다고 해서 어떻게 여성들을 탓할 수 있을까. 그러나 내 딸과 그의 동시대 여성들이 진보적인 방식으로 자기 주장을 펼칠 역량을 얻게 되길 소망하는 것은 여성이 어떠어떠한 방식으로 자기 주장을 펼쳤어야 했다고 사후적으로 혹은 종종 단정하듯 말하는 일과는 다르다. 물론, 내 딸이 자신이 마땅히 행사할 수 있는 권리를 언제나 혹은 안전하게 주장할 수 있을 거라고 말하려는 것은 아니다. 그것은 여성혐오가 통제하고 금하는 대상 중 하나다. 그러나 나는 적어도 내 딸이 자신의 권리가 무엇인지 명확히 알았으면 한다. 그리고 권리를 주장할 수 있는 여건이 되었을 때 자기 주장을 펼칠 준비가 되어 있었으면 한다. 또한 그런 여건이 갖춰져 있지 않을 때, 내 딸이 자신보다 열악한 처지에 있는 사람들뿐 아니라 자기 자신을 위해 분명하게 분노하고 구조적 변화를 위해 행동하기를 바란다.

　이런 바람은 앞으로도 계속해서 도덕적 **발전**에 방점을 찍도록 한다. 이러한 노력들을 **도덕적** 발전의 한 국면으로 강조하는 것 역시 유용하다. 개인이 어떤 권리들을 갖는지(적어도 가져야 하는지) 아는 것은 자신이 타인에게 무엇을 받고 있는지 아는 것과 긴밀하게 연결된다. 그 무엇보다도 우리 딸이 자신이 어떤 특권을 누리는지 인지하는 것이 가장 중요하다. 고등교육을 받았고, 비교적 넉넉한 중산층에, 시스젠더이자 이성애를 지향하며, 별달리 장애를 갖고 있지 않은 부모 밑에서 태어난 백인 여자아이라는 특권 말이다. 이러한 깨달음은 딸에게 인간의 차이, 다양성, 여러 종류의 취약성을 가르쳐야 하는, 인정컨대 그 어떤 중요한 책무보다 훨씬 더 중요하다. 딸에게 자신이 누리는 특권에 대해 가르쳐주는 것은, 자신에게 여러 주변화와 억압(자신은 면제되어 있는 조건)에 노출된 사람들을 보호하고 지지할 특별한 의무가 있다는 것을 일깨워주는 일이기도 하다. 명징한 사례 하나를 들자면, 딸은 우리 사회에서 흑인과 유색인의 신체를 법제적, 초법적으로 감시하고 억압하는 일에 참여해서도, 용인해서도 안 될 의무가 있다. 마찬가지로 이전 세대의 백인 여성들이 해온 것처럼 유색인 여성들의 감정노동과 물질노동을 착취해선 안 될 의무가 있다. 그리고 여러 측면에서 특권을 지니고 태어날 사람으로서 항상 자신이 무엇을 행동하고, 말하고, 기댈 권리가 **없는지** 배우며 부당한 특권의식을 억제해야 할 것이다.

* * *

나는 내 딸이 자신의 권리에 대해 무엇을 알았으면 싶은 걸까? 나는 내 딸이 (육체적 통증이든 정신적 고통이든) 고통을 느낄 권리가 있고, 따라서 도움을 청할 권리가 있으며, 돌봄과

위로, 보살핌을 받을 권리가 있다는 것을 알았으면 한다. 나는 딸의 육체적, 정신적 요구들이 수용되어야 하며, 그 아이가 다른 사람들과 마찬가지로 의료적인 것을 비롯해 여타 형태의 돌봄을 받을 권리가 있다는 것을 알았으면 한다.

나는 딸이 자기 신체에 대해 어떠한 결정을 내릴 권리가 있다는 것을 알았으면 한다. 누군가 자기를 만지려고 할 때 그래도 되는지, 언제 그럴 수 있는지, 어떻게 만져야 하는지에 관한 선택권을 자신이 갖고 있음을 알길 바란다. (그렇다. 그들은 동의를 전제할 것이 아니라 딸의 동의를 구해야 한다.) 나는 딸이 선한 의도를 가진 포옹과 키스조차 항상 자신이 선택할 수 있다는 것을 알았으면 한다. 타인이 자신의 신체를 강력하게 침범해올 때 '안 된다'고 거부하는 것에 어떤 죄책감이나 수치심도 느끼지 않기를 바란다. 언젠가 때가 되면, 자신의 재생산 능력을 관리할 권리가 전적으로 자신에게 있다는 것을 알고 있길 바란다. 그리고 아이를 낳을지 말지 결정하는 권리 역시 전적으로 자기 자신에게 있음을 알기를 바란다.

또한 딸이 자신의 추정 성별이 부모 입장에서의 추정에 불과하다는 것을 알았으면 한다. 우리가 그 아이의 성별을 잘못 추정했을 경우에, 우리에게 그것이 잘못되었다고 말할 권리가 있다는 것을 알았으면 한다. 나는 아이가 남성이나 논바이너리로 존재하는 것이 우리 집에서 가능한 일일뿐더러, 긍정적으로 환대받고 지지받을 수 있다는 것을 알았으면 한다. 그리고 우리가 이 세계를 트랜스젠더이거나 논바이너리인 아동과 성인 모두 잘 지낼 수 있는 곳으로 만들기 위해 언제 어디서나 싸울 것임을 아이가 알았으면 한다.

나는 여성과 논바이너리인 이들이 남성들과 동등하게 성인으로서의 책무를 다할 수 있도록 타인의 지지를 받을 권리가 있음을 딸이 알았으면 한다. 나는 딸이 자신의 아버지를 어머니처럼 (또는 어머니보다 더) 요리와 설거지를 하거나 빨래를 돌리는 존재로 인식할 거라는 사실에 안도감을 느낀다. 몇몇 연구들에 따르면, 아버지가 공평하게 가사일을 분담하는 집안에서 자라난 학령기 여자아이들은 좀 더 야심이 있다고 한다. 예를 들어, 특히 여성 직종으로 분류되는 교사, 간호사, 또는 전업 주부가 되는 진로를 택하지 않고, 변호사나 의사가 되겠다고 말한다고 한다.[5] 부부가 아무리 양성평등을 지지해도 어머니가 더 많은 집안일을 하는 곳에서는 다른 결과가 나타난다는 논의를 보더라도 이런 경향이 정말 존재한다는 것을 알 수 있다. 보아하니 말보다 행동이 더 효과적인 모양이다. 이런 꿈이 장기적인 인생의 목표를 세우거나 직업을 택하는 데까지 이어지는지는 알 수 없지만, 적어도 아이들이 성별에 따른 가사노동 분담에 관해 어른들이 생각하는 것보다 더 많은 것을 알게 된다는 걸 알 수 있다.

나는 내 딸이 무척이나 다양한 방식으로 자신의 몸을 쓰고 즐길 수 있는 권리가 있다는 것을 알았으면 한다. 운동을 한다든지, 악기를 연주한다든지, 수영을 한다든지, 기쁨과 슬픔, 두려운 것과 누가 봐도 어리석은 것, 이 모든 것들을 아이가 느낄 수 있기를 바란다. 나는 딸이 실컷 먹을 권리가 있고, 어떤 공간에 몸담을 권리, 목소리를 높여 이야기할 수 있는 권리, 다른 사람의 시선에 자기 몸을 끼워맞추지 않고 자유로움을 느낄 권리가 있다는 걸 알길 바란다(나는 그저 꿈만 꿔본 일이다). 심지어 아이를 임신했을 당시 나는 내 딸에게 (체형, 몸무게, 장애 여부, 신체의 어떤 특성, 그 외의 어떤 것을 겨냥하든) 자기 몸에 대한 수치심을 갖게 만드는 사람이라면 누가 됐든 기꺼이 **죽일** 용의가 있었다. (분명히 해두건대, 나는 이런 일을 할 수 있는 권리가 내게 없다는 것을 잘 알고 있다.)

나는 딸아이가 인간이 여러 가지 형태의 성 정체성을 갖는다는 것을 알았으면, 즉 자신이 이성애자, 동성애자, 양성애자, 무성애자 등이 될 권리가 있다는 것을 알았으면 한다. 좀 더 자랐을 때, 스스로 자신을 무엇으로 정체화하든 일말의 수치심이나 낙인에 대한 염려 없이 자신의 성 정체성을 충분히 향유할 권리가 있음을 알았으면 한다. 딸이 아주 약간의 수치심도, 낙인에 대한 염려도 없이 섹스를 거부할 권리가 있음을 알길 바란다. 또한 자신이 직면할 수도 있을 (성적이나 다른 형태의) 학대나 괴롭힘, 폭력은 모두 도덕적으로 혐오스러운 일임을 알고 있기를 바란다(이 부분은 쓰기 어려웠다). 나는 딸을 임신하고 있던 기간을 포함하여 지난 몇 년간 독자들이 읽고 있는 이 책을 쓰면서 내 의식을 지배하고 있는 남성들이 갖거나 행사하는 성적 특권의식과 폭력이라는 현실에 대해 어떻게, 얼마나 딸에게 이야기해줄지 아직 결정하지 못했다. 이런 문제에서는 언어의 한계를 느낀다.[6]

나는 딸이 자신의 생각을 말하고 불의에 맞서 발언할 권리와 책임이 자신에게 있음을 알았으면 한다. 설령 그런 행동이 주변 사람들을 불편하게 만들지라도 말이다. 나는 딸이 자신에게 발언권이 있음을 알았으면 한다. 말할 권리. 그렇다. 몇몇 연구들은 교실에서 교사들이 남학생을 더 많이 지목해 의견을 묻고 있으며, 이런 경향이 특히 STEM 분야*에 더욱 견고하게 자리 잡고 있음을 보여준다.[7] 나는 내 딸이 이런 일들이 고의적으로 발생하지 않는다 할지라도 근본적으로 불의하다는 것을 알았으면 한다. 그리고 그런 일이 벌어질 때 자기 자신이 아니라 구조를 탓해야 한다는 것을 딸이 알고 있기를 바란다. 나는 딸이 자신에게 어떠한 현상을 인식할 권리, 그리고 자신이 인식한 것을 (백래시나 고압적인 맨스플레인이 뒤따를 것을 염려하지 않고) 타인에게 설명할 권리가 있다는 것을 알았으면 한다. 확실히 나는 딸이 다른 사람의 말에 귀 기울일 줄 아는 사람이 되었으면 한다. 자신보다 더 전문성을 가진 사람들의 지식을 이해하고 그것에 생생하게 반응하길 바란다.

나는 딸이 부모인 우리 두 사람의 감정을 비롯해 타인의 감정을 의식해서 자신의 진짜 몸 상태나 생각을 꾸며낼 필요가 없음을 알았으면 한다. 정말이지 나는 가스라이팅이라는 현상이 서서히 퍼지는 이유 중 하나가 부모들이 아이들에게 자신의 감정을 오롯이 경험하고 말할 기회를 주지 않기 때문이라고 생각한다. 심지어 가스라이팅은 서로 사랑하며 선의를

---

* 과학science, 기술technology, 공학engineering, 수학mathematics 네 가지 분야를 통칭하는 표현으로, 최근 미국에서는 이 STEM 분야에서 나타나는 여성 불평등을 지적하는 연구들이 활발히 나오고 있다. 그런 연구들은 첨단 과학기술 분야의 여성 노동자 비율이 남성 노동자 비율에 비해 현저하게 낮다는 것을 꼬집는다.

지니고 있고 표면적으로 아무 문제 없이 지내는 가족 내에서도 일어난다. "네가 **제대로 모르고** 있는 거야"라거나 "그렇게 말하면 **안 돼**" 같은 말들은 (아이가 자신의 감정을 숨기지 않는다면) 아이를 몹시 화나게 하거나 아이에게 죄책감을 심어줄 수 있다. 나는 내 딸이 화가 나고, 슬프고, 불안한 상태 혹은 그저 불분명한 상태에 있을 권리가 있다는 것을 알았으면 한다.

나는 딸이 권력을 갖고, 때로는 특권을 가진 남성들을 비롯해 다른 이들과 경쟁할 권리가 있다는 것을 알았으면 한다. 나는 딸이 경쟁자들을 이기거나 더 높은 직위로 올라갈 경우, 그들을 제치고 권력과 권위를 부여받는 지위를 차지할 권리가 자신에게 있다는 것을 알았으면 한다. 나는 딸이 상냥하고 두려워하지 않는 리더가 되길 바란다. 물론 나는 아이가 기품 있게 질 줄 아는 사람이 되었으면 한다. 나는 딸이 연대의식을 갖고 이타적인 사람이 되길 바란다. 동시에 나는 딸아이가 스스로 (도덕적 실수를 포함하여) 실수할 권리가 있다고 느꼈으면 한다. 수많은 여성들이 그렇게 느끼지 못하는 현실이지만, 설령 실수한다 해도 자신이 사랑받을 수 있고 용서받을 수 있는 존재라는 걸 딸이 알았으면 한다. 불가피하게 실수를 범했을 때, 자신의 실수를 전적으로, 기꺼이 인정하고 그것을 고칠 준비가 되어 있는 사람이면 좋겠다.

딸아이가 자기가 갖고 있는 이런 권리들이 자신의 가장 중대한 도덕적 책무와 연관되어 있다는 것을 알길 바란다. 성별과 무관하게 우리 **모두가** 공유하는 의무, 즉 구조적 불의를 적극적으로 바로잡는 사회를 만들 의무 말이다. 우리는 힘을 합쳐 사회적, 법적, 의학적 제도 안에서 여성들이 귀중히 여겨지고, 돌봄을 받고, 그들의 말이 신뢰받는 세계를 만들기 위해 싸워야 한다. 힘을 합쳐 여성의 신체가 시시때때로 통제되고, 성적 대상이 되고, 괴롭힘당하고, 공격받고, 손상을 입고, 심지어 파괴되지 않는 세상을 만들기 위해 싸워야 한다. 힘을 합쳐 모든 여성이 섹스, 돌봄, 사랑(특권의식을 가진 남성들이 자신이 마땅히 누려야 한다고 암묵적으로 믿는 것들)을 제공하는 인간 중 여자가 아니라, 자기 자신인 채로 안전하고 자유로울 수 있는 세상을 만들기 위해 싸워야 한다. 물론 여기에 언급한 것들은 우리 도덕공동체의 구성원 모두를 위한 정의를 실현하기 위해 시급히 실현해야 할 구조적 변화의 일부에 불과하다. 그렇지만 급진적인 시도라는 점에서 모두 의미가 있다. 실제로 이 글을 쓰던 당시만 해도 그려보기 어려웠던 일들이다.

여기에 이렇게 쓰듯, 나는 내 딸에게 이 모든 것을 성공적으로 가르치지는 못할 것 같다. 우리 문화에는 이런 가르침을 기각하는 메시지들이 넘쳐난다. 그리고 나는 나조차 완벽하게, 온전히 습득하지 못했던 수많은 것들을 딸에게 가르쳐야 한다. 여성들이 자신의 권리를 확실히 주장할 수 있고 그 권리를 손에 쥘 수 있는 세계를 그려보는 것은 여전히 어렵다. 그 싸움은 지난할 것이며 끝없이 지속될 것이다. 그러나 내 딸을 위해 나는 이렇게 말할 수 있다. 이 싸움을 계속할 거라고.

1장 | 남성 특권은 어떻게 작동하는가

1   캐버너는 포드를 제외하고도 데버라 라미레즈Deborah Ramirez, 줄리 스웨트니크Julie Swetnick, 그리고 다른 익명의 여성들을 강간하거나 그들에게 성적 위협을 가한 것으로 기소되었다. 크리스틴 하우저Christine Hauser의 다음 글을 보라. "The Women Who Have Accused Brett Kavanaugh", *The New York Times*, September 26, 2018, https://www.nytimes.com/2018/09/26/us/politics/brett-kavanaugh-accusers-women.html. 서론과 같은 기능을 하는 이 장에서 나는 크리스틴 블레이지 포드 박사가 기소한 내용에만 초점을 맞췄다.

2   예를 들어 애너케 E. 그린Anneke E. Green은 "포드 박사의 용기에 깊은 존경을 표한다. 포드 박사의 인격에 신뢰가 가고 그분이 겪은 일에 공감도 간다. 하지만 그렇다고 해서 누군가가 성인이 되기 전에 했던, 증거도 없고 조사도 불가능한 기소 내용에 기반해 그 사람의 화려한 커리어를 꺾어서는 안 된다고 생각한다"라고 썼다. 글 링크는 다음을 보라. "We Can Believe Ford and Confirm Kavanaugh", RealClearPolitics, October 3, 2018, https://www.realclearpolitics.com/articles/2018/10/03/we_can_believe_ford_and_confirm_kavanaugh_138240.html.

3   포드가 거짓말을 했다는 식으로 논지를 흐린 사람으로 셰릴 K. 첨리Cheryl K. Chumley를 들 수 있다. 첨리는 다음과 같은 글을 썼다. "만약 포드가 어떤 식으로든 진실과 사실에 기반하여 캐버너를 고소한 것이라면, 최대한 빨리 그 증거를 내놓아야 한다. 캐버너는 굳이 자신의 무죄를 입증할 필요가 없지만, 포드는 그의 유죄를 반드시 입증해야 한다. 자신이 거짓말하는 게 아니라는 증거, 대법관 임명 절차를 방해해서 캐버너의 임명을 저지하기 위해 수치스럽고 저열한 전략을 택한 것이 아니라는 증거를 내놓아야 한다." "Christine Blasey Ford Could Indeed be Lying", *Washington Times*, September 22, 2018, https://www.washingtontimes.com/news/2018/sep/22/christine-blasey-ford-could-indeed-be-lying/.
반면, 수전 콜린스Susan Collins는 포드가 강간한 사람의 정체를 혼동하고 있어 그녀의 증언을 신뢰하기 어렵다고 주장했다. 콜린스는 캐버너의 대법관 임명 투표에 찬성표를 던지고 난 후 TV 인터뷰에서 이렇게 말했다. "(크리스틴 블레이지 포드는) 확실히 겁에 질렸고, 트라우마를 입었다. 나는 포드가 강간을 당했다는 말을 믿는다. 하지만 그 강간범이 누구인지에 대해 포드는 혼동하고 있는 것처럼 보인다. 나는 포드를 강간한 사람이 캐버너가 아니라고 생각한다." Jaclyn Reiss, "Susan Collins Says She Thinks Brett Kavanaugh's Accuser Was 'Mistaken'", *The Boston Globe*, October 8, 2018, https://www.bostonglobe.com/news/politics/2018/10/07/susan-collins-says-she-thinks-christine-blasey-ford-was-mistaken-about-identity-perpetrator-being-brett-kavanaugh/JD3AyfW6tly9KfUZjJxNwJ/story.html.

4   백인으로서 누리는 특권을 비롯한 여타의 특권과 마찬가지로 남성 특권은 권리라는 측면 이외에도 여러 다양한 측면을 갖는다. 물론, 특권을 가졌다고 해서 (성별 문제를 제외하면, 나 역시 공식적으로 특권층에 속한다) 타인에게 반감을 불러일으키는 식의 특권적인 태도를 취해선 안 된다. 자신의 특권에 대해 단순히 인지하거나 그것을 축소하는 것과 반대로, 그것을 실제로 단념할 수 있는 방법이 존재한다. (백인이 누리는) 특권에 대한 고전적인 논의는 페기 맥킨토시Peggy McIntosh를 참조하라. "White Privilege: Unpacking the Invisible Knapsack", *Peace and Freedom Magazine*, 1989, pp.10-89. 특권에 대한 최신의 논의는 레이철 매키넌Rachel McKinnon과 애덤 세넷Adam Sennet의 논문을 보라. "Survey Article: On the Nature of the Political Concept of Privilege", *Journal of Political Philosophy* 25, no.4, 2017, pp.487-507.
    또한 이 책에서 나는 백인 여성의 특권과 특권의식에 대해 논의할 것이다. 이는 그 자체로 중요한 화두이다. 그러나 대체로 나는 남성 특권에 치중할 것이고, 구조적 측면과 교차적 측면 모두 연구할 수 있게 여러 현상들을 몇 가지의 큰 범주로 묶어 이야기할 것이다.

5   Sam Brodey, "'The Most Telling Moment': Sen. Amy Klobuchar in National Spotlight After Brett Kavanaugh Hearings", *Minnesota Post*, September 28, 2018, https://www.minnpost.com/national/2018/09/the-most-telling-moment-sen-amy-klobuchar-in-national-spotlight-after-brett-kavanaugh-hearings.

6   Billy Perrigo, "Sen. Lindsey Graham Says Christine Blasey Ford 'Has Got a Problem' as He Continues Attack on Democrats", *Time*, September 28, 2018, https://time.com/5409636/lindsey-graham-christine-blasey-ford-problem.

7   내가 다른 글에서 다룬 바 있는 도널드 트럼프의 힘패시적 태도와 비교해보라. "Brett Kavanaugh and America's 'Himpathy' Reckoning", *The New York Times*, September 26, 2018, https://www.nytimes.com/2018/09/26/opinion/brett-kavanaugh-hearing-himpathy.html.

8   위의 주석 2번과 3번에서 언급한 것처럼 포드의 증언을 부정하는 태도를 참조하라. 그리고 고등학교 시절 캐버너를 알았던 65명의 여성들이 그가 개인적으

로 자신을 강간하려 한 적이 없었다는 점을 들어 캐버너를 변호했던 것도 상기할 필요가 있다. 그러나 직접 증거와 목격자 진술이 부재하다는 것이 그러한 사실이 발생한 적이 없음을 뒷받침하는 결정적인 증거가 되는 것은 아니다. 다시 말해, 이 여성들이 브렛 캐버너에게 강간당한 적이 없다고 주장한 사실이 포드의 증언을 의심할 근거가 되는 것은 아니라는 뜻이다. 이에 대해서는 타라 골샨Tara Golshan의 글을 보라. "65 Women Who Knew Brett Kavanaugh in High School Defend His Character", *Vox*, September 14, 2018, https://www.vox.com/2018/9/14/17860488/brett-kavanaugh-sexual-assault-georgetown-prep-defense.

9   법 집행의 메타포는 말 그대로 명백히 '은유'로 기능한다. 여기서 나는 여성혐오가 작동하는 방식을 법제적인 감시 및 집행 메커니즘에 국한하여 논의하는 것이 아니며, 이 점은 곧 분명하게 드러날 것이다.

10 최근의 통계에 따르면, 미성년 여성이 미성년 강간 피해자 전체의 82퍼센트를, 성인 여성이 성인 강간 피해자 전체의 90퍼센트를 차지한다. 게다가 16~19세 연령대의 여성이 강간, 강간미수, 또는 다른 성폭력의 피해자가 될 확률은 다른 연령대 여성들이 성폭력 피해자가 될 확률에 비해 네 배나 높다. 다음 보고를 보라. RAINN, "Victims of Sexual Violence: Statistics", https://www.rainn.org/statistics/victims-sexual-violence.

11 이러한 메시지의 사례 몇 가지를 들어보자. "누구도 네 말을 믿지 않을 것이다. 카르마 따위는 개에게나 줘버려라. 네가 자초한 일의 결과를 곧 너 자신이 책임지게 될 것이다." "누가 그러는데 이제 넌 반년이 채 지나기 전에 죽게 될 거야, 이 역겨운 벌레만도 못한 인간아." Erin Durkin, "Christine Blasey Ford's Life 'Turned Upside Down' After Accusing Kavanaugh", *The Guardian*, September 19, 2018, https://www.theguardian.com/us-news/2018/sep/19/christine-blasey-ford-brett-kavanaugh-sexual-assault-accuser-threats.

12 나는 이 은유를 《게르니카Guernica》의 리건 페날루나Regan Penaluna와 한 인터뷰에서 처음 사용했다. "Kate Manne: The Shock Collar That Is Misogyny", February 7, 2018, https://www.guernicamag.com/kate-manne-why-misogyny-isnt-really-about-hating-women.

13 임명 동의 인사 청문회에서 캐버너는 이렇게 운을 뗐다. "지난 12년 동안 저와 함께 일했던 48명의 서기관 중 대다수가 여성이었습니다. 그중 한 여성 서기관은 이 청문회 위원들에게 보내는 서한에 연방 사법부에서 여성 법조인들의 권리를 가장 강력하게 지지하는 사람 중 한 명이 저라고 썼지요. 제가 판사로 일하던 시기, 저만큼 많은 여성 서기관을 대법원에 진출시킨 연방 판사는 없었습니다." 이에 대해 다음 글을 보라. "Brett Kavanaugh's Opening Statement: Full Transcript", *The New York Times*, September 26, 2018, https://www.nytimes.com/2018/09/26/us/politics/read-brett-kavanaughs-complete-opening-statement.html.

14 예를 들어 6장에서 나는 미국 내 낙태 반대 운동에 찬성하는 모든 이들이 다 여성혐

_x_

오적이지는 않을지라도, 낙태 반대 운동 자체는 극도로 여성혐오적이라고 밝혔다.

15 그렇다고 해서 국내(미국)나 그 외 다른 곳에 존재할 수 있는 여성주의적인 사회 진보의 현실 혹은 가능성을 부정하는 것은 아니다. 평등이라는 사회규범이 중화작용을 할 때조차 가부장적 규범은 여전히 지속되고 있으며, 부지불식간에 우리의 행동 방식에 종종 영향을 끼친다는 점을 지적하고자 했다.

16 사회 분석을 업으로 삼는 사람으로서 나는 내가 내부 맥락을 정밀히 관찰할 수 있는 곳에 집중한다. 다른 문화적 맥락에서는 어떤 유사점과 차별점이 있는지 독자들이 분석할 몫으로 남겨두는 셈이다. 그러나 이러한 방법이 도덕적 제국주의를 피할 수 있는 유일한 방법이라고 생각하지는 않는다. 이에 대해서는 시린 카더Serene Khader의 책 《보편주의를 탈식민화하기: 초국적 페미니스트 윤리Decolonizing Universalism: A Transnational Feminist Ethic》(New York: Oxford University Press, 2018)를 보라.

17 교차성에 관한 킴벌리 W. 크렌쇼의 역작으로 다음의 글 두 편을 보라. "Mapping the Margins: Intersectionality, Identity Politics, and Violence Against Women of Color", *Stanford Law Review* 43, no. 6, 1991, pp.1241-1299; "Beyond Race and Misogyny: Black Feminism and 2 Live Crew", in *Words That Wound*, edited by Mari J. Matsuda, Charles Lawrence III, Richard Delgado, and Kimberlé Williams Crenshaw, Boulder: Westview Press, 1993, pp.111-132.

18 내가 이 책을 통해 답하고자 하는 이러한 질문들이 남성들의 특권과 특권의식에 대한 모든 걸 아우르지 못한다는 것은 너무도 자명하다. 다만 좀 더 중요하면서도 내가 좀 더 수월하게 답할 수 있는 것들에 대해 이야기하고자 했다.

19 Ewan Palmer, "Christine Blasey Ford Can't Return Home for 'Quite Some Time' Due to Continuous Death Threats: Lawyer", *Newsweek*, October 8, 2018, https://www.newsweek.com/christine-blasey-ford-cant-return-home-continuous-death-threats-1157262.

20 Chris Riotta, "Trump Accused of 26 New Cases of 'Unwanted Sexual Contact'", *Independent*, October 9, 2019, https://www.independent.co.uk/news/world/americas/trump-sexual-assault-allegations-harassment-groping-women-karen-johnson-book-a9149021.html.

2장 | '비자발적' 독신이라는 환상: 인셀 그리고 피해자 의식

1 "Timeline of Murder Spree in Isla Vista", CBS News, May 26, 2014, http://www.cbsnews.com/news/timeline-of-murder-spree-in-isla-vista.

2 다행히도 이 영상은 유튜브에서 곧바로 삭제되었다. 그러나 로저가 한 말의 전문은 다음에서 찾을 수 있다. http://www.democraticunderground.com/10024994525. 또한 로저는 다른 비슷한 영상을 유튜브에 올린 적이 있고,

그것을 본 로저의 어머니는 경찰에 이 사실을 알렸다. 경찰들은 로저를 그가 거주하는 아파트 밖에서 심문했지만 그 이상으로 사건을 진행시키지는 않았다.

3 나는 《다운 걸》 1~2장에서 이미 엘리엇 로저의 케이스에 대해 상세히 논의한 적이 있다. 로저의 정신 병력에 대해서는 나의 책 《다운 걸: 여성혐오의 논리Down Girl: The Logic of Misogyny》(New York: Oxford University Press)의 1~2장을 보라. 로저는 양심적인 부모님 덕분에 상당 기간 심리상담을 받았으나, 정작 구체적인 진단을 받은 적은 없다. 이 점이 놀랍다. *The APA Newsletter in Feminism and Philosophy* 8, no. 2, 2019, pp.28-29.

4 여기서 나는 스티브 헨드릭스Steve Hendrix의 논의를 따라 논지를 전개했다. 그는 이 이야기에 대한 줄리 테이트Julie Tate의 정리에 기대고 있다. "He Always Hated Women. Then He Decided to Kill Them", *The Washington Post*, June 7, 2019, https://www.washingtonpost.com/graphics/2019/local/yoga-shooting-incel-attack-fueled-by-male-supremacy.

5 2018년 당시 19세였던 니콜라스 크루즈Nikolas Cruz는 플로리다주 파크랜드 소재 마저리 스톤먼 더글러스 고등학교에서 17명의 사람을 살해했다. 그는 유튜브에서 로저를 칭송하는 발언을 했다.

6 인셀 문화의 역사에 관해서는 잭 보샴Zack Beauchamp이 인셀의 초창기, 즉 확실히 별다른 악의를 드러내지 않던 초기부터 여성혐오적 공포를 조성하는 현재에 이르기까지 그 흐름을 훌륭하게 정리했다. 그가 쓴 다음의 글을 보라. "Our Incel Problem: How a Support Group for the Dateless Became One of the Internet's Most Dangerous Subcultures", *Vox*, April 23, 2019, https://www.vox.com/the-highlight/2019/4/16/18287446/incel-definition-reddit.

7 (성을 밝히길 꺼렸던) 알레나는 인셀 커뮤니티가 지난 몇십 년간 여성혐오적으로 변질된 것을 목도하고 좀 더 생산적인 대안을 찾으려고 애썼다. 알레나는 새로운 프로젝트에 〈분노를 사랑하지 말 것Love Not Anger〉이라는 제목을 붙였고, 자신의 첫 홈페이지가 기치로 내걸었던 정신을 이어가려고 했다. 스스로 연애에 운이 없다고 생각하는 이들이 앙심을 품지 않도록 그들을 지지하는 일 말이다. 알레나 자신도 한때 그랬던 적이 있었다. 그녀는 《복스》의 기자 잭 보샴에게 이렇게 말했다.

"제 홈페이지의 목표는 사람들이 외로움을 덜 느끼도록 하는 겁니다. 성별과 성적 지향을 떠나서 왜 어떤 사람들은 데이트를 하거나 실질적인 지지 기반을 만드는 데 어려움을 겪는지 연구하려고 합니다. 이 프로젝트가 직접적으로 폭력을 줄이는 데 도움이 되지는 않겠지요. 외롭지만 증오에 빠져 허우적거리지 않는 사람이라면 이 〈분노를 사랑하지 말 것〉 프로젝트에서 어떤 식으로든 큰 도움을 받을 겁니다.", Ibid.

남성뿐 아니라 여성도, 이성애자뿐 아니라 동성애자도 외로울 수 있고 자신이 사랑받지 못한다고 느끼며, 성적으로 만족감을 느끼지 못할 수 있다는 사실은 인셀이 내건 대의에 빠져든 사람들을 설득하는 데 그다지 효과적이지 않을 것이다. 그렇지만 적어도 근본주의적인 수준의 혐오에 빠져들 가능성이 있는 사람들에게는 현실을 진단해볼 수 있는 유용한 도구가 될 것이다. 나쁜 일을 해보고 싶다고 막연히 생각하는 것과 (기회를 불공평하게 박탈당했으니) 자신에게 나쁜 일을 할 권리가 있다고 그릇된 방식으로 생각하는 것은 완전히 다르다.

8 잭 보삼은 이렇게 썼다.

"(인셀 중에는) 고립되고 거부당해본 적 있는 젊은 남성들이 압도적일 정도로 많았다. 이들은 자신이 경험한 고통을 이해하기 위한 방편으로 인셀의 길을 택한다. ……

인셀의 인구 구성을 조사한 엄격한 과학적 연구 자료는 없지만, 인셀은 외부인, 특히 연구자나 언론인에게 깊은 적대감을 보인다. 인셀의 온라인 게시판 운영자들은 비공식적으로 이용자들에 대한 조사를 실행했다.

레딧Reddit에 개설된 게시판 브레인셀Braincels에서 이용자 1267명을 대상으로 한 비공식 투표 결과에 따르면, 해당 게시판 이용자의 90퍼센트가 30세 이하였다고 한다. (브레인셀은 한때 큰 인기를 누리던 게시판이었지만, 이후 폐쇄되었다.) 이용자들 대다수는 남성이었다. 여성 이용자라는 사실이 밝혀질 경우 가입이 불가했지만, 어떤 여성들은 몰래 가입했다. 또한 이용자의 80퍼센트가 유럽과 북미에 거주하고 있었다.", Ibid.

9 Alice Hines, "How Many Bones Would You Break to Get Laid 'Incels' Are Going Under the Knife to Reshape Their Faces, and Their Dating Prospects", *The Cut*, May 28, 2019, https://www.thecut.com/2019/05/incel-plastic-surgery.html.

10 로스 다우댓Ross Douthat을 예로 들어보자. 그는 다음과 같이 썼다.

"성혁명은 새로운 승자와 패자를 양산했다. 성혁명이 가져온 새로운 위계질서는 아름다움과 부, 숙련된 사회성을 새로운 방식으로 특권화했으며, 그 특권을 갖지 못한 사람들에게 새로운 형태의 외로움과 좌절감을 안겼다. 우리 사회에 만연한 고립감과 불행함, 무미건조함은 오랜 가치체계를 부활시키거나 그것을 현 시대에 맞게 변화시킴으로써 해결할 수 있다. 예를 들어, 일부일처제와 순결, 영속성과 같은 가치를 재평가한다든가 독신들이 받던 특별한 존경을 부활시킴으로써 말이다."

"The Redistribution of Sex", *The New York Times*, May 2, 2018, https://www.nytimes.com/2018/05/02/opinion/incels-sex-robots-redistribution.html.

넬리 볼스Nellie Bowles 기자는 이와 비슷한 방식으로 《뉴욕 타임스》에 조던 피터슨Jordan Peterson의 말을 인용했다. 피터슨은 인셀에 대한 해결책을 "일부일처제 강제하기"에서 찾았다.

볼스는 "피터슨 씨는 남성이 짝을 찾지 못할 때 폭력적인 공격을 시도한다고 말한다. 그는 사회가 남성들이 결혼할 수 있도록 도와야 한다고 주장한다"고 쓴다.

피터슨은 토론토의 살인자에 대해 "그(알렉 미나시안)는 여자들이 자신을 거부해서 신에게 화가 많이 나 있었다"고 평했다. "해결책은 일부일처제를 강제하는 것이다. 애초 일부일처제가 생겨난 것도 바로 그 때문이다."

피터슨은 한 번도 쉬지 않고 말을 이어갔다. 강요된 일부일처제는 그에게 이성적인 해결책으로 느껴졌다. 그는 일부일처제가 없으면 여성들이 높은 지위에 있는 남성에게만 몰릴 것이며, 그것이 결국 양성 모두의 행복을 가로막을 거라고 설명한다. 피터슨은 "남성의 절반이 실패할 것이며, 그 실패한 남성들을 누구도 신경 쓰지 않을 것"이라고 힐패시를 가득 담아 말했다.

"Jordan Peterson, Custodian of the Patriarchy", *The New York Times*, May 18, 2018, https://www.nytimes.com/2018/05/18/style/jordan-peterson-12-rules-for-life.html.

11 비얼리가 연루된 다른 유사한 사건을 스티븐 헨드릭스는 (테이트와의 협업을 통해) 자세하게 설명했다. 그가 《워싱턴 포스트》에 올린 〈그는 언제나 여성들을 혐오했다 He Always Hated Women〉라는 글이 그것이다.

책 보샴이 자신의 탐사보고서에서 상세히 설명한 것처럼 인셀 커뮤니티 안에 성폭력이 만연한 것을 두고 심각한 의문들이 제기되고 있다. 보샴은 이렇게 기록했다. "인셀과 관련한 가장 간담이 서늘해지는 이야기는 단연 성폭력에 관한 것이다. ......

한 인셀 커뮤니티 이용자는 대중교통에서 환승을 할 때 여성들을 연쇄적으로 공격했다고 주장했다. 그는 '난 항상 그렇게 해. 사정할 때까지 내 음경을 여자들 허리나 엉덩이에 문지르지'라고 썼다. 또 다른 이용자는 사무실에서 자신과 어느 정도 '썸을 타는' 줄 알았으나 알고 보니 남자친구가 있었던 여자를 '벌하기 위해' 그 여자에게 건넨 초코바에 자신의 정액을 넣었다고 썼다. 세 번째 이용자는 '여성들의 몸을 너무나 많이 만져서' 그 횟수가 도합 50~70회에 이를 거라고 추정하기도 했다. 나아가 이제 그 단계를 폭력적 강간으로 높여보고 싶다고 말했다.

이러한 말들이 사실에 얼마나 부합하는지는 알 수 없다. 그러나 빙산의 일각일지라도 남성들이 여성을 대상으로 삼아 공격하고 폭력의 강도를 더 높이도록 자극하는 커뮤니티가 분명 존재한다.", "Our Incel Problem", *Vox*.

12 나는 "공격적 특권의식aggrieved entitlement"이라는 구절을 사회학자 마이클 키멀 Michael Kimmel의 작업에서 가져왔다. 그의 저서 《분노하는 백인 남성들: 한 시대의 종말과 미국 남성성Angry White Men: American Masculinity at the End of an Era》(New York: National Books, 2013)의 18~25쪽과 1장을 보라.

13 책 보샴은 이렇게 썼다.
"백인이 다수를 이루는 국가 출신의 사용자들이 주를 이루긴 하지만, 브레인셀(레딧에 기반한 게시판으로 추후 폐쇄됨)에 글을 올리는 사람들의 인종적 배경은 다양하다. 브레인셀 이용자의 55퍼센트는 백인이며, 포스팅 게시자들은 스스로를 동아시아인, 남아시아인, 흑인, 라티노라고 밝혔다. 인셀스코(레딧을 제외하고 규모가 가장 큰 인셀 사이트)에서 실행한 투표의 결과도 사용자의 연령, 인종, 지리적 위치 등에서 브레인셀과 비슷한 수치를 나타냈다." "Our Incel Problem", *Vox*.

14 이 말은 사건 직후 공개된 로저의 선언문 〈뒤틀린 세상〉에서 가져왔다. 그 복사본은 다음 사이트에서 볼 수 있다. http://s3.documentcloud.org/documents/1173619/rodger-manifesto.pdf.

15 "Timeline of Murder Spree in Isla Vista", CBS News, http://www.cbsnews.com/news/timeline-of-murder-spree-in-isla-vista.

16   로저는 계속해서 이렇게 말했다.

"정말이지 여자들은 정신적으로 이상한 데가 있다. 그들의 이성에 결함이 있다는 걸 이제야 깨달았다. 내가 다니는 대학 캠퍼스가 있는 소도시 아일라비스타는 알면 알 수록 우습지도 않은 일들을 많이 보게 되는 곳이다. 핫하고 예쁜 모든 여자애들은 아주 불쾌한 운동선수 타입의 남자애들과 어울려 다닌다. 이 남자애들은 항상 파티를 하고 미친놈들처럼 군다. 나같이 지적이고 젠틀한 남자에게 달려와야지. 여자들은 잘못된 타입의 남자들에게 성적으로 이끌린다. 이것이 인류사의 초창기부터 시작된 중대 오류이다. 이러한 사실들이 내 머릿속에 떠올랐을 때 나는 대단히 충격을 받았다. 너무나 깊이 충격을 받았고, 기분이 상했다. 그리고 트라우마에 시달렸다." 로저가 단순히 여성에게 실망했다고 말하기보다 트라우마를 입었다고 자주 불평하는 것에 대해 이 장에서 내가 논의한 것을 보라.

17   이 비디오와 〈청소년기 남성의 고난The Plight of the Adolescent Male〉이라는 제목의 영상을 포함해 비얼리가 만든 영상들은 10대 인셀들을 겨냥한 것이다. 유튜브에서 그 영상들을 볼 수 있다. https://www.youtube.com/watch?v=8Ca00hcOND8. 인용된 구절은 내가 직접 받아 적은 것으로, 이 컴필레이션의 1.5~2분 사이에 나온다.

18   앞서 언급한 적이 있는, 오리건주에 위치한 커뮤니티 칼리지에서 살인을 한 인셀 크리스 하퍼-머서도 비슷한 종류의 인종주의적 장광설을 썼다. 거기서 그는 여자친구가 없고 여자와 자본 적도 없는 자신의 상태를 한탄했다.

19   사건 직후 경찰 심문에서 알렉 미나시안은 로저의 화법을 그대로 흉내 내면서 이렇게 말했다. "이따금 여자들에게 화가 날 때가 있었어요. 나같이 젠틀한 남자를 두고 그런 역겨운 놈들과 데이트를 한다는 사실에요." 미나시안은 2013년 할로윈 파티에서 거절당했던 일화를 결정적인 계기로 꼽았다.

"파티 장소에 들어가 몇몇 여자애를 무리와 친해지려고 했어요. 그런데 걔네들이 나를 비웃었고 덩치 큰 놈들의 팔에 팔짱을 끼었죠. …… 굉장히 화가 났어요. …… 왜냐하면 나는 스스로를 항상 '다정다감한 사람'이라고 생각해왔거든요. 여자애들이 그런 역겨운 놈들에게 사랑과 애정을 쏟는 꼴이라니!"

미나시안은 엘리엇 로저를 찬양하며 그를 온라인상에서 만난 적이 있다고 말했다. 그는 로저를 "채드 같은 놈들을 쳐부수고 스테이시 같은 여자들이 인셀과 아이를 낳을 수 있도록" "함께 분노한 인셀들의 운동"을 시작한 "선조"로 칭했다. "인셀"이라는 단어에 내포된 "비자발성"의 함의에 대해 미나시안은 이렇게 말했다. 자기와 같은 인셀들은 "강제로 외로움의 나락에 떨어지고, 동정을 뗄 수도 없다"고 말했다. 이 말들은 다음 유튜브 영상에서 따왔다. https://www.youtube.com/watch?v=S_zSdw1nShk.

20   당시 비얼리를 알고 있던 관계자에 따르면, 소설 원고에 등장하는 인물들은 비얼리의 실제 동급생들이었으며, 이름이 거의 변경되지 않은 채 그대로 썼다고 한다. 이 남성 관계자는 익명을 유지하는 조건으로 "이건 그의 학창 시절 일기와 다름없다"고 《워싱턴 포스트》 기자에게 털어놓았다. (테이트와 협업한) 스티브 헨드릭스의 다음 기사를 보라. "He Always Hated Women", *The Washington Post*.

21 대상화objectification와 여성혐오의 복잡한 상관관계에 대해서는 나의 책 《다운 걸》 3장을 보라.

22 이 점에 대한 상세한 논의는 이 책의 5장을 보라.

23 이런 발언을 인셀 게시판 이용자가 어떤 이유로 여성들을 스토킹하기 시작했는지 밝힌 것과 비교해보라.

"처음에 길을 물으면서 (14세 정도로 보이는) 10대 여자아이에게 접근한 적이 있었다. 이름을 묻자 그 아이는 무서워하면서 가던 길을 가기 시작했다. 나는 그 여자애를 뒤쫓았고, 그러자 그 아이는 뛰기 시작했다. 그 아이의 자세는 특이했다. 갓 태어난 새끼사슴처럼 뛰었다. 계속 뒤를 돌아보며 내가 여전히 자기를 쫓아오는지 살폈다. (여기에서 분명히 말하는데, 나는 강간을 극도로 혐오하고 그 아이를 강간할 의도는 전혀 없었다. 심지어 성추행할 의도도 없었다.)

그 여자아이가 나를 무서워할 이유는 하나도 없었다. 나는 그런 일을 할 생각이 없었다. 그렇지만 여자아이를 쫓기 시작하고 그 아이가 당신이 쫓아오는 걸 알아차리면, 아이는 당신을 따돌리기 위해 속도를 내기 마련이다. 그 느낌이 아주 좋다. 당신이 그 아이에게 중요한 사람이 된 것이다. 당신은 더 이상 군중 속에 섞인 듣보잡이 아니다.

이게 저열한 행위라는 것도 안다. 그렇지만 그렇게 여자를 쫓아다니는 걸 너무나 좋아한다. 다른 도시를 가면, 혼자 걷는 여자를 찾아 그 여자의 뒤를 쫓는다. 어느 정도 시간이 흐르면 그들은 내가 쫓아온다는 걸 눈치챈다. …… 외로운 인셀들이 이 일을 꼭 해보길 추천한다."

"Incel Creepers: It's Fun to Follow 14-Year-Old Girls Down the Street and Scare Them to Death", *We Hunted the Mammoth*, April 20, 2018, http://www.wehuntedthemammoth.com/2018/04/30/incel-creeper-its-fun-to-follow-14-year-old-girls-down-the-street-and-scare-them-to-death.

24 Pace Amia Srinivasan, "Does Anyone Have the Right to Sex?", *London Review of Books*, March 22, 2018, https://www.lrb.co.uk/v40/n06/amia-srinivasan/does-anyone-have-the-right-to-sex.

25 잭 보샴은 에이브Abe와 존John이라는 두 명의 인셀을 인터뷰한 뒤 이렇게 썼다.

"에이브나 존과 같은 사람에게 연민을 느끼지 않을 수 없다. 우리 모두 인생의 어떤 시점에서 누군가에게 거부당하기도 하고, 외로움을 겪기 때문이다. 인셀의 세계가 두려운 이유는 보편적 경험이라는 원료를 난폭한 여성혐오적 분노로 바꿔놓는 데 있다." "Our Incel Problem", *Vox*.

26 인셀이 경험했을 고통에 대해 관심을 기울이는 것은 인셀이 아닌 다른 사람들에게 해악을 끼칠 가능성이 있다. 이는 이 세상과 여성들이 인셀에게 무언가를 해줘야 한다는 권리의식을 정당화한다. 그러나 이러한 태도는 장기적으로 인셀들에게도 도움이 되지 않으며, 결과적으로 그들의 고통을 가중시키고, 악순환을 부추긴다. 인셀이 느끼는 고통은 타인이 자신을 돌보고 위로하며, 자신의 불안을 경감해줄 책임이 있다는 잘못된 의식으로부터 비롯되기 때문이다.

27 Patrick Lohmann, "Bianca Devins: Lies, Scams, Misogyny Explode Online

Before Facts; Grieving Family Debunks Rumors", *Syracuse*, July 15, 2019, https://www.syracuse.com/crime/2019/07/bianca-devins-lies-scams-misogyny-explode-online-before-facts-emerge-grieving-family-debunks-rumors.html.

28 알리아 E. 다스타기어Alia E. Dastagir의 다음 글을 보라. "Bianca Devins' Murder Is 'Not an Instagram Story' Domestic Violence Expert Says", *USA Today*, July 17, 2019. https://www.usatoday.com/story/news/nation/2019/07/17/bianca-devins-death-posted-instagram-thats-not-story/1748601001.

29 뉴욕주에서 1급 살인죄는 몇 가지 특정 조건을 충족하는 사전 모의 살인에만 적용된다. 예를 들어 경찰, 소방관, 판사, 또는 범죄 목격자 등을 살해한 경우나, 대량살상, 흉악범죄 도중 살해, 고문과 같이 잔인무도한 방식으로 살해하는 경우 등이 1급 살인죄 기소 조건에 해당한다.

30 Dastagir, "Bianca Devins' Murder Is 'Not an Instagram Story' Domestic Violence Expert Says".

31 Ibid.

32 Ibid.

33 이에 관한 잘 알려진 통계 수치는 메리 에밀리 오하라Mary Emily O' Hara가 쓴 다음 글을 보라. "Domestic Violence: Nearly Three U.S. Women Killed Every Day by Intimate Partners", NBC News, April 11, 2017, https://www.nbcnews.com/news/us-news/domestic-violence-nearly-three-u-s-women-killed-every-day-n745166.

34 내가 쓴 《다운 걸》의 서론과 4장은 특히 하나의 특권으로서 수치shame와 존속살인 현상에 대해 논하고 있다. 이들은 현재 및 과거의 연인이나 배우자뿐 아니라 (보통 연인이나 배우자를 살해하기 전) 그들의 자녀까지 살해한다. 미국에서는 일주일에 한 번꼴로 이러한 사건이 발생한다. 그러나 존속살인범은 인터넷에서 활동 중인 인셀들보다 덜 조명받고 있다.

35 Dastagir, "Bianca Devins' Murder Is 'Not an Instagram Story' Domestic Violence Expert Says".

3장 | 가해자 감싸기: 강간 사건과 힘패시

1 이어지는 일화는 〈프로퍼블리카ProPublica〉의 버니스 영Bernice Yeung과 〈뉴지Newsy〉의 마크 그린블랫Mark Greenblat과 마크 파헤이Mark Fahey가 《리빌》지의 팟캐스트와 공동 작업한 증언록과 탐사보고 모음집에 상당 부분 기초해 작성되었다. 자세한 내용은 다음을 보라. "Case Cleared: Part 2", *Reveal*, November 17, 2018, https://www.revealnews.org/episodes/case-cleared-part-2.

2 그러나 미네소타주에서는 강간범이 피해자와 "현재 지속 중인 자발적 관계"를 맺고 있는 강간이 사건 당시 (강간에 관한 법규가 아니라) 여전히 다른 법규에 따라 기소

되었다는 점에 주목해야 할 것이다. 그 때문에 "자발적 관계 변호"라는 명목으로 사실혼 예외 조항이 성립하게 되었다. 즉 이혼 결정이 수리 중일 때 전남편에 의해 강간을 당해도 강간죄가 성립하지 않는 것이다. 가해자는 바로 옆에 네 살짜리 자녀가 자고 있었음에도 강간 영상을 촬영했다. 그는 "사생활 침해죄"로 45일 구류형을 선고받았다. 다행히도 이 법규는 대중의 강력한 규탄으로 2019년 5월 기각되었다. 자세한 내용은 아미르 베라Amir Vera가 쓴 다음 글을 보라. "Marital Rape Is No Longer Legal in Minnesota with New Law", CNN, May 3, 2019, https://www.cnn.com/2019/05/03/us/minnesota-marital-rape-repeal/index.html.

3   장애와 성폭력의 교차점을 드러내는 또 다른 사건으로는 의식 불명 상태로 요양원에서 강간을 당하고 임신해 출산까지 하게 된 미국 원주민 여성의 사례를 들 수 있다. 해당 사건은 장애와 인종의 교차점 또한 보여준다. Amanda Sakuma, "A Woman in a Vegetative State Suddenly Gave Birth. Her Alleged Assault Is a #MeToo Wake-Up Call", *Vox*, January 7, 2019, https://www.vox.com/2019/1/7/18171012/arizona-woman-birth-coma-sexual-assault-metoo.

4   이러한 경향성을 설명하는 데 도움이 되는 심리적 기제가 있다. 한 연구에 따르면, 어떤 사람이 A라는 사람이 겪은 불운한 일을 듣고 그에게 공감을 하게 되면, A와 경쟁 관계에 있는 라이벌 B에게 강력한 적대감을 갖게 된다고 한다. 심리학자들은 A에게 공감할 법한 어떤 이야기를 듣지 못한 피험자들보다 A에 대한 이야기를 듣고 그에게 공감하게 된 피험자들이 B에게 더욱더 공격성을 보인다고 밝혔다. 이러한 실험 결과를 통해 B가 A에게 아무런 잘못도 하지 않았거나, A만큼이나 공감받을 만한 일화가 B에게도 있고, B를 처벌하는 것이 A에게 득이 되지 않음에도 B가 이러한 공격의 대상이 되었다는 사실에 주목해야 한다. 이와 관련하여 폴 블룸Paul Bloom의 다음 글을 보라. "The Dark Side of Empathy", *The Atlantic*, September 25, 2015, https://www.theatlantic.com/science/archive/2015/09/the-violence-of-empathy/407155. 원래의 연구로는 애너케 E. K. 버폰Anneke E. K. Buffone과 마이클 J. 풀린Michael J. Pouline의 다음 논문을 보라. "Empathy, Target Distress, and Neurohormone Genes Interact to Predict Aggression for Others—Even Without Provocation", *Personality and Social Psychology Bulletin* 40, no. 11, 2014, pp.1406-1422.

5   이 범죄는 2015년 1월에 벌어졌으며, 그에 대한 재판은 2016년 3월에 진행되었다. 감동적인 피해 결과 진술은 밀러를 꽤 오랫동안 '익명의 에밀리'로 알려지도록 했다. 이 책이 제작되기 직전에 밀러는 범상치 않은 회고록《당신은 내 이름을 알고 있어야 한다Know My Name》를 출판했다. 그 책에서 밀러는 자신이 겪은 성폭력과 그 이후의 일들을 회고했다. 밀러의 책에는 엘리엇 로저 사건과의 소름끼치는 우연에 대해서도 기술한다. 밀러는 엘리엇 로저가 UCSB의 소로리티 하우스를 공격할 때 그 대학에 재학 중이었고, 이 사건으로 인해 심리적으로 크게 동요되었다고 회고한다. "여섯 명의 학우들이 그 일로 목숨을 잃었다. 로저의 자살은 일곱 번째 죽음이었다.

나는 여기서 피해자들의 이름을 밝히지 않을 것이다. 이름은 성스러운 것이고, 그들의 이름이 로저가 한 일과 연관되길 바라지 않는다." Chanel Miller, *Know My Name*, New York: Viking, 2019, p.89.

밀러의 글은 내가 이러한 성폭력 사건에 대해 처음부터 가졌던 생각들을 일목요연하게 정리할 수 있도록 해주었다. 그리고 나 역시 (밀러와 같은 이유로) 이 책에 피해자들의 이름을 나열하지 않기로 결심했다.

6 나는 《다운 걸》에서 이에 대해 논했다. 그리고 이 책 6장에서 '힘패시'라는 개념을 다룰 때도 이와 비슷한 논의를 전개했다. 밀러의 회고록을 통해 밀러가 중국계 미국인이라는 중요한 사실이 알려지자, 백인으로서 터너의 지위와 그로 인한 상대적 특권이 이런 결과에 상당한 영향을 끼쳤다.

7 말콤 글레드웰Malcolm Gladwell이 자신의 최신작에서 이 사건에 대해 분석한 것을 보라.

"젊은 남녀가 파티에서 만났다. 비극적이게도 그들은 서로의 의도를 잘못 이해했고, 술에 취해 있었다. …… 그런데 전체 사건이 '익명의 에밀리'가 당시 얼마나 취해 있었는지에만 초점을 맞추고 있다.

이러한 종류의 사건에서 당사자들이 어떻게 성적 접촉을 했는지 재구성하기란 쉽지 않다. 양쪽 당사자 모두 동의했는가? 한쪽이 거절하고, 다른 한쪽은 그러한 거절을 무시했는가? 애초에 서로의 의도를 오해했는가? ……

일반인 대 브록 터너 판례 덕분에 '익명의 에밀리'에 대한 정의가 어느 정도 집행되었을 것이다. 그러나 알코올 성분이 애초에 타인이었던 두 사람이 교류하는 방식에 어떤 영향을 미쳤는지 조명하지 않는 한, 그날 밤 카파 알파 하우스에서 벌어졌던 일은 계속해서 반복될 것이다. 또다시." Malcolm Gladwell , *Talking to Strangers*, New York: Little Brown, 2019, chapter 8.

그러나 샤넬 밀러가 〈60분〉이라는 시사 프로그램에서 적확하고도 간명하게 지적한 것처럼 "강간은 술을 마신 행위에 내려지는 처벌이 아니다." 더 자세한 내용은 빌 휘태커Bill Whitaker의 〈60분〉 인터뷰 전문을 보라. "Know My Name: Author and Sexual Assault Survivor Chanel Miller's Full 60 Minutes Interview", CBS News, September 22, 2019, https://www.cbsnews.com/news/chanel-miller-full-60-minutes-interview-know-my-name-author-brock-turner-sexual-assault-survivor-2019-09-22.

8 Miller, *Know My Name*, p.285.

9 Gabriella Paiella, "Report: Brock Turner Creeped Out Members of the Stanford Women's Swim Team", *The Cut*, June 16, 2016, https://www.thecut.com/2016/06/report-brock-turner-creeped-women-out.html.

10 Miller, *Know My Name*, p.284.

11 Sam Levin, "Stanford Sexual Assault: Read the Full Text of the Judge's Controversial Decision", *The Guardian*, June 14, 2016, https://www.theguardian.com/us-news/2016/jun/14/stanford-sexual-assault-read-sentence-judge-aaron-persky.

12 ABC 방송사는 실제로 헤드라인을 변경했다. 이에 관해서는 돈테 깁슨Donte Gibson
    의 다음 글을 보라. "Maryland Teen Demanded That ABC News Change
    Its Maryland School Shooter Headline", A Plus, March 26, 2018, https://
    articles.aplus.com/a/great-mills-high-school-shooting-lovesick-teen-
    headline.

13 Olly Hennessy-Fiske, Matt Pearce, and Jenny Jarvie, "Must Reads:
    Texas School Shooter Killed Girl Who Turned Down His Advances and
    Embarrassed Him in Class, Her Mother Says", *The Los Angeles Times*,
    May 19, 2018, https://www.latimes.com/nation/la-na-texas-shooter-
    20180519-story.html.

14 Ibid.

15 Ibid.

16 SNS상에서 강력한 분노가 표출되자 문제의 헤드라인은 〈리그 선수였던 아버지가
    방화한 차량에서 아이들이 죽고 난 지 몇 시간 후 부인도 살해되다Wife Dies Hours
    After Her Children Were Killed in Car Inferno Lit by League Player Father〉로 수정되었
    다. *Fox Sports Australia*, February 19, 2020, https://www.foxsports.com.
    au/nrl/nrl-premiership/teams/warriors/exnrl-star-rowan-baxter-dies-
    alongside-three-kids-in-brisbane-car-fire-tragedy/news-story/e1b715cb
    015ff853a4c8ccf115637e30.

17 Kelsey Wilkey, "From Trips to the Beach to Loving Bedtime Stories: How an
    Ex-Footy Star Portrayed Himself as a Loving Dad Who Would Do Anything
    for his Three Kids—Before Killing Them All in Car Fire Horror", *Daily Mail*,
    February 18, 2020, https://www.dailymail.co.uk/news/article-8018989/
    Rowan-Baxter-died-three-children-car-set-alight-Brisbane.html.

18 https://twitter.com/thebettinaarndt/status/1230623373232787456?lang
    =en.

19 아른트의 트위터 프로필 창에는 "한때 섹스가 터부시된 적이 있었지만, 이제 섹스는
    남성들의 이슈입니다. 남성 권익을 옹호함으로써 양성평등을 실현할 수 있도록
    도와주세요. #MenToo"라고 쓰여 있다. https://twitter.com/thebettinaarndt.
    그렇다. 어떤 남성들에게는 섹스가 중요한 문제일 수도 있겠다. 아른트는 보이스카
    우트에 속한 남자아이들을 성추행한 단장을 "좋은 놈"이라며 공식적으로 옹호한 적
    이 있다. 그리고 "그토록 사소한 학대 정도로 (피해자가) 대단한 영향을 받는 경우는
    드물다"라고 덧붙였다. 이 사건과 관련해서는 사만사 메이든Samantha Maiden의 다
    음 글을 보라. "Independent Board to Consider Rescinding Bettina Arndt's
    Order of Australia Honour", *The New Daily*, February 24, 2020, https://
    thenewdaily.com.au/news/national/2020/02/24/bettina-arndt-david-
    hurley. 이 글은 또한 아른트의 훈장을 반납시키려는 이후 시도들에 대해서도 자세
    히 다루었다.

20 가족 살해범에 관해서는 2장의 맨 마지막 주석을 보라.

21 구속에 반드시 기소가 수반되는 것은 아니라는 점에 주목해야 한다. 미네소타주에 서는 구속되지 않고 기소되는 경우도 있다.

22 '상당한 근거'의 사전적 정의는 "합리적 수준의 의심"으로, 이는 "조심스럽고 신중한 주체가 충분한 정황적 증거를 가지고 특정 사실이 참일 수도 있다고 판단할 수 있을 때" 내릴 수 있는 판단이다. 반면 '합리적 의심을 넘어서는 증거'란 기소 과정에서 제 시된 명제가 참임을 합리적 개인이 보기에 의심할 여지가 전혀 없을 때까지 증명해 야 하는 것을 뜻한다. 관련하여 다음 내용을 보라. https://www.lawfirms.com/ resources/criminal-defense/defendants-rights/defining-probable-cause. htm.

23 (레이 플로렉이 살았던) 이타스카 카운티는 지난 5년간 40명이 넘는 강간 용의자 를 기소했다. 이러한 강간 사건은 대부분 아동 피해자를 대상으로 한다. 성인을 대 상으로 하는 극소수의 범죄 사건을 제외하면 용의자는 폭력과 명백한 강압을 사용 한다. 이타스카 지방 검사들은 기소된 170건의 성범죄 중 60퍼센트의 사건을 법률 집행으로 기각했다.

24 "Case Cleared: Part 1", *Reveal*, November 10, 2018, https://www. revealnews.org/episodes/case-cleared-part-1. 또한 마크 파헤이의 다음 글 도 보라. "How We Analyzed Rape Clearance Rates", ProPublica, November 15, 2018, https://www.propublica.org/article/how-we-analyzed-rape-clearance-rates.

25 좀 더 정확히 말하면 이렇다.

FBI의 경찰 범죄 보고서Uniform Crime Reporting, UCR 프로그램을 보면, 공권력이 사건을 해결하거나 '종료'할 수 있는 방법은 두 가지다. 가해자를 구속하거나 예외적 허가를 통해서다.

예외적 허가를 통한 사건 종료

어떤 경우에서는 공권력의 행정력을 벗어난 요인들이 범죄자를 구속하거나 공식 기 소하지 못하도록 방해한다. 이러한 일이 발생하면, 공권력은 '예외적으로' 사건을 종 료할 수 있다. 다음 네 가지 요건이 모두 충족될 때 사건을 종료시킬 수 있다.

• 가해자의 신원이 확보되었음.

• 가해자를 구속하고 기소하여 검찰에 넘길 수 있는 충분한 증거가 수집되었음.

• 가해자의 소재를 파악하여 용의자를 즉각 구류할 수 있음.

• 가해자를 체포, 고발, 기소할 수 없는(법 집행이 불가한) 예외적 상황이어야 함.

예외적 허가는 가해자가 사망한 경우(자살했거나 경찰 혹은 시민에 의해 정당하게 사망에 이르게 된 경우)에 적용될 수 있지만, 그 외의 상황에도 적용될 수 있다. 즉 가해자의 신원이 파악된 이후 피해자가 기소에 협조하지 않은 경우, 또는 가해자가 다른 사법관할 지역에서 범죄를 저질렀거나, 해당 범죄로 인해 이미 그 사법관할 지 역에서 기소되어 (가해자) 인도가 불가능한 경우에 예외적 허가가 적용된다. UCR 프로그램상에서는 재산이 복구된 것만으로는 가해 사실이 삭제되지 않는다.

다음의 2017년도 FBI 보고서를 보라. "2017: Crime in the United Stated", https://ucr.fbi.gov/crime-in-the-u.s/2017/crime-in-the-u.s.-2017/topicpages/clearances.

26 피해자가 피해 사실을 밝힌 강간 사건이라 할지라도 이후 수사에 협조를 하지 않는 경우가 있다는 사실에 주목할 필요가 있다. 그러나 이것이 이어지는 경찰 수사와 기소를 방해해서는 안 된다. 톰 맥데빗이 기자들에게 말했듯, 경찰은 예컨대 용의자를 직접 심문할 뿐 아니라, (이러한 범죄의 특성상 용의자가 심문 중 직접 자백하는 경우는 드물기 때문에) 용의자의 컴퓨터와 핸드폰을 수색할 수 있다. 또한 경찰은 피해자의 신뢰를 얻고 피해자가 사건 수사에 협조할 수 있도록 더 애써야 한다. 강간 범죄를 기소할 때, 그 과정에 피해자가 반드시 참여해야 하는 것은 아니다. (증언 부담 및 가해자를 마주해야 한다는 사실 때문에) 피해자들이 고발과 기소를 꺼리는 경우와 (피해자의 법정 증언에 기대지 않는) 이른바 증거 기반의 사건 해결 방식을 대조해보라. 예를 들어, 교살 미수 사건에 대해서는 나의 전작 《다운 걸》 서문에서 논의한 바 있다.

27 이러한 수치를 밝힌 대표적 연구로는 다음을 보라. Marc Riedel and John G. Boulahanis, "Homicides Exceptionally Cleared and Cleared by Arrest: An Exploratory Study of Police/Prosecutor Outcomes", *Homicide Studies* 11, no. 2, 2007, pp.151-164, and John P. Jarvis and Wendy C. Regoeczi, "Homicides Clearances: An Analysis of Arrest Versus Exceptional Outcomes", *Homicide Studies* 13, no. 2, 2009, pp.174-188.

이 일이 일어난 후 《워싱턴 포스트》가 수집한 데이터를 보면, 2007년부터 2017년까지 미국 내 55개 주요 도시에서 발생한 살인 사건의 경우 예외적 허가가 적용된 비율이 평균 10퍼센트임을 알 수 있다. 이와 관련하여 댄 비어Dan Bier의 다음 글을 보라. "Why Are Unsolved Murders on the Rise?", Freethink, October 18, 2018, https://www.freethink.com/articles/why-don-t-we-solve-murder-anymore.

28 이 사건의 경우 경찰이 피해자의 강간 검사 키트에서 DNA 증거를 확보하지 못했다고 말한 것에 주목해야 한다. 그러나 이 피해자가 고발한 남성은 모든 피해 여성들이 동일하게 지목한 사람이었고, 그 남성 스스로도 그날 밤 피해 여성들과 섹스를 했다고 인정했다. (그는 그것이 모두 동의에 기반한 섹스였다고 진술했다.) 이러한 사실은 이후 기소가 진행되는 것을 결코 방해하지 않는다. 특히 최초의 검사에서 이러한 성적 접촉이 폭력적이었다는 증거가 확보된 것을 염두에 두면 더욱 그렇다. "Case Cleared: Part 1"을 보라.

29 Nacny Kaffer, "Kaffer: 8 Years into Tests of Abandoned Rape Kits, Worthy Works for Justice", *Detroit Free Press*, December 17, 2017, https://www.freep.com/story/opinion/columnists/nancy-kaffer/2017/12/17/rape-kit-detroit/953083001.

30 Ibid.

31 성범죄를 저지르는 경찰이 마땅한 처벌을 받지 않고 빠져나가는 일이 잦다는 것을 생각해보라. 이에 대해서는 조너선 블랭크스Jonathan Blanks의 다음 글을 보라. "The Police Who Prey on Victims", *Democracy Journal*, November 1, 2017,

https://democracyjournal.org/arguments/the-police-who-prey-on-victims. 또한 관련 논의를 위해서는 《다운 걸》의 6장을 살펴볼 필요가 있다.

32 Eliza Relman, "The 24 Women Who Have Accused Trump of Sexual assault", Business Insider, June 21, 2019, https://www.businessinsider.com/women-accused-trump-sexual-misconduct-list-2017-12.

33 엡스타인은 세 가지 죄목을 적용받아 플로리다 팜 비치 카운티 형무소 사설동에서 지금까지 13개월 형을 살고 있다. 그는 일주일에 6일, 하루에 12시간가량 노동 석방work release을 받아 자신의 편한 사무실에 머물 수 있다. 원래 사법관할 지역 내에서는 성범죄자의 노동 석방이 허용되지 않는데, 이런 관행이 지켜지지 않은 경우이다. 이는 엡스타인이 2008년 당시 마이애미에 지방 검사로 있던 알렉산더 아코스타Alexander Acosta와 형량 조정을 했기 때문이다. 이후 아코스타는 트럼프 행정부의 노동부 장관으로 임명되었다. 2008년의 불기소 처분은 "모든 잠재적 범죄 공모자들"에게까지 면책 특권을 부여했고, 심지어 30명의 피해자들에게 형량 조정 사실을 숨겼다. 그 피해자들 상당수는 엡스타인에게 내려진 충격적일 정도로 관대한 양형에 대해 최근까지 아무것도 알지 못했다. 아코스타가 특정 피해자들(엡스타인이 성적 학대로 기소되었을 당시 가장 어린 피해자는 16세였고, 대부분의 피해자들은 그보다 훨씬 어렸다고 한다)을 선별한 덕분에, 엡스타인은 자신의 거주지가 있는 플로리다주에서 성범죄자로 등록되는 것을 피할 수 있었다.

줄리 K. 브라운Julie K. Brown 기자가 예리하게 파고들지 않았더라면, 엡스타인은 이런 최소한의 대가만 치르고 법망을 빠져나갈 수 있었을 것이다. 결국 엡스타인은 2019년 7월 성매매와 인신매매 혐의로 구속되었다. 그는 2019년 8월 감옥에서 자살했다. 티파니 수Tiffany Hsu의 다음 글을 보라. "The Jeffrey Epstein Case Was Cold, Until a *Miami Herald* Reporter Got Accusers to Talk", *The New York Times*, July 9, 2019, https://www.nytimes.com/201907/09/business/media/miami-herald-epstein.html.

34 Jennifer Peltz, "Over 1,000 Arrests Nationwide After Authorities Test Backlogged Rape Kits", *HuffPost*, March 13, 2019, https://www.huffpost.com/entry/new-york-feds-join-to-get-100k-rape-kits-tested-around-us_n_5c88f54fe4b0fbd7661f8840?ncid=engmodushpmg00000006,

35 나는 교도소 철폐 운동에 참여하진 않지만, 그 주장에는 공감한다. 그러나 이것은 별개의 문제이며, 여기서 그 문제를 다루지는 않겠다.

36 Andrew Van Dam, "Less Than 1% of Rapes Lead to Felony Convictions. At Least 89% of Victims Face Emotional and Physical Consequences", *The Washington Post*, October 6, 2018, https://www.washingtonpost.com/business/2018/10/06/less-than-percent-rapes-lead-felony-convictions-least-percent-victims-face-emotional-physical-consequences. 강간 피해를 당한 여성이 직접 강간과 그 여파에 대해 쓴 기록으로는 철학자 수전 J. 브리슨Susan J. Brison의 책 《그 이후: 폭력 그리고 자기 자신을 다시 형성하기Aftermath: Violence and the Remaking of a Self》(Princeton: Princeton University Press,

남성 특권

2002)를 보라.

37 RAINN, "The Criminal Justice System: Statistics", https://www.rainn.org/statistics/criminal-justice-system.

38 이 섹션에서 나는 〈데일리 누스The Daily Nous〉의 그룹 블로그 포스트에 게재된 나의 글들을 활용했다. 이 블로그 포스트는 저스틴 윈버그Justin Weinberg가 기획한 것이다. "Philosophers on the Art of Morally Troubling Artists", November 21, 2017, http://dailynous.com/2017/11/21/philosophers-art-morally-troubling-artists.

39 Roxane Gay, *Hunger: A Memoir of (My) Body*, New York: Harper Collins, 2017, p.44(록산 게이, 《헝거》, 노지양 옮김, 사이행성, 2018).

40 Tara Culp-Ressler, " Five Takeaways from a New National Study on U.S. Teens and Sexual Violence", Think Progress, 2013, https://thinkprogress.org/five-important-takeaways-from-a-new-national-study-on-u-s-teens-and-sexual-violence-9d454f54cea1.

41 예를 들어 2009년 12월 데이비드 핀켈러David Finkelhor, 리처드 옴러드Richard Ormrod, 마크 셰핀Mark Chaffin이 미성년자 사법제도와 범죄예방센터Office of Juvenile Justice and Delinquency Prevention의 기관지에 실은 글 〈소수자를 대상으로 성범죄를 저지른 미성년Juveniles Who Commit Sex Offenses Against Minors〉을 보라. https://www.ncjrs.gov/pdffiles1/ojjdp/227763.pdf.

42 진술에 관한 불의, (여성) 침묵시키기, 진술 억압에 관한 논의는 이 책 5장과 8장을 보라.

43 T. Christian Miller and Ken Armstrong, "Unbelievable Story", ProPublica, December 16, 2015, https://www.propublica.org/article/false-rape-accusations-an-unbelievable-story. 이 사건은 추후 TV 연작 드라마 〈언빌리버블Unvelievable〉로 제작되었다(한국 넷플릭스에서도 시청이 가능하다).

44 이브라임의 어머니 샌드라 앨런Sandra Allen은 이렇게 말했다.
"우리는 라일라가 당한 성폭력을 경찰에 신고한 후 며칠이 지나서야 경찰이 (라일라를) 조사하기 시작했다는 것을 알았어요. …… 경찰은 피해자의 진술을 신뢰할 거라고 말했지만, 처음부터 나는 경찰이 라일라의 진술을 토대로 수사하는 일은 없을 거라고 생각했어요. 나는 죽는 날까지 라일라의 무죄를 위해 싸울 거예요. 라일라가 겪은 일은 진저리가 날 정도로 참혹합니다. 성폭력을 당하던 날 밤에는 물론 지금도 감옥에서 고통을 겪고 있습니다."
이브라임의 변호사 나이절 리처드슨Nigel Richardson은 이렇게 덧붙였다.
"이러한 사건들은 경찰과 CPS(Crown Prosecution Service, 왕립 기소 전담반)가 특별히 더 열의를 갖고 추적해야 합니다. 경찰에게 거짓말을 하거나 마치 직접 목격한 것처럼 증언하는 경우는 심각하게 처벌되어야 해요. 한 여성이 성폭력의 피해자에서 범죄 용의자가 되었습니다. 게다가 그 당사자 여성은 자신이 용의자가 된 사실도 모르고 있었죠."
샌드라 라빌Sandra Laville의 다음 기사를 보라. "109 Women Prosecuted

for False Rape Claims in Five Years", *The Guardian*, December 1, 2014, https://www.theguardian.com/law/2014/dec/01/109-women-prosecuted-false-rape-allegations.

45 리처드 애클랜드Richard Ackland는 《가디언》에 다음과 같은 글을 썼다.

"판사는 언제나 출원인의 증거를 선호하게 되어 있다. (러시의 증인이었던) 암필드는 그 어떤 부적절한 행동도 목격하지 못했다고 했고, 버데이 역시 아무것도 목격하지 못했다고 증언했다. 고소 내용의 일부는 윈터에게 전달되지 않았다. 제출된 증거 중 노빌이 진술한 것으로 알려진 것들은 애초 노빌이 준비한 진술과 일치하지 않았다. 게다가 노빌은 러시가 이른바 '부적절한' 행위를 한 후에도 러시에게 친근한 인사말과 문자 메시지를 보냈다.

판결문은 상황이 왜 이렇게 돌아가는지 충분히 고려하지 않았고, 러시와 그의 주요 증인 세 명이 얼마나 친한지에 대해 법리적으로 확인하지 않았다. 이는 판결문을 작성할 때 고려되고, 신중하게 위중이 가려졌어야 할 사안이다.

노빌이 연극 〈리어왕〉에 참여하는 동안 불행하다고 느끼면서도 러시처럼 중요한 배우와 일적으로 좋은 관계를 유지하고자 했을 가능성 역시 너무나 크다. 이 점은 재판에서 충분히 다뤄지지 않았다.

노빌은 네빈에게 러시가 자신을 추행한다는 사실을 털어놓은 적이 있다는 증거를 제출했다. 노빌에 따르면, 그때 네빈은 "러시가 더 이상 그런 짓을 해선 안 된다고 생각한다"고 말했다. 그러나 (판사는) 노빌이 자신의 근심을 네빈에게 털어놓았다는 사실을 기각했다.

그는 러시가 고의적으로 노빌의 오른쪽 가슴을 만졌다는 고소 내용을 기각하며 이렇게 말했다. '이 어려운 장면에서 요구되는 연기를 하기 위해 집중하는 와중에 어떻게 고의로 노빌 양의 가슴을 만지는 천박한 짓을 할 수 있겠습니까?'

신음하는 듯한 이모지를 통해 '사회적으로 부적절한 생각'을 표현한다는 주장도 효력을 발휘하지 못했다. 많은 사람들은 이 이모지가 나이 많은 남성이 자신보다 어린 여성들을 생각하며 '침을 흘리는' 것을 뜻한다고 여길 것이다. 그러나 위그니Wigney 판사는 전혀 다른 결론에 도달했다. 위그니 판사는 그건 러시가 한 농담에 불과하고, 노빌이 연기하는 극이 초연되는 밤에 참석하지 못하는 것을 미안해하는 뜻의 이모지라고 해석했다.

러시가 '노골적으로 들이밀었다'는 것은 인정되지 않았다."

Richard Ackland, "The Geoffrey Rush Trial Shows Defamation Can Make Victims Become Victims All Over Again", *The Guardian*, April 17, 2019, https://www.theguardian.com/commentisfree/2019/apr/18/the-geoffrey-rush-trial-shows-defamation-can-make-victims-become-victims-all-over-again.

46 노빌의 고소를 밀착 취재한 《데일리 텔레그래프The Daily Telegraph》에 따르면, 처음에 러시는 호주 달러로 85만 달러를 손해배상금으로 받았다고 한다. 이후 그가 받은 훨씬 많은 배상금에 대한 취재는 클라리사 시벡-몬테피오레Clarissa Sebag-Montefiore의 2019년 5월 23일 《뉴욕 타임스》 기사 〈제프리 러시, 명예훼손 판

결로 200만 달러를 받다Geoffrey Rush Awarded $2 Million in Defamation Case, a Record for Australia》를 보라. https://www.nytimes.com/2019/05/23/world/australia/geoffrey-rush-defamation.html.

47 Nicole Pasulika, "How 4 Gay Black Women Fought Back Agaisnt Sexual Harrassment—and Landed in Jail", *Code Switch*, NPR, June 30, 2015, https://www.nytimes.com/2019/05/23/world/australia/geoffrey-rush-defamation.html.

48 이 책의 여러 주제를 언급하며 말했던 것처럼, 나는 논바이너리인 이들도 이와 비슷하거나 아니면 더 나쁜 상황과 맞닥뜨릴 거라고 확신한다.

49 다수의 강간범들의 동기는 '복수심'이 아니기 때문에 훨씬 더 정확한 용어는 "동의에 기초하지 않은 (성관계를 찍은) 포르노물nonconsensual pornography"일 듯하다. 또한 어떤 경우든 간에 강간범들의 동기는 중요한 것이 아니다. 이러한 현상의 젠더화된 특성과 법적 영향에 대한 주목할 만한 논의로는 대니얼 키츠 시트론Danielle Keats Citron이 쓴 《사이버 공간에서의 혐오범죄Hate Crimes in Cyberspace》(Cambridge, Mass: Harvard University)를 보라.

4장 | 달갑지 않은 섹스: '동의'라는 함정

1 Kristen Roupenian, "Cat Person", *The New Yorker*, December 4, 2017, https://www.newyorker.com/magazine/2017/12/11/cat-person.

2 Bari Weiss, "Aziz Ansari Is Guilty. Of Not Being a Mind Reader", *The New York Times*, January 15, 2018, https://www.nytimes.com/2018/01/15/opinion/azia-ansari-babe-sexual-harassment.html.

3 Kaite Way, "I Went on a Date with Aziz Ansari. It Turned into the Worst Night of My Life", Babe, January 13, 2018, https://babe.net/2018/01/13/aziz-ansari-28355.

4 TV 드라마 〈필라델피아는 언제나 맑음It's Always Sunny in Philadelphia〉의 ('그 남자들이 보트를 사다The Boys Buy a Boat' 편에 등장한) 악명 높은 장면과 비교해보라. 이 장면에서 한 남성은 배에서 여성들에게 섹스를 하자고 설득하는 일이 더 쉬울 거라고 친구에게 말한다. 배 위에서 거절할 경우 여성들이 죽음을 당해 바다에 던져질 것이라는 암시 때문에 그렇다는 것이다. 이 남성은 여성을 해할 의도를 갖고 있지 않지만, 그런 '암시'를 통해 득을 보고자 했던 것이다.

5 Jennifer Van Evra, "Sarah Silverman's Response to a Twitter Troll Is a Master Class in Compassion", CBC, January 3, 2018, https://www.cbc.ca/radio/q/blog/sarah-silverman-s-response-to-a-twitter-troll-is-a-master-class-in-compassion-1.4471337.

6 Caitlin Flanagan, "The Humiliation of Aziz Ansari", *The Atlantic*, January 14, 2018, https://www.theatlantic.com/entertainment/archive/2018/01/

the-humiliation-of-aziz-ansari/550541.

7 아지즈 안사리가 "현대의 로맨스"에 관한 민감한 촌평들로 명성을 얻었던 걸 감안하면 이 일이 위선적이라는 것은 말할 필요도 없다. "현대의 로맨스"는 안사리가 2015년에 낸 책의 제목이며, 그가 연출하고 주연을 맡은 2015년 넷플릭스 TV 드라마 〈마스터 오브 제로〉의 중심 주제이기도 하다.

8 Daniel Holloway, "Netflix Wants Aziz Ansari's *Master of None* to Return for Season 3, Originals Chief Says", *Variety*, July 29, 2018, https://variety.com/2018/tv/news/netflix-aziz-ansari-master-of-none-1202889434.

9 Stanley Milgram, *Obedience to Authority: An Experiemental View*, New York: Harper & Row, 1974(스탠리 밀그램, 《권위에 대한 복종》, 정태연 옮김, 에코리브르, 2009).

10 Ibid., p.6.

11 Matthew Hollander, "The Repertoire of Resistance: Non-Compliance with Directives in Milgram's 'Obediance' Experiments", *British Journal of Social Psychology* 54, no. 3, 2015, pp.425-444.

12 Milgram, *Obedience to Authority*, p.9.

13 Ibid., p.6.

14 이 수치에서 원래의 조건에 변화를 주자, 복종률은 약간 감소했지만 여전히 상당했다. 예를 들어, 실험 기획자가 코네티컷주의 음침한 지하실에서 이 실험이 어떤 유명 대학과도 연계되지 않았다는 것을 보여주는 등으로 실험에 변수를 가했다. 밀그램은 여러 다른 조건들을 추가했다. 추가된 변수들은 실험 결과에 상당한 영향을 미쳤다. 이를테면, 실험 고안자가 지시 사항을 전화로 전달할 경우(복종률은 현저히 감소했고), 두 명의 실험 기획자가 서로 논쟁을 벌이는 경우(복종률이 극적으로 감소했다). 같은 책 6장과 8장을 보라. 또 다른 흥미로운 조건은 실험 기획자의 성별에 변화를 주는 경우, 즉 여성 리더로 바꾸는 것이었다. 그러나 내가 아는 한 그런 변수가 실제로 실험에 적용되지는 않았다.

15 Milgram, *Obedience to Authority*, p.21.

16 네 번째 지시 사항을 받은 피험자들이 그곳을 빠져나가던 중이었을 가능성도 있다. 그렇지만 이 책에 나온 해석은 사회심리학 분야의 다른 실험 결과와 일치한다. 예컨대, 버스 정류장에서 낯선 사람이 버스 요금을 부탁할 때, "제 청을 들어주셔도, 거절하셔도 됩니다"라는 말을 듣는 경우 원래 버스 요금의 두 배를 준다는 보고가 있다. Christopher Carpenter, "A Meta-Analysis of the Effectiveness of the 'But You Are Free' Compliance-Gaining Technique", *Communication Studies* 64, no. 1, 2013, pp.6-17.

17 사회심리학 분야에서 나온 결과에 대한 논의 전반은 밀그램 실험을 포함하지만, 그것만으로 설명되지 않는다. 존 사비니John Sabini와 모리 실버Maury Silver가 쓴 논문의 한 구절을 보자.

"사람들이 놀라울 만큼 도덕적이지 못한 방식으로 행동하는 것에 관해 사회심리학이 연구한 것들에는 한 가지 공통점이 있다. 세계에 대한 사람들의 이해, 그러니까

…… 복종 실험의 경우 도덕적 세계에 대한 사람들의 이해는 …… 다른 사람들이 세계를 어떻게 인식하고 있는지에 크게 좌우되었다. 말리는 이가 아무도 없을 때, 사람은 결국 총구를 겨누게 된다는 데는 의심의 여지가 없다. 그러나 (자신을 지지해주는 사람 없이) 다른 사람들의 의견과 상반된 행동을 하기는 어렵다.

결국 사람들은 대다수의 생각에 반하여 자신이 옳다고 생각하는 대로 행동할 때 난처함을 느낀다는 것을 알 수 있다. 즉 그런 상황에서 자신의 뜻대로 행동해야 할 때 혼란을 느끼고, 곤경에 빠지지 않기 위해 자신의 행동을 조심하게 된다. 이것이 바로 사회심리학 연구에서 도출 가능한 교훈이라고 할 수 있다. 또한 사람들이 곤혹스러운 상황에 처할지도 모른다는 잠재적 두려움을 스스로 인지하지 못하는 것이 행동의 동기로 작용한다고 볼 수 있다." John Sabini and Maury Silver, "Lack of Character? Situationism Critiqued", *Ethics* 115, no. 3, 2005, p.559

18 "Harvey Weinstein: Full Transcript of the 'Horrifying' Exchange with Ambra Gutierrez", ABC News, October 10, 2017, https://www.abc.net.au/Transcript of the harvey-weinstein-full-transcript-of-audio-with-ambra-gutierrez/9037268.

19 2017년 10월 10일 《뉴요커》에 실린 로난 팰로우Ronan Fallow의 글 〈성폭력으로 가는 폭력적 서곡: 하비 와인스틴의 고소인들이 입을 열다From Aggressive Overtures to Sexual Assault: Harvey Weinstein's Accusers Tell Their Stories〉를 보라. https://www.newyorker.com/news/news-desk/from-aggresive-overtures-to-sexual-assault-harvey-weinsteins-accusers-tell-their-stories. 물론 이 장의 이 맥락에서의 와인스틴에 관한 논의는 성적 강압의 (상대적으로) '연성화된' 측면에만 집중한다. 이는 섹스뿐 아니라 동의에 대해 남성들이 갖고 있는 특권의식을 함께 다루기 위해서다. 이런 논의 방식 때문에 독자들이 와인스틴이 다수의 피해자들을 대상으로 노골적인 성폭력을 저질렀음을 보여주는 신빙성 있는 물증들을 간과하는 일이 없기를 바란다. 바로 그러한 증거를 바탕으로 와인스틴은 강간과 범죄적 성행위라는 죄목으로 2020년 2월 기소되었다.

20 익명의 저자가 2018년 3월 8일 《복스》에 투고한 기사 〈우리는 혼인관계에서 발생하는 성폭력에 대해 말해야 한다We Neet to Talk about Sexual Assault in Marriage〉를 보라. https://www.vox.com/first-person/2018/3/8/17087628/sexual-assault-marriage-metoo.

21 위에서 인용한 《복스》 기사의 글쓴이는 자신이 남편과의 사이에서 겪은 일들에 관해 말하는 게 얼마나 어려웠는지 설명한다. 그러면서 "자신의 이야기를 꺼내놓은 거의 모든 여성들이 결혼생활 중 원치 않는 섹스를 해야 했던 스스로의 경험, 친구의 경험, 혹은 자신과 친구 모두가 경험한 유사한 이야기를 들려주었다." 그러나 저자가 정확히 지적한 대로 그러한 이야기를 발견하기란 쉽지 않다. (글쓴이가 익명으로 글을 쓴 것도 이해할 만한 일이다.)

22 Salma Hayek, "Harvey Weinstein Is My Monster Too", *The New York Times*, December 12, 2017, https://www.nytimes.com/interactive/2017/12/13/opinion/contributors/salma-hayek-harvey-weinstein.html.

23 내가 2017년 12월 14일 《뉴스위크》에 쓴 기사 〈셀마 헤이엑은 수치심 때문에 파괴되었고, 하비 와인스틴은 바로 그 수치심 덕분에 보호받았다Salmay Hayek Was Destroyed by the Same Shame That Protected Harvey Weinstein〉를 참조했다. https://www.newsweek.com/salma-hayek-shame-harvey-weinstein-748377.

24 비록 허구의 사건이기는 하지만, 사회적·성적 역학이 작동하는 방식(이것이 내가 드러내고자 하는 것이다)을 낱낱이 드러내는 데 도움이 된다. 현실에서 이러한 일들이 얼마나 자주 일어나는지는 중요하지 않다. (사실 많은 사람들이 여기에 묘사된 상황들을 통해 자신이 겪었던 일들을 떠올릴 수 있을 것이라 생각한다. 그렇지만 이 역시 나의 추론에 불과할 뿐이다.)

25 내가 2017년 3월 24일 《허핑턴 포스트》에 쓴 기사 〈모범적인 소녀들: 권력을 쥔 남성들은 어떻게 성적 착취를 저지르고도 처벌받지 않는가Good Girls: How Powerful Men Get Away with Sexual Predation〉를 참조했다. https://www.huffpost.com/entry/good-girls-or-why-powerful-men-get-to-keep-on-behaving_b_58d5b420e4b0f633072b37c3.

26 J. M. Coetzee, *Disgrace*, New York: Penguin, 1999, p.23(J. M. 쿳시, 《추락》, 왕은철 옮김, 동아일보사, 2004).

27 Ibid.

28 Ibid., p.28.

29 Ibid., p.53.

5장 | 통증을 둘러싼 불신: 몸의 기본값에 관하여

1 Tressie McMillan Cottom, *Thick*, New York: New Press, 2019, p.82(트레시 맥밀런 코텀, 《시크》, 김희정 옮김, 위고, 2021).

2 Ibid.

3 Ibid., p.83.

4 Ibid.

5 Ibid., pp.83~84.

6 Ibid., pp.84~85.

7 Ibid., 85쪽.

8 Centers for Disesase Control and Prevention, Pregnancy Mortality Surveillance System, https://www.cdc.gov/reproductivehealth/maternalinfanthealth/pregnancy-mortality-surveillance-system.htm.

9 뉴욕시의 출산에 관한 최근 보고서에 따르면, "학사 학위를 소지한 흑인 여성들 중 지역 병원에서 출산을 한 이들의 경우, 고졸 백인 여성들에 비해 임신과 출산으로 인한 합병증에 더 심하게 시달릴 확률이 높다." 이 경우 최종 학력은 수입 정도를 나타내는 지표로 쓰였다. 뉴욕시 건강복지부New York City Department of

Health and Mental Hygiene가 발행한 《2008~2012년 뉴욕시의 심각한 산모 사망률 Severe Maternal Morbidity in New York City, 2008–2012》(New York, 2016)을 참조했다. https://www1.nyc.gov/assets/doh/downloads/pdf/data/maternal-morbidity-report-08-12.pdf.

10   Linda Villarosa, "Why America's Clack Mothers and Babies Are in a Life-or-Death Crisis", *The New York Times*, January 11, 2018, https://www.nytimes.com/2018/04/11/magazine/black-mothers-babies-death-maternal-mortality.html.

11   Maya Salam, "For Serena Williams, Childbirth Was a Harrowing Ordeal. She's Not Alone", *The New York Times*, January 11, 2018, https://www.nytimes.com/2018/01/11/sports/tennis/serena-williams-babby-vogue.html.

12   Cottom, *Thick*, pp.85~86.

13   통증클리닉으로 진료 의뢰가 될 때는 여성들이 이미 같은 조건의 남성 환자에 비해 더 길게, 더 오래 통증을 겪고 난 이후다. 통증클리닉에 관한 다른 연구에 따르면, 여성들은 전문의에게로, 남성들은 일반의에게로 진료 의뢰가 된다고 한다. 호프만과 타지언이 지적한 것처럼, "이러한 결과는 여성들이 의료진에게서 신뢰받지 못하거나, 첫 진찰 시 여타의 다른 어려움을 맞닥뜨린다는 사실을 보여준다". 인용문은 다음 논문의 17쪽에서 발췌했다. Diane E. Hoffmann and Anita J. Tarzian, "The Girl Who Cried Pain: A Bias Against Women in the Treatment of Pain", *Journal of Law, Medicine and Ethics* 29, 2001.

14   미국 내의 아편 계열의 진통제 중독 위기를 감안하면, 통증 완화를 위해 아편 계열 진통제를 처방받는 것은 축복이자 재앙이다. 그러나 여기에서 쟁점은 남성들에게는 약국이나 편의점에서 구입할 수 있는 비마약성 진통제보다 아편 계열 진통제가 더 많이 처방되는 현실이다. 이러한 현실은 남성들의 통증이 여성의 통증보다 훨씬 더 심각하게 여겨지고 있음을 암시한다. 이는 무엇이 최선의 의료행위인가와는 별개의 논의이며, 약물 의존의 위험성을 주지하며 살펴야 할 문제이다.

15   Hoffmann and Anita J. Tarzian, "The Girl Who Cried Pain", p.19.

16   Ibid., p.20.

17   Anke Samulowitz, Ida Gremyr, Erik Eriksson, and Gunnel Hensing, "'Brave Men' and 'Emotional Women': A Theory-Guided Literature Review on Gender Bias in Health Care and Gendered Norms Towards Patients with Chronic Pain", *Pain Research and Management*, 2018, p.10.
     마찬가지로 응급실 치료에 관해서 캐럴라인 크리아도 페레스Caroline Criado Perez는 이렇게 기록한다. "만성 통증에 관한 미국 의학연구소US Institute of Medicine의 2011년 발간물에 따르면, [1990년대와 2000년대 이래로] 별로 바뀐 것이 없다. 통증을 겪는 여성들은 '제대로 진단을 받기까지 오랜 시간이 걸리고, 부적합하거나 실효성이 증명되지 않은 처방'을 받게 된다. 또한 보건의료체계 안에서 '무시와 묵살, 그리고 차별'을 경험한다." Criado Perez, *Invisible Women: Data Bias in a*

World Designed for Men, New York: Abrams, 2019, p.228(캐럴라인 크리아도 페레스, 《보이지 않는 여자들》, 황가한 옮김, 웅진지식하우스, 2020).

18 Samulowitz et al., p.8.

19 한 연구에 따르면, 섬유근육통 증상이 있는 환자들을 면담한 의료 담당자들은 이들을 귀한 시간이나 낭비하게 만드는 꾀병 환자로 여긴다고 한다. 심지어 어떤 환자들은 담당의로부터 "그러한 통증을 초래한 건 바로 환자 자신"이라는 말도 들었다고 한다. Ibid., p.5.

20 Ibid., p.7.

21 Ibid., p.5.

22 Kate Hunt, Joy Adamson, Catherine Hewitt, and Irwin Nazareth, "Do Women Consult More Than Men? A Review of Gender and Consultation for Back Pain and Headache", *Journal of Health Services Research and Policy* 16, no. 2, 2011, pp.108-113.

23 Ibid., p.109.

24 Ibid., p.116.

25 Ibid., p.109.

26 Ibid., p.116.

27 Lindsey L. Cohen, Jean Cobb, and Sarah R. Martin, "Gender Biases in Adult Ratings of Pediatric Pain", *Children's Health Care* 43, no. 2, 2014, pp.87-95; Brian D. Earp, Joshua T. Monrad, Marianne LaFrance, John A. Bargh, Lindsey L. Cohen, and Jennifer A. Richeson, "Gender Bias in Pediatric Pain Assessment", *Journal of Pediatric Psychology* 44, no. 4, 2019, pp.403-414.

28 이 연구를 최근에 복제한 브라이언 D. 얼프Brian D. Earp 외 5인이 쓴 논문은 흥미롭게도 그러한 영상이 남성 피험자들보다 여성 피험자들에게 더 큰 영향을 끼친다는 것을 보여준다. 이런 현상을 설명하기란 쉽지 않지만, 남성들뿐 아니라 여성들도 성별 편견을 갖고 있다는 것을 알 수 있다. 이 사례 연구의 경우 더욱더 그럴 것이다. 그러한 편견에 대한 논의는 이 책 9장에서 찾아볼 수 있다.

29 이러한 사례는 생래적으로 타고나는 특질과 달리 성장하면서 발현되는 차이로 인한 것이다. 사춘기에 분비되는 호르몬과 같은 요소를 예로 들 수 있겠다.

30 Samulowitz et al., p.10.

31 여기에서 내가 "특권을 가진"이라는 말을 사용한 이유는 여성혐오뿐 아니라 인종차별도(혹은 이 둘을 결합한 유해한 개념 흑인여성혐오도) 부적합한 통증 치료에 중대한 영향을 미치기 때문이다. 2016년에 나온 선구적인 연구에 따르면, "미국 흑인들은 백인들에 비해 체계적인 통증 치료를 받지 못하고 있다"고 밝혔다. 이 연구자들은 흑인과 백인의 생물학적 차이에 대한 가짜 상식(예를 들어, 흑인의 피부는 백인의 피부보다 두껍다거나)이 얼마나 만연한지 조사했고, 그것을 진실로 믿는 백인 의대생과 레지던트의 비율이 50퍼센트 가까이 된다는 사실을 밝혔다. 이 피험자들은 흑인 환자가 백인 환자보다 통증을 덜 느낄 거라고 추측했다고 한다. 이에 대

남성 특권

한 연구로는 다음 논문을 보라. Kelly M. Hoffman, Sophie Trawalter, Jordan R. Axt, and M. Norman Oliver, "Racial Bias in Pain Assessment", *Proceedings of the National Academy of Sciences* 113, no. 16, 2016, pp.4296-4301.

32　Kristie Dotsin, "Tracking Epistemic Violence, Tracking Practices of Silencing", *Hypatia* 26, no. 2, 2011, p.242. 도슨이 개념화한 "진술 억압", 특히 '자기 자신에게 침묵 강요하기'라는 개념에 대한 논의는 이 책 8장에서 이어진다.

33　Miranda Fricker, *Epistemic Injustice: Power and the Ethics of Knowing*, Oxford: Oxford University Press, 2007, chapter 1~2.

34　2008년 베일리가 만들고, 2010년 온라인상에서 논의된 이 용어에 관해서는 다음의 공저 논문을 보라. Moya Bailey and Trudy, "On Misogynoir: Citation, Erasure, and Plagiarism", *Feminist Media Studies* 18, no. 4, 2018, pp.762-768.

35　Jazmine Joyner, "Nobody Believes That Black Women Are in Pain and It's Killing Us", *Wear Your Voice Magazine*, May 25, 2018, https://wearyourvoicemag.com/race/black-women-are-in-pain.

36　난소관이 꼬여 고통을 겪은 레이철의 경험과 비교해보라. 그의 남편 조 파슬러 Joe Fassler가 레이철의 경험을 기록했다. 2015년 10월 15일 《애틀랜틱》에 올린 그의 글을 보라. https://www.theatlantic.com/health/archive/2015/10/emergency-room-wait-times-sexism/410515. 레이철이 겪었던 엄청난 고통과 부정의가 조금이라도 희석되지 않기를 바라지만, 그녀의 이야기가 조이너의 이야기보다 더 많이 알려졌다는 것은 문제적이다. 백인으로 추정되는 레이철의 이야기가 더 많이 퍼진 이유를 흑인여성혐오에서 찾을 수 있다. 흑인여성혐오는 대개 흑인 여성들이 겪는 고통과 그들이 직면한 부정의에 대한 적대에 찬 냉담함을 특징으로 한다. 또한 레이철의 이야기를 그의 남편이 썼다는 것도 빼놓을 수 없다. 남성의 '증언'이 갖는 무게감이 한몫했을 것이다.

37　Joyner, "Nobody Believes That Black Women Are in Pain and It's Killing Us".

38　태미 나이든Tammy Nyden과의 각별한 대화는 정신질환을 가진 아이를 둔 엄마들이 미국의 의료 제도 안에서 지독히 처벌받는다는 사실을 일깨워줬다. 이들은 아이들의 질환 때문에 "나쁜" 엄마로 낙인찍힌다.

39　Patricia Hill Collins, *Black Feminist Thought: Knowledge, Consciousness, and the Politics of Empowerment*(2nd ed), New York: Routledge, 2000, p.72

40　유사하게도 여성들이 권력을 쥔 남성들에 대항하여 증언하는 경우, 성폭력이나 다른 학대 등의 사안에서 여성들의 말을 폄훼하는 경향이 두드러진다. 반면 여성들이 남성들을 "위해" 증언을 할 때는 정반대의 양상을 띤다. 후자의 경우 여성이 하는 증언의 신뢰도는 아무런 문제가 되지 않는다. 그렇기에 여성의 발언을 묵살하는 것은 무작위로 일어나는 일도, 모두에게 보편적으로 발생하는 일도 아니다. 이러한 일들은 이미 존재하는 사회적 위계를 옹호하거나 유지하기 위해 동원된다. 《다운 걸》의

서론과 6장을 보라. 또한 이 책의 8장에서 이에 대한 논의가 이어진다.

41 Angela Garbes, *Like a Mother: A Feminist Journey Through the Science and Culture of Pregnancy*, New York: HarperCollins, 2018, p.28(앤절라 가브스, 《페미니스트, 엄마가 되다》, 이경아 옮김, 문학동네, 2020).

42 여기에서 내가 "실제로"라는 말을 쓴 이유는 최근 퓨 리서치 센터Pew Research Center의 통계 수치에서 타 인종과 결혼하는 비율이 백인 여성들에게서 가장 낮게 나타난다는 것이 밝혀졌기 때문이다. 정확한 수치를 보려면 2017년 5월 18일에 발행된 〈러빙 대 버지니아주 판결 이후 50년간 미국 내 타인종 간 혼인 통계Intermarriage in the US, 50 Years After Loving v. Virginia〉를 보라. https://www.pewsocialtrends.org/2017/05/18/1-trends-and-patterns-in-intermarriage.

43 Criado Perez, *Invisible Women*, p.234.

44 Ibid.

45 Ibid., p.196.

46 심지어 비인간 동물 연구에서도 이러한 편견이 존재한다. 2014년 조사에 따르면, 동물의 성별을 밝힌 연구의 80퍼센트가 (변수를 대폭 늘릴 수 있음에도) 수컷 동물을 이용한 사실이 드러났다. Ibid., p.205.

47 Ibid., p.209.

48 Ibid., p.228.

49 Ibid., pp.212~218.

50 Ibid, pp.204-205.

51 Ibid., p.222.

52 Cory Doctorow, "Women Are Much More Likely to Be Injured in Car Crashes, Probably Because Crash-Test Dummies Are Mostly Male-Shaped", *Boing Boing*, July 23, 2019. https://boingboing.net/2019/07/23/in-every-dreamhome-a-heartache.html.

53 Criado Perez, *Invisible Women*, p.233.

54 Ibid.

55 Ibid., p.234.

6장 | 통제되는 몸: 낙태금지법의 진짜 욕망

1 두 명의 여성 민주당 의원을 포함해 여섯 명의 민주당 의원이 이 안건에 찬성표를 던졌다. 세 명의 상원의원(여성 민주당 의원 한 명과 남성 공화당 의원 두 명)은 투표를 하지 않았고, 여성 민주당 의원은 기권했다.

2 이 법안은 '인간 생명 보호 법안Human Life Protection Act'이라는 명칭으로 불렸다. 또한 낙태를 1급 중죄로 분류했으며, 낙태 시술을 한 의사에게 99년까지 형을 선고할 수 있는 중죄로 만들어버렸다. 이 법안이 추후 어떻게 폐기되었는지 세부 사

항을 파악하려면, 2019년 10월 29일 앨리스 미란다Alice Miranda가 쓴 〈연방 판사가 앨라배마주의 낙태금지법을 막았다Federal Judge Blocks Alabama's Near-Total Abortion Ban〉를 살펴보라. https://www.politico.com/news/2019/10/29/federal-judge-blocks-alabamas-near-total-abortion-ban-061069.

3   내가 이 책을 집필하던 당시까지 헌법상으로 보장된 내용이었으나, 익히 알려진 브렛 캐버너의 낙태 반대 입장과 대법원에서 그가 점하고 있는 지위를 생각하면, 머지 않아 이 내용이 사실이 아니게 될지도 모르겠다.

4   Jessica Glenza, "The Anti-Gay Extremist Behind America's Fiercely Strict Abortion Bans", *The Guardian*, April 25, 2019, https://www.theguardian.com/world/2019/apr/25/the-anti-abortion-crusader-hopes-her-heartbeat-law-will-test-roe-v-wade.
    내가 이 책을 집필하던 당시 일곱 개 주에서 그러한 법안이 법령으로 조인되었다. (추후 폐지되긴 했지만.) 아이오와주, 켄터키주, 미시시피주, 노스다코타주, 오하이오주, 조지아주, 미주리주가 그에 해당한다. 내가 이 장의 서두에서 언급한 미시시피주의 낙태 금지 법안은 다른 여섯 개 주의 법안보다 훨씬 더 엄중하다.

5   수년에 걸쳐 진행된 낙태 반대 운동은 점차 여성들이 임신 중절 클리닉에 접근할 수 있는 경로를 축소시켰다. 수많은 클리닉이 문을 닫았다. 이러한 부분을 나는 《다운 걸》 3장에서 다뤘다.

6   Katie Hearney, "Embryos Doney Have Hearts", *The Cut*, May 24, 2019, https://www.thecut.com/2019/05/embryos-dont-have-hearts.html.

7   Lydia O'Connor, "The Lawmakers Behind 'Fetal Heartbeatehind tion Bans Are Lying to You", *HuffPost*, May 22, 2019, https://www.huffpost.com/entry/six-week-fetal-heartbeat-abortion-ban-lies_n_5ce42ccae4b075a35a2e6fb0.

8   Kate Smite, "A Pregnant 11-Year-Old Rape Victim in Ohio Would No Longer Be Allowed to Have an Abortion Under New State La", CBS News, May 14, 2019, https://www.cbsnews.com/news/ohio-abortion-heartbeat-bill-pregnant-11-year-old-rape-victim-barred-abortion-after-new-ohio-abortion-bill-2019-05-13.

9   Jonathan Stempel, "U.S. Judge Blocks Ohio 'Heartbeate Blocks Ohio ost Abortions", Reuters, July 3, 2019, https://www.reuters.com/article/us-usa-abortion-ohio/u-s-judge-blocks-ohio-heartbeat-law-to-end-most-abortions-idUSKCN1TY2PK.

10 Laurie Penny, "The Criminalization of Women's Bodies Is All About Conservative Male Power", *The New Republic*, May 17, 2019, https://newrepublic.com/article/153942/criminalization-womens-bodies-conservative-male-power.

11 Daniel Politi, "Trump: After Birth, Baby Is 'WrappedAfter Birth, Baby Is Aper, Doctor Decide Whether to 'Execute the Baby'", *Slate*, April 28, 2019,

https://slate.com/news-and-politics/2019/04/trump-abortion-baby-
wrapped-blanket-execute-baby.html.

또한 이 글을 2019년 5월 마이크 펜스Mike Pence 부통령의 트위터에 타임스 스퀘
어에서 열린 낙태 반대 시위와 관련해 업데이트된 글과 비교해볼 필요가 있다. 이
시위에 참여한 사람들은 임신 후기에 접어든 태아의 초음파 검사 영상을 현장에서
보여줌으로써 심장박동 소리를 들려주었다. 이에 대해 펜스 부통령은 이렇게 썼다.
"뉴욕과 버지니아 민주당 주지사들은 임신 후기의 낙태를 지지하며 영아 살해를 조
장한다. 민주당 하원의원들은 오늘 타임스 스퀘어에서 제기된 낙태 금지 법안을 거
부했다. 오늘 타임스 스퀘어에서 우리는 초음파 영상을 통해 태아가 생명을 가진
존재라는 것을 보였다. 생명의 기적을 증명한 것이다." https://twitter.com/vp/
status/1124742840184201216?lang=en.

12 낙태 반대 운동가들은 "임신 후기"라는 표현을 도용했다. 이는 40주 차를 넘긴 임
신 상태를 뜻하는 의학 용어다. Pam Belluck, "What Is Late-Term Abortion?
Trump Got It Wrong", *The New York Times*, February 6, 2019, https://
www.nytimes.com/2019/02/06/health/late-term-abortion-trump.html.

13 Jia Tolentino, "Interview with a Woman Who Recently Had an Abortion at
32 Weeks", Jezebel, June 15, 2016, https://jezebel.com/interview-with-a-
woman-who-recently-had-an-abortion-at-1781972395.

14 이 절차를 거치면서 엘리자베스는 진통 방지 주사를 맞았고, 뉴욕으로 돌아와 자연
분만으로 아이를 출산했다. 그러나 의사들은 겸자forcep와 산모의 골반저 근육을 활
용하여 아이를 꺼냈고, 엘리자베스는 힘을 주지 말아야 했다. (겸자분만은 극심한
통증을 수반한다. 또한 태아가 살아 있을 때 시행할 경우 윤리적인 문제가 발생하는
방법이다.)
콜로라도 클리닉에서 임신 중절 수술을 받으려면 2만 5000달러(한화로 약 3000
만 원)가 든다. 그렇지만 의료진을 두기 위해 지불해야 하는 위험 수당 때문에 클리
닉은 적자를 면치 못하고 있다. 톨렌티노의 인터뷰집이 출판되었을 때, 콜로라도 클
리닉의 지붕은 물이 새고 있었다.

15 Lori Mooreaug, "Rep. Todd Akin: The Statement and the Reaction",
The New York Times, August 20, 2012. https://www.nytimes.
com/2012/08/21/us/politics/rep-todd-akin-legitimate-rape-statement-
and-reaction.html.

16 Susan Milligan, "Go Back to Health Class", *U.S. News & World Report*,
https://www.usnews.com/opinion/blogs/susan-milligan/2015/02/24/
idaho-lawmaker-asks-about-swallowing-cameras-to-get-pregnancy-
pictures.

17 여기에서 문제의 국회의원은 존재하지 않는 절차에 관한 보험 적용을 주장했
다. Kayla Epstein, "A Sponsor of an Ohio Abortion Bill Thinks You Can
Reimplant Ectopic Pregnancies. You Can't", *The Washington Post*, May 10,
2019. https://www.washingtonpost.com/health/2019/05/10/sponsor-

an-ohio-abortion-bill-thinks-you-can-reimplant-ectopic-pregnancies-
you-cant.

18 가끔 나팔관이 아닌 곳에 착상하여 자궁외임신이 되기도 하지만, 이러한 경우는 극
히 드물다.

19 최근의 데이터에 따르면, 자궁외임신으로 인한 출혈이 모든 임신 관련 사망의 4~10
퍼센트를 차지한다. 또한 자궁외임신은 미국 내 임신 초기 세 달간 발생하는 임신
관련 사망의 주원인이다. Krissi Danielsson, "Ectopic Pregnancy Statistics",
Verywell Family, published August 1, 2019, updated October 29, 2019,
https://www.verywellfamily.com/what-do-statistics-look-like-for-
ectopic-pregnancy-2371730.

20 Georgi Boorman, "Is Abortion Really Necessary for Treating Ectopic
Pregnancies?", *The Federalist*, September 9, 2019, https://thefederalist.
com/2019/09/09/is-abortion-really-necessary-for-treating-ectopic-
pregnancies.

21 https://twitter.com/DrJenGunter/status/1171167907834806272 (2019년
9월 18일 자료 이용).

22 의료진들이 거세게 비난하자 부어먼은 추후 자신의 글에 대해 사과했다. 그는 그
기사가 더 이상 자신의 의견을 반영하고 있지 않다고 언급했다. 다음 글을 보라.
"I Was Wrong: Sometimes It's Necessary to Remove Ectopic Babies to
Save Their Mother's Life", *The Federalist*, September 19, 2019, https://
thefederalist.com/2019/09/19/i-was-wrong-sometimes-its-necessary-
to-remove-ectopic-babies-to-save-their-mothers-life. 부어먼이 쓴 사과
문 기사의 링크를 덧붙이긴 했지만 《페더럴리스트》의 글 원문은 내가 이 글을 쓰던
2019년 9월 23일 당시에도 접근이 가능했다.
여기에서 자궁외임신으로 사망할 확률이 백인 여성보다 흑인 여성에게서 더 높게
나타난다는 점에 주목할 필요가 있다. 흑인 여성들이 경험하는 암울한 보건의료체
계에 관해서는 5장에서 논의했다.

23 Jess Morales Rocketto, "Seven Children Have Died in Immigration
Custody. Remember Their Names", BuzzFeed News, September 30, 2019,
https://www.buzzfeednews.com/article/jessmoralesrocketto/remember-
their-names.

24 Jay Parini, "Alabamani,'Pro-Lifei, : ernor Is a Hypocrite", CNN, May 17,
2019, https://www.cnn.com/2019/05/16/opinions/alabama-kay-ivey-
hypocrisy-parini/index.html.

25 Roni Caryn Rabin, "Huge Racial Disparities Found in Deaths Linked to
Pregnancy", *The New York Times*, May 7, 2019, https://www.nytimes.
com/2019/05/07/health/pregnancy-deaths-.html.

26 정작 이들은 버젓이 심장이 뛰고 있지만 무참하게 살해되는 취약한 존재들에게는
아무런 관심이 없다. 예를 들어, 미국 내에서 매년 수십억 마리씩 잔인하게 도축되

는 비인간 동물들, 말하자면 공장식 축산의 피해자인 비인간 동물들의 처지에 아무런 관심도 없다. 불필요하고 잔인한 동물실험으로 인해 희생되는 비인간 동물들을 생각해보라.

27 Maggie Fox, "Abortion Rates Go Down When Countries Make It Legal: Report", NBC News, May 20, 2018, https://www.nbcnews.com/health/health-care/abortion-rates-go-down-when-countries-make-it-legal-report-n858476.

28 Reva B. Siegel and Linda Greenhouse, "Before (and After) Roe v. Wade: New Questions About Backlash", *Faculty Scholarship Series* 4135 (2011), pp.2056-2057. https://digitalcommons.law.yale.edu/cgi/viewcontent.cgi?article=5151&context=fss_papers.

29 Ibid, p.2057.

30 Linda Greenhouse and Reva B. Siegel, *Before Roe v. Wade: Voices that Shaped the Abortion Debate Before the Supreme Court's Ruling*, New York: Kaplan, 2010, p.2057.

이 논문에서 그린하우스와 시걸은 닉슨이 취한 낙태 반대 입장은 임신중단 합법화 흐름에 그다지 큰 영향을 미치지 못했음을 보여준다.

"닉슨 캠페인은 낙태 사안에 대한 정치적 입장을 밝히는 데서는 별다른 이득을 얻지 못해도, 낙태 사안 자체가 사회적 보수주의를 집결시키는 전략적 가치가 있다는 것을 알아봤다. 1972년 8월 28일 (닉슨 진영) 선거운동 전략가인 존 에를리크먼John Ehrlichman은 '로마 가톨릭 신자를 포함하여 과반수 이상의 미국인들이 이제는 보다 진보적인 낙태 법안을 선호하고 있다'고 밝혔다. 이어서 그는 '대통령이 (낙태) 사안을 각 주에서 결정하도록 위임하기로 했으며, ⋯⋯ 낙태법 개혁과 관련해 연방정부가 조치를 취해야 할 근거는 부족하다고 (대통령이 사적으로) 단언'했기 때문에, 닉슨 대통령은 '대통령으로서 어떤 조치도 취하지 않을 것'이라고 말했다. 그런 발표가 있기 사흘 전만 해도 미국 전역에서 발행되는 일간지에 발표된 1972년 중반 여론조사에서 '기록적으로 여론조사 참여자의 64퍼센트가 임신중단을 전면 합법화하는 것에 지지를 표명했다'고 밝혔다. 이 수치는 지난 1월과 비교하여 뚜렷한 증가세를 보였다. 기독교 교회의 권위자들이 더 열성적으로 (낙태 반대) 교리를 설파하는 것과 대조적으로, 이러한 새 여론조사 결과가 보여주는 것처럼 상당수의 가톨릭 신자들은 낙태술에 접근할 권리를 합법화하는 입장을 지지하고 있었다. '가톨릭 신도의 56퍼센트가 낙태는 여성과 그 여성의 담당의가 결정해야 한다'는 생각을 밝혔다. 로 대 웨이드 판결이 나오기 두 달 전인 1972년 11월 닉슨은 다수의 가톨릭 유권자들의 지지를 받아 대통령 재선에 성공했다. 비록 낙태 사안이 그가 재선에서 표를 얻는데 결정적 역할을 한 것은 아니었지만 말이다. 대통령 선거가 끝나고 얼마 되지 않아 법원이 로 대 웨이드 판결을 내렸고, 닉슨은 '그의 참모들에게 이 사안에서 거리를 두라고 지시했다'고 한다."

Greenhouse and Siegel, "Before (and After) Roe v. Wade", p.2058.

31 Ibid, p. 2057.

32 Michelle Oberman and W. David Ball, "When We Talk About Abortion, Let's Talk About Men", *The New York Times*, June 2, 2019, https://www.nytimes.com/2019/06/02/opinion/abortion-laws-men.html.

33 Jill Filipovic, "Alabama's Abortion Bill Is Immoral, Inhumane, and Wildly Inconsistent", *Vanity Fair*, May 15, 2019, https://www.vanityfair.com/style/2019/05/alabamas-abortion-bill-is-immoral-inhumane-and-wildly-inconsistent.

34 정책이 집행되면 임신이 가능한 논바이너리뿐 아니라 수많은 트랜스젠더 남성들 또한 영향을 받는다.

35 이 장에서 살펴본 낙태 금지 법안에 대해 로리 페니Laurie Penny는 "이 법안들이 여성들을 물건으로 취급한다"고 《뉴 리퍼블릭》에 썼다. "The Criminalization of Women's Bodies", https://newrepublic.com/article/153942/criminalization-womens-bodies-conservative-male-power.

36 낙태 반대 입장을 취하면서 자신들의 여성 파트너에게 낙태 시술을 받도록 압박한 남성 공화당 의원들로는 스콧 로이드Scott Lloyd, 엘리엇 브로이디Elliott Broidy, 팀 머피Tim Murphy, 스콧 데스잘레이스Scott DesJarlais를 꼽을 수 있다. 앞의 두 의원은 수술 비용의 전액, 또는 반액을 지불했다. Arwa Mahdawi, "A Republican Theme on Abortions: It's Ok for Me, Evil for Thee", *The Guardian*, August 25, 2018, https://www.theguardian.com/world/2018/aug/25/a-republican-theme-on-abortions-its-ok-for-me-evil-for-thee.

37 Emily Oster, *Expecting Better: Why the Conventional Pregnancy Wisdom Is Wrong—and What You Really Need to Know* , New York: Penguin, 2018, pp.40-52

38 물론 이러한 이점이 있다는 것을 부정하는 건 아니다. 다만 자연분만에 따르는 위험, 어려움, 그리고 자연분만 자체가 불가능한 경우를 염두에 두고 선택할 필요가 있다는 뜻이다. 이와 관련해서는 산부인과 전문의 에이미 투터Amy Tuteur의 책 《자연주의 양육법 시대의 불필요한 죄책감이라는 문제Push Back: Guilt in the Age of Natural Parenting》(New York: Dey Street, 2016)를 보라. 이 책은 소위 자연분만 이외의 출산 형태가 어떤 식으로 부모들에게 불필요한 죄책감의 근원으로 강력하게 작동하는지를 흥미로운 방식으로 다룬다. 출산을 통제하는 것에 대한 흥미롭고, 좀 더 포괄적인 논의는 리베카 쿠클라rebecca Kukla가 쓴 《집단 히스테리아: 의학, 문화, 그리고 모체Mass Hysteria: Medicine, Culture, and Mothers' bodies》(Lanham, MD: Rowman & Littlefield, 2005)를 보라.

39 Emily Oster, *Cribsheet: A Data-Driven Guide to Better, More Relaxed Parenting, from Birth to Preschool*, New York: Penguin, 2019, Chapter 4.

40 이와 동일하게 모유 수유 역시 그 행위에 따르는 대가나 행위로 인한 이점이 제대로 고려되지 않은 채 강요된다. 트랜스남성을 생물학적 부모로 둔 경우 특히 그렇다. 트랜스젠더혐오나 생물학적 신체에 근간한 배타적 시각이 그렇지 않아도 논쟁적이고 까다로운 영역이라 할 수 있는 신체에 대한 통제, 죄책감과 수치심 유발 등의 논

의를 더욱 어렵게 만든다.

41 Kirsten Powes, "Kevin Williamson Is Wrong. Hanging Women Who Have an Abortion Is Not Pro-Life", *USA Today*, April 6, 2018, https://www. usatoday.com/story/opinion/2018/04/06/kevin-williamson-atlantic-fired-hanging-women-who-have-abortion-column/491590002. 좀 더 포괄적인 논의를 위해서는 《다운 걸》 96~98쪽을 보라.

42 Ronald Brownstein, "White Women Are Helping States Pass Abortion Restrictions", *The Atlantic*, May 23, 2019, https://www.theatlantic. com/politics/archive/2019/05/white-women-and-support-restrictive-abortion-laws/590101.

43 게다가 대부분의 임신에서는 "~가/이 아니라면"이 작동한다. 다시 말해 임신 상태가 아니었다면 여성 자신의 안위에 해가 될 수 있는 행동을 택하지 않았을 것이라는 뜻이다. 여성들에게서 선택권을 빼앗는 일곱 개의 사례 중에는 아이를 출산한 이후나 더 이상 임신 상태가 아닌 경우에 여성 스스로 택할 수 있는 행위를 저지한 혐의가 있는 사례들이 포함되어 있다.

Lynne M. Paltrow and Jeanne Flavin, "Arrests of and Forced Interventions on Pregnant Women in the United States, 1973-2005: Implications for Women's Legal Status and Public Health", *Journal of Health Politics, Policy and Law* 38, no. 2, 2013, p.301.

또한 수감 중인 임산부에게 신체에 족쇄를 찬 상태로 출산을 강요하는 잔혹하고도 흔한 관행에 대해서는 2019년 3월 13일 CBS 뉴스를 보라. "Shackling Pregnant Inmates Is Still a Practice in Many States", https://www.cbsnews.com/news/shackling-pregnant-inmates-is-still-a-practice-in-many-states.

재생산 정의reproductive justice를 졸렬하게 약화하는 방식으로 강제 임신 중절술, 강제 낙태, 아이를 부모에게서 강제로 떼어내는 행위(훔친다는 표현이 더욱 정확하다)를 언급할 수 있다. 저소득층, 비백인, 원주민, 장애를 가진 여성들은 말로 다 할 수 없을 정도로 취약하다. 이 주제는 무척이나 중요하지만, 이에 대해 깊이 논하다보면 이 장의 원래 주제에서 벗어나게 된다. 이러한 화두에 관한 유용한 지침서이자, 여러 자료를 일러주는 글로 어맨다 메인스Amanda Manes의 다음 글을 보라. "Reproductive Justice and Violence Against Women: Understanding the Intersections", VAWnet, February 28, 2017, https://vawnet.org/sc/reproductive-justice-violence-against-women-understanding-intersections.

44 Paltrow and Flavin, "Arrests of and Forced Interventions on Pregnant Women in the United States", p.311.

45 팰트로우와 플래빈은 이렇게 설명한다.

"2008년 유죄판결 후 시행된 구제 절차로 인해 사우스캐롤라이나 대법원에서 만장일치로 맥나이트의 유죄판결이 뒤집혔다. 재판부는 그녀가 재판 당시 제대로 된 법적 도움을 받지 못했다고 결론 내렸다. 법원은 주가 의존하고 있는 연구 자료가

'시대착오적'이었다고 설명하고, 맥나이트의 변호인이 '코카인이 담배나, 영양 결핍, 부모의 돌봄 부재, 혹은 도시 빈민과 연관이 있는 여러 상황들보다 태아에게 더 유해하지 않다는 최신 연구 결과'에 관해 증언해줄 전문가들을 법정에 부르는 데 실패했다고 판단했다. 다시 재판을 받거나 더 긴 형량을 받는 걸 피하기 위해, 맥나이트는 과실치사 유죄를 인정했다. 이후 맥나이트는 석방되었다."
Paltrow and Flavin, p.306.
맥나이트가 계속 흉악범으로 분류될 것이라는 점을 기억해야 한다.

46 "'Bathroom Bill' Legislative Tracking", http://www.ncsl.org/research/education/-bathroom-bill-legislative-tracking635951130.aspx.

47 Brian Barnett, "Anti-Trans 'Bathroom Bills' Are Based on Lies. Here's the Research to Show It", *HuffPost*, September 11, 2019, https://www.huffpost.com/entry/opinion-transgender-bathroom-crime_n_5b96c5b0e4b0511db3e52825.

48 낙태 반대 운동과 유사한 또 다른 사례로는 시스젠더 백인 여성들이 그러한 도덕적 규제에 적극적으로 참여하고 있는 현상을 꼽을 수 있다. 이 여성들은 때로는 '래디컬 페미니즘'이라는 기치 아래에서 움직인다. 이에 관한 기본적 이해가 필요하다면 2019년 9월 5일 케이틀린 번스Katelyn Burns가 《복스》에 실은 다음 글을 보라. "The Rise of Anti-Trans 'Radical' Feminists, Explained", https://www.vox.com/identities/2019/9/5/20840101/terfs-radical-feminists-gender-critical.

49 Barnett, "Anti-Trans 'Bathroom Bills' Are Based on Lies. Here's the Research to Show It".

50 곧이어 논의할 베처의 저작 외에도 트랜스젠더 정체성과 트랜스포비아에 관한 논의로 다음 문헌들을 보라.
• Robin Dembroff, "Real Talk on the Metaphysics of Gender", in *Gendered Oppression and its Intersections, a special issue of Philosophical Topics*, edited by Bianka Takaoka and Kate Manne (forthcoming)
• Robin Dembroff, "Trans Women Are Victims of Misogyny, Too—and All Feminists Must Recognize This", *The Guardian*, May 19, 2019, https://www.theguardian.com/commentisfree/2019/may/19/valerie-jackson-trans-women-misogyny-feminism.
• Emi Koyama, "The Transfeminist Manifesto", in *Catching a Wave: Reclaiming Feminism for the 21st Century*, edited by Rory Dicker and Alison Piepmeier, Boston: Northeastern University Press, 2003, pp.244-259.
• Rachel V. McKinnon, "Stereotype Threat and Attributional Ambiguity for Trans Women", *Hypatia* 29, no. 4, 2014, pp.857-872.
• Rachel V. McKinnon, "Trans*formative Experiences", *Res Philosophica* 92, no. 2, 2015, pp.419-440.

- Julia Serano, *Whipping Girl: A Transsexual Woman on Sexism and the Scapegoating of Femininity*(2nd ed), 2007; repr., Berkeley, Calif.: Seal Press, 2016.

51 Talia Mae Bettcher, "Full-Frontal Morality: The Naked Truth About Gender", *Hypatia* 27, no. 2, 2012, p.320. 여기에서 글쓴이는 해럴드 가핑켈 Harold Garfinkel의 저작을 참조했다.

52 Talia Mae Bettcher, "Evil Deceivers and Make-Believers: On Transphobic Violence and the Politics of Illusion", *Hypatia* 22, no. 3, 2007, pp.43-65.

53 Bettcher, "Full-Frontal Morality", p.332

54 이렇듯 재생산 영역에서 나타나는 소름끼칠 정도로 위조된 이 의무감 비슷한 것은 미국의 여러 주들에서 법의 소중한 보호를 받고 있다. 심지어 강간범에게 친권을 허락하는 사례도 있다. Analyn Megison, "My Rapist Fought for Custody of My Daughter. States Can't Keep Survivors Tied to Rapists", *USA Today*, June 19, 2019, https://www.usatoday.com/story/opinion/voices/2019/06/19/abortion-laws-bans-rape-parental-rights-column/1432450001.

55 Julie Euber, "American Medical Association: Transgender Deaths Are an Epidemic", *Non-Profit Quarterly*, October 2, 2019, https://nonprofitquarterly.org/american-medical-association-transgender-deaths-are-an-epidemic. 미국에서 발생하는 트랜스여성 살해 비율에 대한 최근의 수치를 살피려면 데이터 과학자 에밀리 고센스키Emily Gorcenski의 다음 글을 보라. "Transgender Murders: By the Numbers", January 13, 2019, https://emilygorcenski.com/post/transgender-murders-by-the-numbers. 특히 유색인 트랜스여성이 살해당하는 비율이 훨씬 더 높다는 점에 주목하라. Rick Rojas and Vanessa Swales, "18 Transgender Killings This Year Raise Fears of an 'Epidemic'", *The New York Times*, September 27, 2019, https://www.nytimes.com/2019/09/27/us/transgender-women-deaths.html.

56 Bettcher, "Evil Deceivers and Make-Believers", pp.43-45.

57 미결정 심리에 이어서 매기슨과 메럴은 2급살인 유죄판결을 받았다. 혐오범죄는 판결에 반영되지 않았다. 네이버스는 1심에서 고의적 살인으로 유죄판결을 받았다. 카사레스는 고의적 살인 유죄판결에 대해 항소하지 않았다.

58 트랜스포비아와 호모포비아의 접점에 대한 섬세한 논의로는 베처의 글을 보라. "Evil Deceivers and Make-Believers", p.47.

59 이 사건이 힘패시를 보여주는 전형적 사례인 이유이다. 힘패시에 대해서는 이 책의 앞 장들에서 상세히 논했다.

7장 | 사소하지만 거대한 불의: 가사노동의 문법

1 Darcy Lockman, *All the Rage: Mothers, Fathers, and the Myth of Equal*

Partnership, New York: HarperCollins, 2019, p.205(다시 로크먼, 《은밀하고 도 달콤한 성차별》, 정지호 옮김, 푸른숲, 2020).

2   Jill E. Yavorsky, Claire M. Kamp Dush, and Sarah J. Schoppe-Sullivan, "The Production of Inequality: The Gender Division of Labor Across the Transition to Parenthood", *Journal of Marriage and Family* 77, no. 3, 2015, pp.662–679.

3   "Time Spent in Primary Activities by Married Mothers and Fathers by Employment Status of Self and Spouse······ 2011-2015", Bureau of Labor Statistics, https://www.bls.gov/tus/tables/a7_1115.pdf.

4   "Why the Majority of the World's Poor Are Women", Oxfam International, accessed July 15, 2019, https://www.oxfam.org/en/even-it/why-majority-worlds-poor-are-women.

5   다음의 글 혹은 보고서를 보라.
    • "Men Taking on 50 Percent of the World's Childcare and Domestic Work Requires Global Goal and Immediate Action, Reveals State of the World's Fathers Repost", https://men-care.org/2017/06/09/men-taking-on-50-percent-of-the-worlds-childcare-and-domestic-work-requires-global-goal-and-immediate-action-reveals-state-of-the-worlds-fathers-report.
    • International Labour Organization, *A Quantum Leap for Gender Equality: For a Better Future of Work for All*, Geneva, Switzerland: International Labour Office, 2019, https://www.ilo.org/wcmsp5/groups/public/---dgreports/---dcomm/---publ/documents/publication/wcms_674831.pdf.

6   Sara Raley, Suzanne M. Bianchi, and Wendy Wang, "When Do Fathers Care? Mothers' Economic Contribution and Fathers' Involvement in Childcare", *American Journal of Sociology* 117, no. 5, 2005, pp.1422–1459.

7   Lockman, *All the Rage*, p.16.

8   "Sharing Chores at Home: Houses Divided", *Economist*, October 5, 2017, https://www.economist.com/international/2017/10/05/houses-divided.

9   Scott Coltrane, "Research on Household Labor: Modeling and Measuring the Social Embeddedness of Routine Family Work", *Journal of Marriage and Family* 62, no. 4, 2000, p.1210.

10 Claire Kamp Dush, "Men Share Housework Equally—Until the First Baby", *Newsweek*, May 10, 2015, https://www.newsweek.com/men-share-housework-equally-until-first-baby-330347.

11 Lockman, *All the Rage*, p.3.

12 Tracy Moore, "The Stupid-Easy Guide to Emotional Labor", *Mel Magazine*, 2018, https://melmagazine.com/en-us/story/the-stupid-easy-guide-to-emotional-labor.

13 최근의 인터뷰에서 혹실드는 이렇게 말했다.

"'감정노동'이란 말은 내가 《관리되는 감정The Managed Heart》(University of California Press, 1983)(《감정노동》, 이가람 옮김, 이매진, 2009)이라는 책에서 소개한 개념이다. 감정노동은 당신이 대가를 받고 하는 일이며, 그 일에 맞는 감정을 이끌어내고자 노력하는 과정을 포함한다. 또한 어떤 감정을 촉발시키거나 억누르는 것도 포함한다. 어떤 일은 감정노동을 더 많이 요구하기도 하고, 어떤 일은 약간만 요구하기도 한다. 비행기 승무원의 경우 보통의 상태보다 좀 더 상냥함을 요구받는 직업이지만, 만일 수금원이 그와 동일한 수준의 상냥함을 요구받는다면 그것은 자연스럽다기보다 가혹한 일이 될 것이다. 다양한 직업들이 이러한 감정노동을 요구받는다. 교사, 요양시설 간병인, 아동 돌봄노동자들의 경우 더 많은 감정노동을 요구받는다. 여기에서 중요한 것은 육체노동이든 정신노동이든 관계없이 당신은 어떤 감정을 관리하고 생산해내는 능력으로 고용된 것이고, 그러한 부분에 대해 감시를 받을 것이라는 사실이다."

"The Concept Creep of 'Emotional Labor'", *The Atlantic*, November 26, 2018, https://www.theatlantic.com/family/archive/2018/11/arlie-hochschild-housework-inst-emotional-labor/576637.

14 Gemma Hartley, *Fed Up: Emotional Labor, Women, and the Way Forward*, New York: HarperCollins, 2018, pp.3-4(제마 하틀리, 《남자들은 항상 나를 잔소리하게 만든다》, 노지양 옮김, 어크로스, 2019).

15 Ibid., p.4.

16 Ibid., p.1.

17 Ibid., p.5.

18 예를 들어 다음 논문을 살펴보라. Eyal Abraham, Talma Hendler, Irit Shapira-Lichter, Yaniv Kanat-Maymon, Orna Zagoory-Sharon, and Ruth Feldman, "Father's Brain Is Sensitive to Childcare Experiences", *Proceedings of the National Academy of Sciences* 111, no. 27, 2014, pp.9792-9797. 그러한 성차별적 가설(가부장제 사회질서를 합리화하고 자연스럽게 만드는 데 일조하는)에 대한 좀 더 포괄적인 논의로는 내가 쓴 《다운 걸》 3장을 보라.

19 Hochschild(with Anne Machung), *The Second Shift: Working Families and the Revolution at Home*, London: Penguin, 1989, pp.5-6; Lockman, *All the Rage*, p.17.

20 임금을 지불하고 가사노동과 육아에서 타인의 노동을 얻는 특권적 여성들조차 피고용자와의 관계를 혼자 관리해야 하는 감정적 부담을 지게 된다는 것을 기억할 필요가 있다.

21 Susan Chira, "Men Don't Want to Be Nurses. Their Wives Agree", *The New York Times*, June 24, 2017, https://www.nytimes.com/2017/06/24/opinion/sunday/men-dont-want-to-be-nurses-their-wives-agree.html.

22 Ibid. 이 연구에서 해당 남성들의 여성 배우자가 그 일자리의 특성 때문에 반대한 것인지, 남편이 그보다 나은 일을 해야 한다고 생각해서 반대한 것인지는 분명히 드러

나지 않는다. 또는 이전보다 남편이 상대적으로 낮은 사회적 지위에 있는 저소득 노동을 하게 되는 것에 낙담했을 수도 있다.

23 N. Gregory Mankiw, "Why Aren't More Men Working?", *The New York Times*, June 15, 2018, https://www.nytimes.com/2018/06/15/business/men-unemployment-jobs.html. 같은 시기 실직 상태의 여성 비율이 극적으로 감소했다는 것에 주목하라. 1950년에 미고용 상태의 여성 비율이 약 67퍼센트였다면, 현재 43퍼센트로 줄었다.

24 로크먼의 다음 글에서 인용했다. "Don't be Grateful That Dad Does His Share", *The Atlantic*, May 7, 2019, https://www.theatlantic.com/ideas/archive/2019/05/mothers-shouldnt-be-grateful-their-husbands-help/588787.
이 글을 작성하기 위해 로크먼이 살펴본 자료는 다음과 같다. Suzanne M. Bianchi, John P. Robinson, and Melissa A. Milkie, *Changing Rhythms of American Life*, New York: Russell Sage Foundation, 2006, pp.121-122; Andrea Doucet, "Can Parenting Be Equal? Rethinking Equality and Gender Differences in Parenting", in *What Is Parenthood?*, edited by Linda C. McClain and Daniel Cere, New York: NYU Press, 2013, pp.251-275; and Claire M. Kamp Dush, Jill E. Yavorsky, and Sarah J. Schoppe-Sullivan, "What Are Men Doing While Women Perform Extra Unpaid Labor? Leisure and Specialization at the Transitions to Parenthood", *Sex Roles* 78, no. 11-12, 2018, pp.715-730.

25 Hartley, *Fed Up*, pp.27-28.

26 Jancee Dunn, *How Not to Hate Your Husband After Kids*, New York: Little, Brown, 2017, p.8(잰시 던, 《아기를 낳은 후에 남편을 미워하지 않는 법》, 정지현 옮김, 두시의나무, 2018).

27 Ibid., p.58.

28 Ibid., p.60.

29 Claire Cain Miller, "Why Women, but Not Men, Are Judged for a Messy House", *The New York Times*, June 11, 2019, https://www.nytimes.com/2019/06/11/upshot/why-women-but-not-men-are-judged-for-a-messy-house.html.
글 제목과 달리 연구 결과는 모호한 면이 많다.
피험자들에게 그 깔끔하게 정리된 방이 여성의 것이라고 설명하면, 그들은 동일한 방이 남성의 것이라는 말을 들었을 때보다 그 방을 덜 깔끔하다고 여겼다. 또한 여성은 부정적인 평가를 받았고, 방문자들을 편안하게 해주지 못한다고 평가받았다. 방이 지저분할 경우 남성과 여성 모두 비난받았으나, 지저분한 방이 남성의 방일 때, 피험자들은 그 방이 어서 청소되어야 한다고 말했다. 또한 남성이 여성보다 청소에 책임감이 덜하고, 더 소홀하다고 평가했다. 연구자들은 이런 평가가 남성은 지저분하다는 고정관념을 드러낸다고 결론 내렸다.

그러나 여기에는 중요한 차이가 있다. 피험자들이 (여성에 대해 평가한 것과 달리) 지저분한 남성이 방문객에게 덜 지적받고, 방문객을 더 편안하게 대한다고 평가했기 때문이다.

30 여성이 남성보다 어지러운 집 상태를 더 잘 파악한다거나, 여러 작업을 동시에 잘한다거나, 다른 업무로 더 잘 전환한다는 가설은 거짓으로 드러났다. 이에 관한 연구로는 레아 루패너Leah Ruppanner가 쓴 다음 글을 보라. "Women Are Not Better at Multitasking. They Just Do More Work, Studies Show", *Science Alert*, August 15, 2019, https://www.sciencealert.com/women-aren-t-better-multitaskers-than-men-they-re-just-doing-more-work.

31 Lockman, *All the Rage*, p.25.

32 최근의 보고에 따르면, 미국 내 여성 양육자의 40퍼센트 이상이 홀로 그 집안의 생계를 책임지거나, 주요 수입원을 제공하는 것으로 밝혀졌다. 그리고 25퍼센트의 여성 양육자가 공동 생계 책임자로 일하고 있다. 공동 생계 책임자란 "본인의 임금이 집안 전체 수입의 25퍼센트 이상을 차지하는 사람"을 뜻한다. 또한 집에 어린 아이가 있는 가족의 경우, 결혼한 여성의 3분의 2가 집 밖에서 임금노동에 종사한다고 한다. Sarah Jane Glynn, "Breadwinning Mothers Continue to Be the U.S. Norm", *Centre for American Progress*, May 10, 2019, https://www.americanprogress.org/issues/women/reports/2019/05/10/469039/breadwinning-mothers-continue-u-s-norm.

33 Dunn, *How Not to Hate Your Husband*, p.64.

34 Ibid., p.58.

35 Lockman, "Don't be Grateful That Dad Does His Share".

36 Dunn, *How Not to Hate Your Husband*, p.250.

37 앞서 지적한 것처럼 경제적으로 여유가 있는 백인 여성이 경제적으로 취약한 여성들의 노동에 "기대고 있음"을 함께 인식하는 것이 중요하다. 백인 여성들은 자신의 파트너에게 돌봄노동을 함께 감당하길 요구하기보다 유색인 여성과 저소득층 여성들의 노동을 착취하게 된다.

38 Dunn, *How Not to Hate Your Husband*, p.257.

39 Ibid., p.256.

40 Ibid., p.247.

41 Ibid., p.272.

8장 | 앎의 소유자들: 맨스플레인, 진술 억압, 가스라이팅

1 Laura Dodsworth, interviewed by Liv Little, "Me and My Vulva: 100 Women Reveal All", *The Guardian*, February 9, 2019, https://www.theguardian.com/lifeandstyle/2019/feb/09/me-and-my-vulva-100-women-reveal-all-photographs.

2 젠 건터Jen Gunter 박사의 적절한 코멘트를 보라. https://twitter.com/
   DrJenGunter/status/1094831250945191936 (2019년 7월 5일 접속).

3 Julie Scagell, "Guy Mansplains 'Vulvaanspla'Vaginansto Women and
   It Goes About as Well as Expected", Scary Mommy, February 12, 2019,
   https://www.scarymommy.com/vulva-versus-vagina-twitter.

4 불렌의 글은 점차 일관성을 잃어갔다. "당신은 내가 일부러 멍청한 질문을 하며 논
   지를 흐리는 건지 묻고 있겠지만, 나는 이런 태도 자체를 문제 삼는 거라고." 불렌이
   다른 대다수 사람들처럼 해부학 용어를 제대로 알지 못해서 "외음부"를 "질"로 착각
   하는 실수를 한 게 아니겠냐는 (당시 그에게 우호적이었던) 제안에 대해 불렌은 이
   렇게 답했다.

5 정의 내리는 것과 관련된 질문은 샐리 해슬랭거Sally Haslanger의 선구적 연구에 빛
   지고 있다. 그의 '개선된' 접근법에 동의하며 《다운 걸》 1~2장에서 논지를 펴나갔다.
   또한 해슬랭거의 독창적이고 선구적인 연구를 알고 싶다면, 다음의 논문을 보라.
   "Gender and Race: (What) Are They? (What) Do We Want Them to Be?",
   Nous 34, no. 1, 2000, pp.31-55. 이 논문은 2012년에 출간된 해슬랭거의 저서
   《현실에 저항하다: 사회구조와 사회비평Resisting Reality: Social Construction and
   Social Critique》(New York: Oxford University Press, 2012)에 재수록되었다.

6 내가 평소 '태도'라는 단어를 쓸 때 그건 깊숙한 심리적 상태(말하자면 개별 주체와
   그들의 심리학자가 이해해야 할 어떤 것)를 뜻하려는 게 아니다. "대체 저런 태도는
   뭐지?"라는 맥락처럼 일상적 의미의 제스처에 더 가깝다. 사회적으로 기대되는 행
   동이나 그런 기대를 지속시키는 전제의 측면에서 볼 때, 부적절한 행동이 반복되는
   이유는 무엇일까?

7 트위터상에서 여성의 신체 기관에 대해 여성이 밝힌 생각을 남성이 교정하려 했
   던 것은 이번이 처음이 아니다. 2016년 10월 도널드 트럼프가 트위터상에서 여성
   의 "외음부 주변"을 움켜쥐는 것을 떠벌린 것이 폭로되고 난 후 @DaveBussone
   라는 트위터 아이디를 쓰는 남성이 외음부와 질을 혼동하여, 질은 신체 내부에 위
   치한 기관이기 때문에 외부에서 강제로 만지거나 "움켜쥔"다고 해서 성폭력이 될
   수 없다고 주장한 일도 있었다. 그는 이 사건을 보고한 커스틴 파워스 같은 정치비
   평가에게 다음과 같은 글을 남겼다. "보통 때라면 당신이 무슨 말을 쓰든 상관하지
   않겠지만, 이번엔 그럴 수가 없네. 질은 신체 내부에 위치한 기관이라고. 해부학 책
   을 보는 게 어때. 그건 누군가가 움켜쥘 수 없는 기관이라고. #MAGA." 파워스는
   트위터로 "나는 내 질이 어디에 붙어 있는지 잘 알아"라고 응수했다. 관련 글은 다
   음의 페이스북 피드를 보라. https://www.facebook.com/kirstenpowers10/
   posts/1070957156354394.

8 여기에서 나는 '근거도 없고' '과도한' 권리의식에 심취해서 행동하는 사람들을 지
   칭하기 위해 '인식적 특권'을 경멸조로 쓰고자 했다. 추후에 이러한 태도를 '근거 없
   이' '정당화된' 인식적 특권과 구분하여 쓸 일이 생겼다. 예를 들어, 자신의 주장을 내
   세우기 위해서, 어떤 지식을 알고 있다고 주장하기 위해서, 혹은 정보를 위압적으로
   전달하기 위해 이런 태도를 취하는 사람들이 있다.

9   진술에 관한 불의와 인식적 특권을 구분하는 일은 그 자체로 '도덕적'이다. 진술에 관한 불의가 타인의 말에 귀 기울여야 할 의식적인 의무를 다하지 않는 행위 주체와 연관된다면, 인식적 특권은 행위자의 도를 넘어선 태도나 행위와 연관된다. 다시 말해, 타인이 자신의 말을 들어야 할 의무가 있다고 과도하게 전제하고 있는 태도이다. 이 장의 20번 주석을 보라.

10 진술 억압에 관해 도슨은 아래와 같은 완벽한 정의를 내렸다.
    진술 억압이란 화자가 청자가 받아들일 수 있는 내용만을 발화하기 위해 자신의 진술/증언을 삭제하는 것을 뜻한다. …… 진술은 세 가지 경우에서 억압된다. …… (1) 진술 내용이 안전하지 않고 위험한 경우, (2) 청자가 화자가 진술한 내용과 관련하여 피드백할 능력이 없는 경우, (3) (청자의) 악의적인 무지가 진술을 가로막는 듯하다. "Tracking Epistemic Violence, Tracking Practices of Silencing", *Hypatia* 26, no. 2, 2011, p.244.

11 Rebecca Solnit, "Men Explain Things to Me", reprinted in *Guernica magazine*, August 20, 2012, https://www.guernicamag.com/rebecca-solnit-men-explain-things-to-me(리베카 솔닛, 《남자들은 자꾸 나를 가르치려 든다》, 김명남 옮김, 창비, 2015).

12 Tressie McMillan Cottom, *Thick: And Other Essays*, New Press, 2019, p.219

13 Patrick Hamilton, *Angel Street: A Victorian Thriller in Three Acts* (copyrighted under the title *Gas Light*, New York: Samuel French, 1939

14 Ibid., p.5.

15 이 대목에서 가스라이팅이 비장애 능력주의의 일면을 띤다는 것을 알 수 있다. 다시 말해, 정신질환은 인간적이고 효과적이며 단정적이지 않은 방식으로 치료할 대상이 아니라, 수치심이나 낙인을 유발할 만한 일이라는 생각 말이다. 이것은 2019년 봄 학기 코넬대학교 인문학 연구자 모임에서 내가 주관한 세미나 '(Un)following'에서 바비 콘Bobbi Cohn과 니콜라스 틸메스Nicholas Tilmes가 논의한 내용이다.

16 철학자 케이트 아브람슨이 주장한 것처럼, 고립은 가스라이팅을 주도하는 사람들이 취하는 주요 전략이다. 피해자/목표물을 고립시킴으로써 그들이 자신의 이해를 지지해줄 사람이나, 자신을 신뢰해줄 사람들과 상의하지 못하도록 만든다. 아브람슨의 다음 논문에서 인용했다. "Turning Up the Lights on Gaslighting", *Philosophical Perspectives* 28, 2014, p.2.

17 Hamilton, *Gas Lights*, pp.34-35.

18 Ibid., pp.10-11.

19 가스라이팅이 반드시 젠더화된 것이 아닌데도 불구하고 젠더화된 관계 역학 안에서 빈번히 착취가 일어나거나 지속된다는 점을 염두에 둘 필요가 있다. 이 점에 대해서는 케이트 아브람슨의 논의를 보라. 아브람슨은 이렇게 지적한다.
    "우선 1) 여성은 남성보다 더 빈번히 가스라이팅의 목표물이 된다. 2) 남성은 가스라이팅에 더 빈번히 참여한다. 더욱 중요한 것은 가스라이팅이 다음과 같은 이유로 종종 성차별적인 방향으로 흘러간다는 것이다. 3) 여성이 성차별적이거나 차별적인 행위에 반발하여 저항할 때 가스라이팅이 벌어진다. 4) 가스라이팅에서 활용되는 정서적 조작은 대개 가스라이팅의 타깃(피해자)이 성차별적 규범을 내재화하는 것을 전제한다. 5) 가스라이팅이 성공할 경우, 즉 의도한 대로 타깃을 해쳤을 때 성차별적 규범(피해자가 저항하려 했던 혹은 가해자가 피해자를 조종하기 위해 활용하려 했던 성차별적 규범)이 강화될 수 있다. 6) 가스라이팅 가해자는 때로 자신의 조종행위를 통해 그러한 성차별적 규범을 유지하고 싶어 한다."
Abramson, "Turning Up the Lights on Gaslighting", p.3.

20 앞서 진술에 관한 불의와 (부당한) 인식적 특권의 중요한 차이를 강조한 바 있다. 여기에서는 더욱더 진술에 관한 불의와 가스라이팅을 구분할 필요가 있다. (내가 이미 주장한 것처럼, 가스라이팅은 극단적 형태의 인식적 특권에서 비롯된다.) 진술에 관한 불의는 자신의 대화 상대를 인식의 (잠재적) 주체로 대해야 하는 도덕적 의무를 다하지 않는 가해자가 있을 때 발생한다. 가스라이팅은 대화 상대로 하여금 가스라이팅 가해자를 대화에서 더 많은 지식을 가진 사람으로 대하도록 허구의 도덕적 의무감을 발생시킨다. 이때 대화 상대가 가해자보다 더 많이, 잘 알고 있을 수도 있다는 점은 고려되지 않는다. 레이철 V. 매키넌이 설득력 있게 주장한 것처럼, 가스라이팅은 진술에 관한 불의의 일종이면서도, 그 단계를 넘어서는 유독 징그러운 측면을 갖는다. Rachel V. McKinnon, "Allies Behaving Badly: Gaslighting as Epistemic Injustice", in *The Routledge Handbook of Epistemic Injustice*, edited by Gaile Polhaus, Jr., Ian James Kidd, and José Medina, New York: Routledge, 2017, pp.167-175.

21 Abramson, "Turning up the Lights on Gaslighting", p.9.

22 Kyle Swenson, "Abuse Survivor Confronts Gymnastics Doctor: 'I Have Been Coming for You for a Long Time'", *The Washington Post*, January 17, 2018, https://www.washingtonpost.com/news/morning-mix/wp/2018/01/17/ive-been-coming-for-you-for-a-long-time-abuse-survivor-confronts-gymnastics-doctor.

23 존 미한은 또한 데브라 뉴웰을 그녀의 자녀나 친척과 고립시키려고 했다. 다시 말하지만, 피해자를 고립시키는 것은 가스라이팅 가해자들이 즐겨 쓰는 전략이고, 이에 대해서는 케이트 아브람슨이 적절히 논의한 바 있다. (이 장의 주 15번, 16번, 25번을 보라.)

24 여기에 나오는 구절과 그다음에 나오는 구절은 팟캐스트 〈더티 존〉에서 인용했다. https://www.latimes.com/projects/la-me-dirty-john.

25 여기에서 내가 논한 가스라이팅 개념은 케이트 아브람슨의 개념보다는 넓다. 아브람슨은 가스라이팅을 다음과 같이 정의했다.
"'가스라이팅'은 가스라이팅 가해자가 정서적 기만과 조작을 통해 상대로 하여금 (의식적으로든 무의식적으로든) 자신의 반응, 이해, 기억, 혹은 신념이 착오에 기반할 뿐 아니라 아무런 근거도 없다고 생각하도록 유도하는 일을 뜻한다. 상대를 미친 사람으로 만드는 전형적인 과정이다. …… 가스라이팅은 피해자가 자기 스스로를 가해자의 대화 상대로서 적절치 못하다고 여기도록 한다."
Abramson, "Turning Up the Lights on Gaslighting", p.2

또한 아브람슨은 이렇게 쓴다.

"가스라이팅 가해자는 상대가 스스로를 미쳤거나, 과민하거나, 편집증적이라고 느끼게 만든다. 공통적으로 이런 용어들은 가스라이팅의 맥락에서 상대에게 자신이 '틀렸거나 착각했다'는 식의 감각을 주입할 뿐 아니라 자신이 틀렸거나 착각했는지 판단조차 하지 못하게 한다. 가스라이팅의 먹잇감이 된 사람은 기본적인 이성적 판단 능력을 의심받는다. 즉 타깃이 된 여성은 사실을 제대로 파악하고 숙고할 능력이 있다는 것, 적절한 방식으로 반응할 수 있는 능력 전반, 다시 말해 도덕적 주체이자 무언가를 숙고할 수 있는 사람으로서의 독립적인 지위를 부정당하는 것이다. 가스라이팅이 성공할 경우, 피해자는 완벽히 광인이 된다. 독립된 주체로 설 수 있는 능력 전반을 약화시키기 때문이다."

Ibid., p.8.

26 데브라 뉴웰이 존 미한을 기꺼이 용서하고 스스로의 판단을 포기하게 된 이유를 그녀의 어두웠던 과거에서 찾을 수 있을 것이다. 수십 년 전 데브라의 언니인 신디가 남편 빌리 비커스에게 살해된 일이 있었다. 신디가 이혼 신청을 하자 빌리가 직사거리에서 신디의 머리 뒤쪽에 총을 쏜 것이다. 그러나 신디와 데브라의 어머니 알레인 하트는 빌리가 한 모든 일을 용서했다. 용서보다 더한 일도 자처했다. 살인 재판에서 빌리를 위해 자발적으로 증언한 것이다. 그렇게 알레인 하트는 극단적인 형태의 용서를 실행에 옮겼고, 그런 행동이 데브라의 기억에 손상을 입혔다. 데브라의 행동을 지켜본 적어도 몇 명의 주변 사람들은 그렇게 말했다. 크리스토퍼 고퍼드는 이렇게 쓴다.

"알레인 하트의 증언은 당시 그 사건의 검사였던 토머스 아브디프를 경악케 했다. 그는 이 살인 사건을 비정한 인간이 저지른 짓이라고 여기고 있었다. 그의 해석에 따르면, 그 모친은 …… 딸이 남편을 제대로 대우하지 못했다고 증언했다.

'내가 그 가족 내부의 역학관계를 알 수는 없지만, 그 어머니란 사람이 딸을 버스 밖으로 던져버린 꼴이었습니다'라고 아브디프는 말했다. '도무지 이해할 수가 없었어요. 피해자(딸)를 어떻게 그렇게 나쁘게 말할 수 있습니까?'"

https://www.latimes.com/projects/la-me-dirty-john.

나는 이 책이 아브디프 검사가 제기한 중요한 질문에 대한 답을 제공했으면 한다. 일반적으로 여성 피해자보다 남성 가해자에게 공감하는 경향이 여기에서도 나타나고 있다. 심지어 그 여성 피해자는 증인의 딸이었다. 말하자면 힘패시는 다수의 사람들이 연루된 문제이다.

27 어떤 이들은 가스라이팅 가해자가 피해자를 미친 사람으로 몰아세우는 '동기'가 가스라이팅의 일부라고 생각한다. 그렇지만 내 생각에 이러한 해석은 심리적 요인에 너무 많이 휘둘리는 듯하다. 다시 말해 가스라이팅을 지나치게 심리학적인 것으로 정의하고 있거나, 가해자의 의도에 너무 과하게 방점을 찍는 것이다. 나는 가스라이팅을 하는 주체보다는 그 '행위'가 무엇을 얻어내고자 하는지(예컨대 그러한 행위의 목적)에 초점을 맞춰 가스라이팅을 정의하고 싶다. 또는 가해자가 그러한 목적을 의중에 두었는지, 상대가 미치도록 몰아가는 전략이나 그와 반대로 도덕적인 교훈을 내세우는 전략을 (아니면 이 둘을 적절히 조합하거나, 여기에 '위협'까지 섞는지) 세

웠는지를 살피고자 한다. 그러나 물론 이런 식의 단순한 평가들이 추론에 머물 뿐이라는 것을 잘 알고 있다. 가스라이팅을 제대로 이해하고 정의하는 최상의 방법은 더 넓은 철학적 주제이다. 이 주제에 흥미를 갖고 있는 독자라면 우선 앞의 주들에 언급된 케이트 아브람슨과 레이철 V. 매키넌의 글을 참조하기 바란다.

28 크리스토퍼 고퍼드는 존 미한이 "특히 자신의 적을 다룰 때 일이 군중심리를 따라 진행되도록 용인했다"고 말한다. 미한은 반복해서 비정한 인간들의 정신을 북돋고 옹호하는 말을 했다. "죽은 적수는 고통을 느끼지 못하니 그들의 가족을 추적하라. 원수의 가족을 괴롭히면 그걸로 됐다." 바로 그 이유로 미한은 어느 날 저녁 테라 뉴웰의 아파트에 찾아간 것이다. 경찰의 보고대로라면 '납치 도구들'(청테이프, 케이블 선, 부엌 칼 세트, 주사로 주입 가능한 테스토스테론 알약, 여권)로 무장한 채 말이다. 미한은 테라가 저항하기 전에 그녀를 칼로 찌르려고 했다. 결국 테라는 미한을 무장해제시켰고, 자기 방어를 위해 수차례 그를 칼로 찔렀다. 미한은 나흘 후 병원에서 사망했다. 고퍼드는 이 사건에 대해 이렇게 쓴다. "형사들은 검사 맷 머피 Matt Murphy에게 이 사건이 명백한 정당방위에 해당한다고 말했다. 살인자라면 그런 상황에서 도주하는 것이 보통이며, 피해자가 사망한 경우 시체를 고속도로나 사막에 유기한다."

테라는 구속되지도 기소되지도 않았다.

https://www.latimes.com/projects/la-me-dirty-john-terra.

29 Abramson, "Turning Up the Lights on Gaslighting", pp.8-12

30 Solnit, "Men Explain Things to Me", Guernica.

31 물론 누구나 인터넷에서 분노의 대상이 될 수 있다. 그러나 여기서 요점은 나의 분석 안에서 여성혐오를 구성하는 요인을 살펴보는 것이다. 여성혐오의 구성 요건은 다음과 같다. 여성을 공격 대상으로 삼는 행위가 (이 여성과 같은 조건을 가진 남성을 공격 대상으로 삼는 행위에 비해) 명백히 무차별적이고 성차별적인 협박과 모욕을 수반할 때 여성혐오가 작동한다고 볼 수 있다. 첫 번째 요인에 대해서는 2016년 4월 12일 《가디언》에 실린 다음의 글을 보라. "The Dark Side of Internet Comments", https://www.theguardian.com/technology/2016/apr/12/the-dark-side-of-guardian-comments.

32 예를 들어, 2012년에 존스는 호주의 첫 여성 수상인 줄리아 길러드Julia Gillard를 "곡물 푸대에 처넣은 채"로 바다에 빠뜨려 익사하게 둬야 한다고 말한 바 있다. 그해 말 길러드의 부친이 사망했을 때, 존스는 길러드의 부친이 딸이 수치스러워서 빨리 죽은 것이라고 일갈했다.

33 추후 아던은 이 정책을 시행했고, 뉴질랜드는 이 목표치를 법으로 제정했다. "New Zealand 'On the Right Side of History' with 2050 Carbon Emissions Target, Jacinda Ardern Says", ABC News, November 7, 2019, https://www.abc.net.au/news/2019-11-07/new-zealand-passes-leading-carbon-emissions-law/11683910.

34 Aaron M. McCright and Riley E. Dunlap, "Cool Dudes: The Denial of Climate Change Among Conservative White Males in the United States",

Global Environmental Change 21, no. 4, 2011, pp.1163-1172.

35 환경운동가 그레타 툰베리(그는 자폐 스펙트럼상에 있다)를 조롱하는 수많은 말들과 비교해보라. 툰베리는 비장애 능력주의에 기반한 고정관념이나 그와 관련된 수사법의 희생양이 된다. 호주의 칼럼니스트인 앤드루 볼트Andrew Bolt가 끔찍하게 공격한 것을 예로 들어보자. 볼트는 "그토록 많은 정신질환을 갖고 있는 어린아이가 그토록 많은 어른들의 스승이 되는 경우를 본 적이 없다"고 〈그레타 툰베리를 숭배하는 사람들에 관한 불편한 비밀〉이라는 제목의 글에 썼다. "The Disturbing Secret to the Cult of Greta Thunberg", *The Herald Sun*, August 1, 2019, https://www.heraldsun.com.au/blogs/andrew-bolt/the-disturbing-secret-to-the-cult-of-greta-thunberg/news-story/55822063e3589e027 07fbb5a9a75d4cc.

36 Kate Lyons, Naaman Zhou, and Adam Morton, "Scott Morrison Condemns Alan Jones's Call to 'Shove Sock Down Throat' of Jacinda Arden", *The Guardian*, August 15, 2019, www.theguardian.com/media/2019/aug/15/alan-jones-scott-morrison-shove-sock-throat-jacinda-ardern.

37 존스가 "어리석고" "위선적"이라며 아던을 비난한 날 (방송사가 그에게 불쾌함을 표할 뿐 아니라 광고를 내리는 등) 상당한 압박을 받자 존스는 결국 성의 없는 사과문을 내놓았다. 이에 관해서는 다음의 기사를 보라. "Alan Jones Writes to Jacinda Ardern to Apologise After Companies Pull Ads", *The Guardian*, August 16, 2019, https://www.theguardian.com/media/2019/aug/16/alan-jones-writes-to-jacinda-ardern-to-apologise-after-companies-pull-ads.

38 Lyons, Zhou, and Morton, "Scott Morrison Condemns Alan Jones's Call to 'Shove Sock Down Throat' of Jacinda Arden", *The Guardian*.

9장 | '당선 가능성'이 말하지 않는 것: 여성 그리고 권력

1 이 글을 쓰고 있던 당시 당선 가능성이 높고 가장 인기가 많은 여성 대권주자 엘리자베스 워런을 언급하는 새 글 1만 7000개가 쏟아져 나왔다. (대통령 선거까지 1년이 더 남아 있던 2019년 9월 1일의 일이다.) 물론, 이 이야기들 중 어떤 것들은 남성 후보의 당선 가능성에 더 초점을 맞췄거나, 일반적 의미에서의 당선 가능성을 언급했을 수 있다. 그러나 관련 헤드라인만 훑어보더라도 그런 기사들이 다른 이야기를 하고 있다는 걸 알 수 있다. 예를 들어 2019년 8월의 한 주에 나온 헤드라인을 살펴보자.

• 애런 블레이크Aron Blake, 〈엘리자베스 워런이 치고 나오고 있지만 '당선 가능성'이라는 큰 질문이 그림자를 드리우고 있다Elizabeth Warren Is Surging, but This One Big Question Electability Looms Over Her〉, 2019년 8월 8일 《워싱턴 포스트》. https://www.washingtonpost.com/politics/2019/08/08/elizabeth-warren-all-important-electability-question.

- 조너선 마틴Jonathan Martin, 〈민주당 지지자들의 열띤 사랑을 받고 있는 엘리자베스 워렌. 그들 역시 워렌의 '당선 가능성'을 걱정하고 있다Many Democrats Love Elizabeth Warren. They also Worry About Her Electability〉, 2019년 8월 15일 《뉴욕타임스》. https://www.nytimes.com/2019/08/15/us/politics/elizabeth-warren-2020-campaign.html.
- 니콜 굿킨드Nicole Goodkind, 〈민주당 지지자들은 여성 후보가 트럼프를 이기기 어려울 거라고 전망한다Democrats Worry That a Female Candidate Can't Beat Trump〉, 2019년 8월 15일 《뉴스위크》. "https://www.newsweek.com/2020-candidates-women-vote-trump-electability-1454622.

2 Madeline E. Heilman, Aaron S. Wallen, Daniella Fuchs, and Melinda M. Tamkins, "Penalties for Success: Reactions to Women Who Succeed at Male Gender-Typed Tasks", *Journal of Applied Psychology* 89, no. 3, 2004, pp.416-427.

3 성별을 밝히지 않은 피험자 한 명이 있었다는 사실에 주목하자. 이는 단순한 누락일 수도 있고, 그가 논바이너리여서일 수도 있다.

   2014년 헤일먼과 공동 연구자들의 연구가 출간되었을 때, 그들의 연구는 폭넓게 채택되어 많은 곳에서 실험이 진행되었다. 이 장에서는 그와 비슷한 연구들이 언급될 것이다. 더욱이 당시 피험자들은 평균 20.5세의 대학생으로 밀레니얼 세대에 속한다고 할 수 있다. 이러한 사실로 미루어볼 때, 실험 결과를 역사적으로 지난 시간대의 일로 치부하기 어렵다.

4 David Paul and Jessi L. Smith, "Subtle Sexism? Examining Vote Preferences When Women Run Against Men for the Presidency", *Journal of Women, Politics, and Policy* 29, no. 4, 2008, pp.451-476. 또한 성별에 따라 실험 결과를 따로 도출하는 것은 결과에 아무런 변화도 가져오지 못한다. 2019년 4월 11일 〈폴리티코〉에 쓴 나의 글 〈이 멍청이들아, 그게 성차별이야It's the Sexism, Stupid〉에서 이 장 주 2번에 언급한 이 연구에 대해 상세히 논의했다. https://www.politico.com/magazine/story/2019/04/11/its-the-sexism-stupid-226620.

5 Emily Peck, "Half the Men in the U.S. Are Uncomfortable with Female Political Leaders", *HuffPost*, November 21, 2019, https://www.huffpost.com/entry/half-us-men-uncomfortable-with-female-political-leaders_n_5dd30b73e4b0263fbc993674.

6 선거 결과 117명의 여성들은 116대 의원으로 당선되었다. 2016년 선거 시즌에 89명의 여성들이 당선된 것과 대조적이다. 이에 대해서는 2019년 1월 3일 《복스》에 리 주Li Zhou가 게재한 기사 〈역사적인 새 의회가 오늘 임명 선서를 한다A Historic New Congress Will Be Sworn in Today〉를 보라. https://www.vox.com/2018/12/6/18119733/congress-diversity-women-election-good-news.

7 Tyler G. Okimoto and Victoria L. Brescoll, "The Price of Power: Power

Seeking and Backlash Against Female Politicians", *Personality and Social Psychology Bulletin* 36, no. 7, 2010, p.933.

8   Madeline Heilman and Tyler Okimoto, "Why Are Women Penalized for Success at Male Tasks?", *Journal of Applied Psychology* 92, no. 1, 2007, p.81.

9   Ibid.

10 Ibid., p.82.

11 앤드리아가 앞서와 같은 방식으로 묘사됐다면, 제임스는 부하직원들을 "보듬을 줄 알고 그들의 필요에 민감한 적극적인 부장"으로 묘사될 것이다. "우호적인 업무 환경을 조성하는 것의 중요성을 강조"하고, "긍정적 커뮤니티를 창조하기 위해 애쓴 공로로 칭찬받는" 사람 말이다. Ibid., p.83. 연대의식에 대한 이 두 가지의 평가는 매 피험자들에게서 갈렸다.
    이 실험을 고안한 공동 연구자들이 긍정적인 정보와 '연대의식을 결여하고 있다는' 부가적인 정보 모두 평가 목표로 추가했다는 사실에 주목해야 한다. 칭찬을 추가한 것은 여성에 대한 업무평가에는 영향을 미쳤지만 남성에 대한 업무평가에는 영향을 미치지 않았다.

12 그러나 다시 말하지만, 피험자들의 성별에 따라 실험 결과가 달라지지 않았다. 본래의 성별이 이러한 편견을 갖는 데 큰 영향을 주지 않는다는 것을 알 수 있다. 또는 그러한 편견을 없애는 데 사람들의 성별이 중요하게 작용하지 않는다는 것을 뜻할 수도 있다. Ibid., p.84.

13 이 대목에서 클린턴이 득표수로 트럼프를 이겼다는 사실을 독자들에게 다시 상기할 필요를 느낀다. 그러나 득표수로 이겼다는 점은 변증법적 맥락에서만 힘을 발휘한다. 이성적인 사람이라면 클린턴이 좋은 대통령이 될 수 있을 거라는 명제에 동의하지 않을 것이다. 그러나 클린턴이 트럼프보다 '더 나은' 대통령이 되었을 거라는 사실에는 의심의 여지가 없다. 그렇기에 훨씬 더 유능한 후보였던 클린턴의 2016년 대선 패배는 여성 정치인의 당선 가능성과 관련해 여전히 문제적인 사안으로 남아 있다.

14 Tina Nguyen, "Salad Fiend Amy Klobuchar Once Berated an Aide for Forgetting a Fork", *Vanity Fair*, February 22, 2019, https://www.vanityfair.com/news/2019/02/amy-klobuchar-comb-fork-salad. 공정하게 평가하자면, 이 기사의 어조에 특히 더욱 깊은 신중함이 담겨 있다. 기사 작성자는 보통 직접 헤드라인을 뽑지 못한다.

15 Matt Flegenheimer and Sydney Ember, "How Amy Klobuchar Treats Her Staff", *The New York Times*, February 22, 2019, https://www.nytimes.com/2019/02/22/us/politics/amy-klobuchar-staff.html.

16 Joseph Simonson, "Biden Aide: 'Everyone Who Has Worked for Him Has Been Screamed At'", *Washington Examiner*, Julygton Examihttps://www.washingtonexaminer.com/news/biden-aide-everyone-who-has-worked-for-him-has-been-screamed-at.

17   Paul Heintz, "Anger Management: Sanders Fights for Employees, Except His Own", *Seven Days*, August 26, 2015, https://www.sevendaysvt.com/vermont/anger-management-sanders-fights-for-employees-except-his-own.
또한 다음의 기사들을 살펴보라.
• Harry Jaffe, "Bernie Sanders Is Cold as Ice", *Boston Magazine*, September 29, 2015, https://www.bostonmagazine.com/news/2015/09/29/bernie-sanders.
• Mickey Hirten, "The Trouble with Bernie", *Lansing City Pulse*, October 7, 2015, https://www.lansingcitypulse.com/stories/the-trouble-with-bernie,4622.
• Graham Vyse, "10 Things Biographer Harry Jaffe Learned About Bernie Sanders", InsideSources, Decemberry Jaffe Lehttps://www.insidesources.com/10-things-biographer-harry-jaffe-learned-about-bernie-sanders.
이 기사들이 클로부차의 이야기를 터뜨린 기사들보다 영향력이 훨씬 적다는 것을 인정한다. 그러나 어떤 면에서는 바로 그 점이 내가 이 기사들을 언급한 이유가 된다. 여성 상원의원에 대한 루머는 훨씬 더 뉴스거리가 된다.

18   Alex Seitz-Wald, "Beto O'Rourke Drops F-Bombs, Snaps at Staff, Stresses Out in Revealing New Documentary", NBC News, March 9, 2019, https://www.nbcnews.com/politics/2020-election/beto-o-rourke-drops-f-bombs-snaps-staff-stresses-out-n981421.

19   〈폴리티코〉는 2019년 2월 3일부터 여론조사 수치를 기록하기 시작했다. 클로부차는 2월 10일부터 3월 10일 사이 3~4퍼센트를 기록했다. 그리고 2019년 나머지 기간에는 1~2퍼센트만을 기록했고, 한 번은 상위 후보 10인의 자리에서 밀려나기도 했다. https://www.politico.com/2020-election/democratic-presidential-candidates/polls. 클로부차는 예측을 깨고 뉴햄프셔주 경선에서 3위를 차지하며 강력하게 부상하는 듯했지만, 슈퍼화요일을 앞두고 경선을 포기했다.

20   진정한 대선 유력 후보로 여겨졌던 질리브랜드의 여론조사 결과는 클로부차의 것보다 더욱 암울했다. 유세 초반 꾸준히 1퍼센트 지지율을 얻었고, 4월 7일 주간에 딱 한 번 2퍼센트 지지율을 얻었다. 질리브랜드는 7~8월에 〈폴리티코〉가 집계한 상위 10인에 들지 못했다. 민주당 대선 경선 토론에 들어갈 3인에 포함될 자격 또한 얻지 못했고, 그 후 8월 28일 수요일 당내 경선에서 중도 하차했다. https://www.politico.com/2020-election/democratic-presidential-candidates/polls.

21   질리브랜드의 경선 포기에 대한 트위터의 대표적인 반응은 이렇다.
"나는 당선된 열 명의 대선 후보들로 만족스럽다. 그렇지만 @alfrnken(알 프랑켄)이 (트럼프를) 이겨버릴 무서운 후보가 될 수도 있었을 텐데 그걸 보지 못하다니. …… 그렇지만 …… 당신도 알았지, 그렇지?" https://twitter.com/criteria681/status/1166879516951797762.
"민주당은 당신이 고맙다. 우리는 또한 전미총기협회NRA와 알 프랑켄을 잊지 않을 것이다." https://twitter.com/rmayemsinger/status/1166845231448256518. "안녕 질리브랜드…… 알 프랑켄으로부터." https://twitter.com/DCRobMan/status/1166827567040598018.

22 도덕적인 측면에서 말하자면 프랑켄은 전적으로 자기 자신의 과오 때문에 사임한 것이라는 점을 상기시킬 필요가 있겠다. 또한 그는 애초 자신이 한 고약한 행동에 책임을 져야 한다. (나는 그의 옳지 않은 행동에 대한 불평들을 신뢰한다.) 이에 관련해서는 내가 2019년 1월 17일 《컷》에 쓴 글을 보라. "Gillibrand's Al Franken Problem Won't Die", https://www.thecut.com/2019/01/kirsten-gillibrands-al-franken-problem-wont-die.html.

23 Elena Schneider, "Why Gillibrand Crashed and Burned", Politico, August 29, 2019, https://www.politico.com/story/2019/08/29/kirsten-gillibrand-drops-out-2020-race-1477845.

24 Heilman and Okimoto, "Why Are Women Penalized for Success at Male Tasks?", p.86

25 연구자들은 성별 편견을 극복할 수 있는 방법들을 제시한다. 평가 대상에 들어갈 정보로 '부모' 여부를 꼽았다. 여성의 경우 누군가의 '엄마'로 밝혀지면 더 긍정적인 평가를 받았다. 남성의 경우 누군가의 아빠로 밝혀져도 평가가 별반 달라지지 않았다. 즉 아빠라고 해서 자녀가 없는 남성에 비해 특별히 '덕'을 본다거나 상사로서 더 호감을 얻는 것은 아닌 셈이다. 그렇지만 헤일먼과 오키모토가 살핀 것처럼, 이 실험 결과의 적용 범위는 다소간 제한적이다. 왜냐하면 수많은 연구가 밝혔듯, 여성들은 아이를 갖게 될 가능성 때문에 여러 편견 어린 시선에 노출되기 때문이다. 엄마가 되면 자녀가 없는 여성보다 업무 능력이나 업무 충성도가 떨어진다고 여겨진다. 여성의 경우 이중의 편견에 구속되는 것이다.

26 여기서도 분명 성차별주의의 역학이 작동하고 있다는 것을 의심하던 나는 한 강의 평가 사이트(ratemyprofessor.com)에서 시행되는 강의평가에서도 여성 교수들이 "짝퉁" 같은 단어로 설명되고 있다는 것을 발견할 수 있었다. 적어도 남성들이 지배적인 직업군에서 여성의 권위가 사실상 받아들여지지 않고 있다는 가설을 뒷받침하는 증거들이었다. 관련 논의로는 《다운 걸》 8장(특히 〈그렇게 보이게 하라Faking It〉라는 챕터)를 보라.

27 《다운 걸》, 8장.

28 "Transcript: Greta Thunberg's Speech at the U. N. Climate Action Summit", NPR, September 23, 2019, https://www.npr.org/2019/09/23/763452863/transcript-greta-thunbergs-speech-at-the-u-n-climate-action-summit.

29 이 반응을 뉴질랜드의 여성 수상 저신다 아던이 했던 일과 비교해보라. 아던은 2019년 3월 크라이스트처치의 모스크(이슬람 예배당)에서 총기난사 사건이 발생했을 때 진심 어린 공감을 표해 널리 찬사를 받았다. 이 책의 8장 후반부의 아던이 주요한 환경 의제를 내놓았을 때 일각에서 나온 당혹스러운 반응들에 대한 논의도 함께 살펴보면 좋다.

여성혐오와 기후변화 부정 활동과의 연관성을 훌륭하게 분석한 마틴 젤린Martin Gelin의 다음 글을 보라. "The Misogyny of Climate Deniers", *The New Republic*, August 28, 2019, https://newrepublic.com/article/154879/misogyny-climate-deniers.

30 좌파보다는 우파가 연대의식을 갖춘 사람으로 인식되기 쉬울 것이다. 자신을 전통적 가치나 가족의 가치를 옹호하는 사람으로 내세울 수 있기 때문이다. 이는 내가 《다운 걸》에서 예견한 것과 들어맞는다. 이 책에서 나는 다른 모든 조건이 동일할 때, 현실정치에서 보수 진영에 속한 여성 정치인이 여성혐오를 덜 겪을 것이라고 예견한 바 있다. 《다운 걸》 4장의 114~115쪽을 보라.

31 다음 문헌들을 보라.
Myisha Cherry, "Love, Anger, and Racial Injustice", in *The Routledge Handbook of Love in Philosophy*, edited by Adrienne Martin, New York: Routledge, 2019, chapter 13; Amia Srinivasan, "The Aptness of Anger", *Journal of Political Philosophy* 26, no. 2, 2018, pp.123-144; Brittney Cooper, *Eloquent Rage: A Black Feminist Discovers Her Superpower*, New York: St. Martinck Femin; Soraya Chemaly, *Rage Becomes Her: The Power of Women's Anger*, New York: Atria, 2018; Rebecca Traister, *Good and Mad: The Revolutionary Power of Women's Anger*, New York: Simon & Schuster, 2018.

32 Shannon Carlin, "Elizabeth Warren Doesn't Care If Joe Biden Thinks She's Angry", Refinery 29, November 10, 2019, https://www.refinery29.com/en-us/2019/11/8752565/elizabeth-warren-angry-joe-biden-email-response.

33 Benjamin Fearnow, "Elizabeth Warren Celebrates Taking 100,000 'Selfies' With Supporters During 2020 Campaign", *Newsweek*, January 5, 2020, https://www.newsweek.com/elizabeth-warren-celebrates-taking-100000-selfies-supporters-during-2020-campaign-1480473.

34 Lauren Strapagiel, "Elizabeth Warren Followed Through on Giving This Woman Advice on Her Love Life", BuzzFeed News, May 19, 2019, https://www.buzzfeednews.com/article/laurenstrapagiel/elizabeth-warren-followed-through-on-giving-this-woman-love.

35 Aris Folley, "Warren's Campaign Team Sends Dinner, Cookies to Sanders Staffers After Heart Procedure", The Hill, Octobernner, Cookhttps://thehill.com/homenews/campaign/464253-warrens-campaign-team-sends-dinner-cookies-to-sanders-staffers-after-heart.

36 이 트윗은 1만 8000회 리트윗되었고, 22만 8000건의 '좋아요'를 받았다. (2019년 9월 11일 기준): https://twitter.com/AlishaGrauso/status/1144073941922832385.

37 이 트윗은 3만 1000회 리트윗되었고, 32만 5000건의 '좋아요'를 받았다. (2019년

9월 11일 기준): https://twitter.com/MerrillBarr/status/114407438899349
9136.

38   이 트윗은 3만 8000회 리트윗되었고, 41만 6000건의 '좋아요'를 받았다. (2019년
9월 11일 기준): https://twitter.com/ashleyn1cole/status/114412555543801
8560

39   Steve Peoples, "Analysis: Elizabeth Warren Growing into Front-Runner
Status", AP News, October 16, 2019, https://apnews.com/43a868c4b9174
6f5a5a74df751a08df3.

40   슈퍼화요일이 끝난 뒤 2020년 3월 4일 오후 1시를 기점으로 워렌은 47명의 대의
원을 얻었다. 바이든은 513명, 샌더스는 361명의 대의원을 확보했다. (부티지지는
26명, 블룸버그는 24명, 클로부차는 일곱 명의 대의원을 확보했다. 이들 각각이 선
거 유세를 중단하기 전의 일이다. 툴시 개버드Tulsi Gabbard 또한 한 명의 대의원을
확보했다.) https://twitter.com/NBCNews/status/1235264711136071680.

41   내가 이렇게 말한 까닭은 워렌이 단순히 더 잘하겠다고 다짐한 것에 그치지 않고,
미국 원주민 커뮤니티의 요구를 우선순위에 두겠다고 했기 때문이다. 이 과정에
대해서는 다음 글을 보라. Thomas Kaplan, "Elizabeth Warren Apologizes at
Native American Forum: 'I Have Listened, and I Have Learned'", *The New
York Times*, August 19, 2019, https://www.nytimes.com/2019/08/19/us/
politics/elizabeth-warren-native-american.html.

42   https://twitter.com/sandylocks/status/1234924330040954880 (2020년
3월 4일 기준).

43   이 글을 쓰고 있던 당시 호주 시민이자 미국 영주권 소지자였던 나에게는 투표권이
없었다.

44   록산 게이가 트위터에 올린 글을 예로 들어보자. "나는 이번 선거철에 길을 잃은
느낌이다. 샌더스는 물론 워렌 또한 잘할 것이라 예상했다. 그러나 워렌의 결과
는 당혹스럽기 짝이 없다. 바이든이 승승장구하는 것도 실망스럽다. 만약 그가 민
주당 대선 후보로 지명된다면 웩, 차라리 비욘세를 부통령으로 만드는 게 낫겠다."
https://twitter.com/rgay/status/1235081083038752768 (2020년 3월 4일
기준).

45   카멀라 해리스Kamala Harris는 여러 측면에서 말하기 까다로운 존재다. 우선 당내
경선을 중도 하차하기 전까지 해리스는 클로부차나 질리브랜드보다 훨씬 더 많은
지지를 받았다. 비록 워렌보다는 훨씬 덜했지만 말이다. 또 다른 이유로는 검사로서
그녀의 행적에 진정 염려스러운 부분이 많았다는 것을 꼽을 수 있다. 고백컨대 나는
그 부분에 대한 태도를 미처 다 정리하지 못했다. 검사 재임 시절 해리스가 수감된
트랜스여성의 성별 확정 수술을 거부한 사실이 그녀에게 연대의식이나 공감 능력이
부족하다는 근거로 작용할 수 있을까? 이성적 사고를 할 수 있는 사람이라면 이 문
제를 클로부차가 자신의 참모진을 대하는 태도를 판단할 때와는 다르게 바라볼 수
밖에 없을 것이다. 해리스는 제도에 내재하는 인종주의, 트랜스포비아, 여타의 구조
적 문제들을 공고히 하는 데 일조했다. 내게는 이런 부분이 더욱 중요하다. 마지막

으로 조금 다른 분야이긴 하지만, 이 책에서의 논의에 국한해 이야기한다면, 앞서 언급한 백인 여성들은 인식적 특권을 누렸을 것이다. 반면 해리스는 반드시 대선에 나가겠다는 야심을 품은 흑인 여성으로서 특유의 편견에 시달려야 했을 것이다.

레지널드 드웨인 벳츠Reginald Dwayne Betts의 조언에 감사를 표한다. 내가 해리스의 검사 시절 기록을 두고 애초에 품고 있던 걱정들을 다시 숙고할 수 있게 도와주었다.

46 https://twitter.com/JRubinBlogger/status/1230317991180546049 (2020년 3월 4일 기준).

47 그러한 비판들을 잘 요약한 글로는 수전 J. 데마스Susan J. Demas의 다음 글을 보라. "Nobody Likes a Smarty Pants: Why Warren and Obama Irk Pundits So Much", *Wisconsin Examiner*, February 20, 2020, https://wisconsinexaminer.com/2020/02/20/nobody-likes-a-smarty-pants-why-warren-and-obama-irk-pundits-so-much.

48 예비선거가 열리기 직전 워렌은 사실 민주당 유권자들 사이에서 2위로 꼽혔다. 관련하여 다음 글을 보라. Philip Bump, "A New National Poll Answers a Critical Question: Who Is the Second Choice of Democratic Voters?", *The Washington Post*, January 28, 2020, https://www.washingtonpost.com/politics/2020/01/28/new-national-poll-answers-critical-question-who-is-second-choice-democratic-voters.

49 이 티셔츠는 다음 사이트에서 살 수 있다. https://nextlevely.com/product/shes-electable-if-you-fucking-vote-for-her-elizabeth-warren-shirt (2020년 3월 4일 기준).

50 이 장의 주 3번을 보라.

51 여기에서 나는 내가 《워싱턴 포스트》에 썼던 글을 참조했다. "Warren Succeeded Because Voters Saw Her as Caring. That's Also Why She Failed", *The Washington Post*, March 6, 2020, https://www.washingtonpost.com/outlook/warren-succeeded-because-voters-saw-her-as-caring-thats-also-why-she-failed/2020/03/06/8064b7c2-5f0f-11ea-b014-4fafa866bb81_story.html.

52 Alex Thompson and Alice Miranda Ollstein, "Warren Details How She'd Transition Country to 'Medicare for All'", Politico, November 15, 2019, https://www.politico.com/news/2019/11/15/warren-medicare-for-all-071152.

53 샌더스가 장애를 가진 버몬트주 유권자에게 공감하지 못한 증거에 대해서는 내가 쓴 다음 글을 보라. "Unfeeling the Bern: Or, He Is the One Who Protests", https://www.academia.edu/30041350/Unfeeling_the_Bern_or_He_is_the_One_Who_Protests_--_Draft_of_June_2. 또한 샌더스의 정치에 관한 나의 유보적 견해에 대해서는 내가 쓴 다음 글을 보라. "The Art of Losing: Bernie Sanders' White Male Problem", https://www.academia.edu/30040727/

The_Art_of_Losing_Bernie_Sanders_White_Male_Problem_Draft_of_
May_24_2016_.

54 아렌 R. 리브런Aren R. LeBrun(@proustmalone)이라는 사람은 트위터에 다음
과 같이 썼다. "한때는 자신의 인종을 속여 하버드 최초 '여성 유색인 교수'가 된
우익 기업 변호사였던 엘리자베스 워렌이 이제는 가장 큰 슈퍼팩 자금을 받았다
는 사실을 누누이 강조할 필요가 있다. 워렌은 자신의 홈페이지에 '그 어떤 슈퍼
팩 자금도 거절한다'고 써놓은 바 있다." https://twitter.com/proustmalone/
status/1235215120160219139 (2020년 3월 4일 기준).

55 힐러리 클린턴과 줄리아 길러드가 특히나 신뢰할 수 없는 정치인이라는 견해에 관
한 상세한 논의는 《다운 걸》 8장에 나온다.

56 Hope Yen, "AP Fact Check: Sanders' Shift on Delegates Needed to Win",
AP News, March 1, 2020, https://apnews.com/a5f8f2335cf1b617dbb6626
845b1c4a8.

57 이 첫 번째 사안에 대해서는 리비 왓슨Libby Watson이 2019년 10월 23일 《뉴
리퍼블릭》에 쓴 글 〈조 바이든만의 위임 광기에 관하여Joe Biden's Individual
Mandate Madness〉를 보라. The New Republic, October 23, 2019, https://
newrepublic.com/article/155477/joe-bidens-individual-mandate-
madness. 두 번째 사안에 대해서는 맷 플레겐하이머Matt Flegenheimer가 2019
년 6월 4일 《뉴욕 타임스》에 쓴 〈조 바이든의 최초 대선 출마는 재앙. 몇 가지 오판
이 두 번째 출마에서도 반복 중Biden's First Run for President Was a Calamity. Some
Missteps Still Resonate〉을 보라. https://www.nytimes.com/2019/06/03/us/
politics/biden-1988-presidential-campaign.html.

58 MJ Lee, "Bernie Sanders Told Elizabeth Warren in Private 2018 Meeting
That a Woman Can't Win, Sources Say", CNN, Januarys Told Elizhttps://
www.cnn.com/2020/01/13/politics/bernie-sanders-elizabeth-warren-
meeting/index.html.

59 그와 같은 대화의 맥락에서 트럼프가 여성 정치인들을 향해 성차별주의를 무기로
휘두를 수 있다고 말하는 것은 강력한 함의를 지닌다. 즉 이 말은 여성들이 트럼프
와 맞붙어 이겨야 한다는 압박을 강하게 받게 된다는 것을 뜻한다. (그렇지 않고서
야 굳이 이 말을 할 필요가 있겠는가? 특히 이런 전략은 워렌에게 새삼스러울 것도
없었다.) 그러나 샌더스의 이런 암시가 성차별적 행위인지, 아니면 여성이 대통령으
로 당선되기엔 넘기 어려운 장벽이 있다는 그럴듯한(앞서 이미 논의한 것처럼 그렇
다고 정당화되기는 어려운) 가설을 외교적이지 못한 방식으로 말한 것에 불과한지
에 대해서는 의견이 갈린다.

60 내가 에즈라 클라인Ezra Klein을 인터뷰하며 썼던 글을 참조했다. "Kate
Manne on Why Female Candidates Get Ruled 'Unelectableon Why
Femal", Vox, April 23, 2019, https://www.vox.com/policy-and-
politics/2019/4/23/18512016/elizabeth-warren-electability-amy-
klobuchar-2020-primary-female-candidates.

61 누가 유력한 후보인지 묻는 설문에서 29퍼센트의 일반 유권자들이 바이든을 지지
    했다. 뒤이어 샌더스가 17퍼센트, 그리고 워렌이 16퍼센트의 지지를 이끌어냈다. 그
    러나 "누가 대통령이 되기를 바라는가"라는 질문에서는 21퍼센트의 유권자가 워
    렌을 택했고, 바이든과 샌더스는 19퍼센트의 지지를 받았다. Max Greenwood,
    "Poll: Democrats Prefer Warren When Not Considering 'Electability'",
    The Hill, June 19, 2019, https://thehill.com/homenews/campaign/
    449315-poll-dems-prefer-warren-when-not-considering-electability.

62 바로 앞의 주에서 언급된 여론조사 결과를 검토한 미셸 코틀Michelle Cottle의 글
    에서 실버가 언급되었다. "Elizabeth Warren Had a Good Run. Maybe Next
    Time, Ladies", *The New York Times*, March 5, 2020, https://www.nytimes.
    com/2020/03/04/opinion/democrats-super-tuesday-warren.html.

63 슈퍼화요일 즈음에(많은 주가 예비선거를 치르고 있는 그 시점에) 역사상 가장 다양
    한 대선 후보를 보유하고 있던 민주당이 결국 70대 후반의 백인 남성 세 명(버니 샌
    더스, 조 바이든, 마이클 블룸버그)과 엘리자베스 워렌을 붙들고 있는 형국이었다.

64 "간접 성차별"이라는 개념을 정교하게 풀어낸 논의로는 모이라 도너건Moira
    Donegan의 다음 글을 보라. "Elizabeth Warren's Radical Idea", *The Atlantic*,
    August 26, 2019, https://www.theatlantic.com/ideas/archive/2019/08/
    sexism-proxy-still-sexism/596752.

65 다음의 문헌을 보라.
    • Amanda Arnold, "All the Women Who Have Spoken Out Against Joe
    Biden", *The Cut*, April 5, 2019, https://www.thecut.com/2019/04/joe-
    biden-accuser-accusations-allegations.html
    • Emma Tucker, "Sanders Backtracks on Promise to Release Medical
    Records: 'I'm in Good Health'", *The Daily Beast*, February 9, 2020, https://
    www.thedailybeast.com/bernie-sanders-backtracks-promise-to-
    release-medical-records-says-im-in-good-health.

10장 | 다음 세대의 여성들을 위하여

1   예를 들어, 이 연구는 미투운동의 물결이 일고 난 후 직장에서 성별에 대한 태도가
    바람직하지 않은 방향으로 바뀌었음을 보여준다. 2019년 초 "19퍼센트의 남성들
    이 매력 있는 여성을 고용하길 꺼린다고 응답했고, 21퍼센트의 남성들이 (출장과 같
    이) 가깝게 상호작용해야 하는 일자리에 여성을 고용하길 꺼린다고 응답했다. 또한
    27퍼센트의 남성들이 여성 동료와 1 대 1로 만나는 것을 피한다고 응답했다." 이는
    미투운동이 시작된 직후인 2017년에 진행했던 설문에 응답했던 사람들이 예상했
    던 백래시보다 더 큰 규모의 백래시였다. 그리고 이러한 백래시는 지금도 계속 확대
    되고 있다. Tim Bower, "The #MeToo Backlash", *Harvard Business Review*,
    September-October 2019, https://hbr.org/2019/09/the-metoo-backlash.

2   그런 구분에 이르는 방법 중 하나는 이렇다. 신념이 우리가 살고 있는 세계를 정확하게 반영하는 것을 목표로 한다면, 욕망, 헌신, 행동은 그 세계를 적극적으로 바꾸기 위해 (다시 말하자면, 세계가 후퇴하는 것을 막기 위해서) 필요한 것들이다. 나는 뛰어난 20세기 철학자 엘리자베스 앤스컴Elizabeth Anscombe이 이미 고전이 된 저서 《의도Intentions》(Oxford: Oxford Blackwell, 1957)에서 최초로 제안한 구분법을 활용해보고자 한다. 또한 지속되는 정치적 투쟁의 대의가 미래에 대한 소망이나 낙관에 좌우되지 않는다고 주장한 캐서린 J. 놀록Kathryn J. Norlock의 다음 논문을 보라. "Perpetual Struggle", *Hypatia* 34, no. 1, 2019, pp.6-19.

3   다시 말해 우리 부부는 아이가 자라서 트랜스젠더나 논바이너리가 될 가능성도 염두에 두고 있다.

4   그러나 남자아이는 자신의 감정을 잘 알고 그것을 표현하는 데 여자아이보다 더 많은 도움을 받아야 한다는 자유주의 진영의 공통된 생각에는 실증적인 근거가 별로 없다. 큰 규모의 메타 분석에서는 남아와 여아의 감정 표현의 차이는 대체로 미미하고, 미묘하고, 맥락에 따라 달라지는 것으로 나타났다. 이에 대해서는 다음 연구를 보라. Tara M. Chaplin and Amelia Aldao, "Gender Differences in Emotion Expression in Children: A Meta-Analytic Review", *Psychological Bulletin* 139, no. 4 2013, pp.735-765.

5   우리는 분명 그 어떤 성별을 지닌 사람이라도 여성적 자질이 반영된 직업을 택할 수 있도록 격려해야 한다. 그러나 여기서 나는 어린이들의 직업 선택지가 애초부터 걸러지는 것은 아닌지를 문제 삼고자 한다. 또한 여자아이의 경우 아버지의 선택에 상당한 영향을 받는다는 점을 강조하고 싶다. 더 나아가 유감스럽게도 남자아이의 직업 선택 역시 꾸준히 관리된다는 점에도 주목해야 한다. 남아의 장래 직업은 부모가 가사노동을 분담하는지 여부와 상관없이 전형적인 성별 논리에 따라 결정된다. 이 연구의 개괄을 위해서는 에밀리 정Emily Chung의 2014년 3월 28일 CBS 뉴스를 살펴보라. Emily Chung, "Dads Who Do Housework Have More Ambitious Daughters", CBS News, May 28, 2014, https://www.cbc.ca/news/technology/dads-who-do-housework-have-more-ambitious-daughters-1.2655928.

6   물론 남자아이나 남성들도 성적 학대, 성폭력, 성적 괴롭힘에 노출된다. 보통 여자아이나 여성들(그리고 여성과 마찬가지로 취약한 논바이너리들까지 포함하여)보다는 성폭력을 겪는 비율이 더 적긴 하지만 말이다. 그러나 피해자의 성별과 무관하게 성폭력을 저지르는 자들의 성별은 거의 다 남성이다. 관련 논의로 리즈 플랭크Liz Plank의 2017년 11월 2일 글을 살펴보라. "Most Perpetrators of Sexual Violence Are Men, So Why Do We Call It a Women's Issue?", *Divided States of Women*, https://www.dividedstatesofwomen.com/2017/11/2/16597768/sexual-assault-men-himthough.

7   David Sadker and Karen R. Zittleman, *Still Failing at Fairness: How Gender Bias Cheats Girls and Boys in School and What We Can Do About It*, New York: Scribner, 2009.

감사의 말

이 책을 쓰는 동안 수많은 사람들의 도움을 받았다. 글을 쓰는데 걸린 시간은 그보다 훨씬 짧았지만, 책이 나오는 데까지 거의 6년이 걸렸다. 신세 진 모든 사람들에게 감사를 전하고 싶다. 완전하지도 적절하지도 않지만 시작해보겠다. 크라운 출판사의 담당 편집자 어맨다 쿡Amanda Cook에게 감사를 전한다. 그녀의 반짝이는 통찰력과 편집자로서의 비전에 감사를 표한다. 또한 이 프로젝트를 진행하는 동안 굳건한 지지와 믿음을 보여줘서 고맙다. 또한 펭귄 UK 소속 담당 편집자인 카시아나 이오니타Casiana Ionita에게 감사를 전한다. 그녀의 날카로운 피드백 덕분에 이 책이 훨씬 나아졌다. 또한 모든 저자가 받아보았으면 하고 꿈꾸는 그런 지지를 보내준 것에 큰 감사를 드린다. 이 책을 함께 작업한 것은 아니지만, 첫 책을 낸 옥스퍼드대학 출판부의 피터 올린Peter Ohlin이 없었더라면 이 책을 낼

엄두를 내지 못했을 것이다. 오흘린은 내가 《다운 걸》을 작업할 때 놀라운 인내심과 상냥함, 통찰력을 발휘하며 전체 작업을 총괄했다.

나의 에이전트인 루시 클리랜드Lucy Cleland에게 말로 다할 수 없이 감사를 표한다. 이 책을 쓰는 내내 내게 엄청난 아이디어와 지지의 원천이 되어주었다. 또한 책을 구상하는 단계에서 중요한 도움을 준 스테파니 스타이커Stephanie Steiker에게 고마움을 전한다.

포댐대학교, 미시간대학교, 노스캐롤라이나 채플힐대학교, MIT, 인디애나 주립대학교, RIT, 앨러배마 주립대학교, 브루클린 공공도서관, 우스터 칼리지, 나소 커뮤니티 칼리지, 프린스턴대학교, CUNY, 버팔로대학교, 애머스트 칼리지, 코네티컷대학교, 웰슬리 칼리지, 코넬대학교의 인문학 소사이어티, 남부 일리노이대학교, 퓨젓사운드대학교, 그리넬 칼리지, 남부 캘리포니아대학교에서 만난 청중들이 보여준 관대함에 감사드린다. 또한 이 책에 담긴 내용들에 날카로운 피드백을 보내준 것에 고마움을 표하고 싶다. 또한 코넬대학교 세이지 철학부에 재직 중인 동료 교수들, 대학원생들에게 많은 빚을 졌다. 내가 지금 하고 있는 작업들을 할 수 있게 된 것은 그들이 경이로운 지적 환경을 마련해준 덕분이다.

개인적인 감사를 표하자면, 나의 부모님인 앤Anne과 로버트Robert, 동생 루시Lucy는 내게 최고의 가족이 되어주었다. 그리고 평생 논쟁적이고 때로 분열적인 개념들을 좇아 연구하는 사람에게 '안전한 베이스 기지'를 마련해주셔서 깊이 감사드

남성 특권

린다. 가족 한 사람 한 사람이 보여준 지지에 고맙고, 그들이 가장 자신다운 모습으로 있어줘서 감사하다.

　마지막으로, 나의 멋진 남편 대니얼Daniel이 없었더라면 이 작업은 불가능했을 것이다. 그는 내 안정의 근원이자, 피신처이다. 대니얼은 매일매일 나를 지지해준다. 지적으로, 물질적으로, 정서적으로. 그런 남편에게 나는 항상 기댈 수 있다. 그는 내가 쓰는 글을 읽는 최초의 독자이며, 나의 최고의 친구이고, 이제는 함께 아이를 양육하는 파트너이다. 언젠가 이런 남편에게 합당한 사람이 되길 소망한다.

특권을 누리는 남성들의
생떼를 받아주지 않기 위해

김은주

서울시립대학교 도시인문학연구소 연구교수,
《생각하는 여자는 괴물과 함께 잠을 잔다》 저자

《남성 특권》은 그 자체로도 흥미롭지만, 지금 한국 사회에서 벌어지는 일들을 염두에 두고 읽을 때 특히 더 유용한 책이다. 2021년 5월 한 편의점 포스터 광고에 '집게 손 모양'의 마케팅 이미지가 등장해 사회적 논란이 일었다. 해당 이미지는 페미니즘의 강력한 상징으로 해석되며 불매운동과 청와대 청원으로 이어졌다. 이처럼 어떤 이미지가 남성 혐오에 해당한다는 지적과 항의가 일 때 기업/기관은 이미지의 본래 맥락과 관계없이 즉시 사과하고 전수조사, 책임자 징계, 데이터 수정에 돌입한다. 한국 사회에서 집게 손 모양이 '물건을 집는 동작' 혹은 '이만큼'이라는 표현 이상의 의미를 지니게 되었음을 가늠할 수 있는 부분이다.

　　로이터, 《이코노미스트》 같은 해외 언론에까지 소개된 이 사건은 손가락 모양에 대한 '지식의 계보학'의 필요성을 제기한다.[*] 니체가 《도덕의 계보학》에서 처음 제시하고 푸코가 정교하게 발전시킨 계보학이라는 방법론은 특정 담론들에서 출발해 그런 담론/지식을 작동시키는 기술을 분석하며, 해당 담론이 형성되고 시대에 따라 변화하는 양상을 다룬다. 무엇보다 계보학은 그런 조건 가운데서 권력과의 관계를 탐구한다.

실로 검지와 중지를 벌리는 행위는 다양한 해석의 여지를 갖는다. 어떤 사물을 집기 위해서일 수도, 무언가의 규모나 크기를 표현하기 위해서일 수도, 아니면 그저 우연한 동작일 수도 있다. 《남성 특권》을 읽는 일은 특정 손가락 모양이 어떻게 해서 서둘러 지워버려야 하는 금기가 되었는지 차분히 짚어보는 과정과도 같다. 이 책은 지금 한국 사회의 상황을 계보학적으로 파악할 수 있도록 돕는다.

특정 손가락 모양이 어째서 그토록 심한 불쾌감을 일으키는가? 한국 사회는 왜 남성들의 불쾌감과 불만에 즉각적으로 반응하며 그들의 생떼를 달래려 하는가? 《남성 특권》은 바로 그러한 의문에 접근하는 통로를 열어준다. 지금껏 남성들은 각종 특권을 공기처럼 당연하게 누려왔다. 이 책은 그런 특권이 주조한 질서와 억압과 착취의 구조에 대해 상세히 다룬다.

또한 《남성 특권》은 동시대의 다양한 사례를 선보이며, 친절하게도 여러 장에 걸쳐 남성 특권의 실상을 낱낱이 보여준다. 저자가 다루는 것은 미국의 사례이지만, 그와 유사한 일들은 한

---

[*]   "When is a sausage just a sausage? Controversial ads fuel S.Korea's sexism debate", Reuters, May 28, 2021; "Young men in South Korea feel victimised by feminism", *The Economist*, June 19, 2021.

국 사회에서도 빈번히 발생한다. 특히 '비자발적 독신'이라 불리는 인셀incel의 사례는 언론에서 조명되는 20~30대 남성들의 불만이 특권을 당연시 여기는 이들의 지배적인 반응과 연관되어 있음을 시사한다. 이들은 무언가가 자신의 기분kibun 혹은 심기를 거슬렀을 때 여지없이 공격성을 표출한다.

이 책은 소위 근대 국가가 남성을 어떻게 '표준 인간'으로 만들었는지, 그로 인해 여성이 어떻게 배제되고 불평등을 겪게 되었는지 차근차근 제시한다. 이제 이 책과 더불어 우리는 알 수 있다. 당연시되어온 남성의 권리가 실은 특권이며, 그것이 여성의 희생과 억압을 통해 유지되고 있다는 것을. 블랙코미디 같은 일들이 벌어지고 있는 지금 이 책의 출간이 너무나 반갑다.

더 나은 세계를 위해 싸우기

김애령

이화여자대학교 이화인문과학원 교수,
《듣기의 윤리》 저자

우연히 어떤 존재자로 태어났다는 이유만으로 특권을 누릴 자격을 갖는다는 착각, '자격이 없는' 타인들이 자신의 그 허구적 특권을 충족시켜주어야 한다는 그릇된 믿음, 자신의 허구적 특권이 최소한의 권리를 요청하는 약자들에 의해 훼손되었다는 피해의식, 이 망상에 가까운 특권의식이 좌절될 때 튀어나오는 원한감정과 폭력적 보복. 이 모든 비상식적이고 비합리적인 믿음과 행동은, 그것이 설령 반사회적인 범죄로 드러나는 경우라 할지라도, 결코 개인적 차원의 일탈에 머무는 것이 아니라고 케이트 만은 말한다. 그것은 사회구조적으로 작동해온 특정한 위계적 질서가 허용하고 심지어 촉발해온 실천이다.

이 책이 절박한 문제의식을 가지고 분노에 찬 언어로 소개하고 있는 '여성혐오misogyny' 사례들은 최근 미국에서 벌어진 일들이다. 그러나 이런 사례들은 한국 사회에도 흔하며, 좀처럼 낮설지 않다. 특권의식의 반대편에는 박탈이 있다. '무지하다'고 몰아붙여지면서 자신의 경험을 말할 자격조차 박탈당하는 화자들을 대신해 '그들'이 말하고 설명한다. 이런 인식적 폭력을 저자는 미란다 프리커의 '진술에 관한 불의' 개념으로 분석한다. 우리 자신의 경험에 대한 설명을 '그들'이 하도록 허용하지 말라고, 지적 권위를 가장한 그들의 그릇된 분석을 믿지 말라고, 보편과 일반과 상식을 내세우는 불의한 관행에 맞서는 '싸움'은 여기에서 시작되어야 한다고, 저자는 말한다.

저자는 '여성혐오'에서 시작하지만, 혐오폭력이 언제나 인종, 국적, 계급, 성 정체성, 신체적 장애 여부 등등과 교차하면서 강화되고 발현된다는 사실을 강조한다. 자격이나 권한에 대한 인정과 박탈은 언제나 구조적으로 작동하고 관계적으로 실행되기 때문이다. 그런 의미에서 케이트 만이 "권리들은 **모든** 사람이 자신의 성별과 무관하게 마땅히 누려야 할 재화"라고 단언하는 부분(265쪽)에서는 의아함이 들기도 한다. 자신의 딸이 마땅히 누리기를 바라며 저자가 열거한 그 '권리들'은, 특권의식을 지닌 자들이 자신들이 마땅히 누려야 하는데 '권리를 주장하는 자격 없는 자들' 때문에 빼앗겼다고 착각하는 그 가상적 권한들처럼, 그 자체로 소유하거나 빼앗길 수 있는 재화 같은 것으로 표상될 수 없다. 권리는 관계 안에서 구축되는 것이기 때문이다.*

관행적 부정의에 대해, 그 폭력의 실체에 대해, 그리고 지금 벌어지고 있는 만연한 혐오범죄들에 대해 상세히 분석하는 이 책은, 그럼에도 불구하고 '더 나은 세계를 위해 싸워야 할 책무'를 일깨운다. 저자의 말처럼, 일반적이라고 해서, 그리고 많은 사람들이 묵인한다고 해서 불의가 정의가 되지는 않을 것을, 이 책을 읽으면서 다시 기억한다.

---

*   나는 이런 관점을 아이리스 매리언 영Iris Marion Young과 도나 해러웨이Donna Haraway에게서 배웠다. 영은 "권리는 관계이지, 사물이 아니"라고 말한다. "권리는 무엇인가를 소유하는 것 이상의 것, 즉 무엇인가를 하는 것, 다시 말하면 사람들의 행위를 가능하게 하거나 또는 못하게 제약하는 사회적 관계를 의미한다."(《차이의 정치와 정의》, 김도균·조국 옮김, 모티브북, 73쪽, 2017) 해러웨이 역시 권리는 범주적 단위가 아니라 관계적 기원을 갖는다고 말한다. 《해러웨이 선언문》, 황희선 옮김, 책세상, 181쪽.

그것은 논란이 아니라 폭력입니다

손희정

[문화평론가, 《다시, 쓰는, 세계》 저자]

2021년 7월, 대한민국은 느닷없이 '숏컷 논란'에 휩싸였다. 온라인 남초 커뮤니티 이용자들이 2020 도쿄 올림픽에 양궁 국가대표로 출전한 안산 선수가 숏컷에 여대를 다니고 있고, '오조오억' 등의 온라인 용어를 개인 SNS에 사용했다는 이유로 그를 '페미니스트'로 지목한 뒤 악플을 달고 비난하기 시작했다. 일부 네티즌들 사이에서는 "페미니스트이므로 금메달을 박탈해야 한다"는 말이 나오기도 했다. 이런 말들이 진심이었는지는 알 수 없지만, 페미니스트냐 아니냐를 검증하고 그걸 빌미로 개인을 압박하려 했다는 점에서 명백한 온라인 괴롭힘이었다.

이런 황당한 사건이 맥락도 없이 갑자기 일어난 것은 아니다. 2015년 '페미니즘 리부트' 이후 일반인, 공인 가릴 것 없이 일상적인 페미 검증과 온오프라인 괴롭힘을 겪었다. 이뿐만 아니라 2016년 '넥슨 성우 계약해지 사건'과 '예스컷 운동'에서부터 2021년 '메갈리아 손가락 찾기 놀이'에 이르기까지 페미니스트와 청년 여성에 대한 공격은 지속되어왔다.* 문제는 한국 사회가 이런 폭력에 '이대남 현상'이라는 이름까지 붙여가며 시민권을 부여하고 '우쭈쭈'해줬다는 것이다.

더운 날씨만큼이나 속에 천불이 나는 일들의 연속이지만, 그럼에도 불구하고 분명히 짚고 넘어가야 할 것은 페미니스트들이 세상을 바꿔왔다는 점이다. 불과 5년 전인 2016년 리우 올림픽을 기억해보자. 당시 페미니스트 위키위키인 '아름드리위키'에서는 "올림픽 중계 막말 대잔치" 아카이빙 프로젝트를 진행했다. 페미니즘 대중화 물결 속에서 각성한 여성들은 올림픽 중계를 보며 경악을 금치 못했다. 여자 선수들에 대한 '얼평'은 기본이고, "○○○ 선수 착하고 활도 잘 쏘니까 일등 신붓감" "서양 양갓집 규수" 등의 막말이 난무했던 것이다. 이에 아름드리위키는 구글독스를 열고 성차별, 성희롱 발언을 수집했다.

그로부터 5년. 페미니스트들이 만들어온 여론과 담론 덕분에 2021년은 확실히 달랐다. 공중파 방송사를 비롯한 다양한 언론에서 올림픽 중계 및 기사화 방식에 대한 다양한 메타 비평이

---

* 2016년은 페미니즘에 대한 백래시가 격화되기 시작한 해였다. 페미니스트에 대한 공격이 일종의 '놀이'에 그치는 것이 아니라 일터에서의 사상 검열이 될 수 있음을 보여준 것은 '넥슨 클로저스 불매운동'이었다. 넥슨의 게임인 클로저스에 목소리 출연을 했던 K 성우가 메갈리아 페이지 모금에 참여하고 리워드로 받은 'Girls Do Not Need a Prince' 티셔츠를 SNS에 인증했다는 이유로 남성들이 클로저스 불매운동을 벌였고, 이에 넥슨은 바로 K 성우와의 계약을 해지해버렸다. 이는 '게임계 사상 검증'의 시작이었다. 이어서 웹툰에서 '메갈 작가를 거르자'는 '에스컷' 운동이 벌어졌다. 이런 페미니스트 검열은 2021년 GS25 감성 캠핑 홍보 포스터를 비롯한 각종 이미지에서 '메갈 손가락 찾기' 광풍으로 이어졌다.

제출되었고, 올림픽 경기를 다루는 방식에 대해 좀 더 신경 쓰는 분위기가 확산되었다. 그리고 안산 선수가 세 번째 금메달을 확정하자 공영방송 KBS에서 경기를 중계하던 강승화 캐스터는 이렇게 말했다.

"국가, 인종, 종교, 성별로 규정된 게 아닌 자신의 꿈을 향해 묵묵히 노력한 한 인간으로서의 그 선수, 그 자체를 보고 계십니다. 안산 선수 축하합니다."

그는 두 달 전 TV 프로그램에서 성차별적인 발언을 했다가 비판을 받은 이였다. 온라인에서 페미니스트들이 하는 이야기가 조금씩 공신력을 가진 미디어들에 녹아들어가 상식의 언어를 바꾸고 있는 셈이다.

물론 페미니스트 정치는 전진하지만은 않는다. 이 정도에 이르기까지 한국 사회는 이보 전진과 일보 후퇴를 계속해왔다. 그런 과정을 지켜보는 것 자체가 굉장히 피곤한 일이다. 하지만 우리는 세상을 바꾸는 정치를 하는 중이다. 그리고 정치란 나와 의견이 다른 사람과의 갈등과 치열한 싸움을 기본값으로 한다. 그러므로 안티 페미니스트 선동에 좌절하기보다는 그것을 싸움의 계기로 삼고, 어떻게 하면 잘 싸울 수 있을 것인가, 어떻게 하면 페미니스트 정치를 지속해갈 수 있을 것인가에 집중할 필요가 있다. 케이트 만의 《남성 특권》은 그런 싸움의 언어를 제공하는 책이다.

저자인 케이트 만은 "미투의 철학자"라고 불린다. 지금/여기에서 펼쳐지고 있는 가장 뜨거운 페미니스트 이슈에 지치지 않고 입을 대고 말을 하는 페미니스트 논객답게, 케이트 만은

《남성 특권》에서 다양한 신조어들을 소개한다. 사회가 남성 가해자에게 더 쉽게 동일시하는 힘패시himpathy나, 그런 힘패시가 여성 피해자의 목소리를 지워버리는 현상을 일컫는 허레이저 herasure(여성 피해자 지우기) 등이 대표적이다.

　이런 신조어의 활용은 이 책의 가장 큰 장점 중 하나다. 어려운 개념어 없이 온라인상에서 쉽게 공유될 수 있는 신조어들을 통해 디지털 문법에 익숙한 독자들로 하여금 가부장제 사회에서 여성혐오가 하는 일에 대해서 즉각적으로 이해할 수 있도록 설명하는 것이다. 이런 글쓰기는 '여성혐오misogyny'처럼 오랫동안 활용되어온 용어가 어떻게 오독되고 있는지 설명하거나 '양성평등'처럼 이미 안티 페미니스트들이 오염시킨 언어를 되찾기 위해 큰 힘을 들이지 않아도 된다. 언어의 의미를 제대로 세우고 역사를 되찾기 위해 노력하는 작업은 물론 중요하다. 하지만 그런 과정은 동료들에게 맡긴 뒤 앞에서 잡초를 베면서 성큼성큼 나아가는 책도 필요하다. 그게 《남성 특권》이다.

　다시 2020 도쿄 올림픽 '숏컷 논란'으로 돌아가보자. 한국 사회는 이 사건의 이름을 다시 썼다. 이건 '논란'이 아니라 '성차별'이자 '온라인 괴롭힘'이라고. 케이트 만이 보여준 것처럼 어떤 상황에 대해서 정확하게 규정하고 이름 붙이는 것은 페미니스트 정치에서 꼭 필요한 일이다. 우리는 잘하고 있다.

케이트 만을 소개하며

《남성 특권》은 한국 독자에게 처음 소개되는 케이트 만의 지적 작업이다. 철학자인 만은 2018년 옥스퍼드 대학출판부에서 출간된 《다운 걸: 여성혐오의 논리Down Girl: The Origin of Misogyny》에서 여성혐오의 구조적, 철학적 기원을 섬세하게 분석한 바 있다. 첫 책이 나온 지 2년 만에 출간된 《남성 특권》은 '여성혐오'와 같이 전작에서 정치하게 논의한 주요 개념어들에 대한 철학적 사유를 이어가지만, 몇 가지 의미 있는 변별점을 선보인다.

먼저, 학술서의 엄격한 문법과 수사, 목적성에 부합하는 논리 전개와 구조를 가진 전작 《다운 걸》과 달리 이 책은 좀 더 넓은 독자층을 겨냥하여 여성들의 일상에서, 특히 미투운동이 불붙듯이 일어난 직후의 북미에서 벌어지고 있는 여성혐오의 양상을 일종의 사례 연구 형식으로 제시한다. 총 10장에 이르는 본문은 구성상 서론과 결론의 형태를 취하는 장이 따로 없다.

마치 각 장이 서로 다른 대등한 주제를 제시하는 것처럼 보인다. 그럼에도 눈이 밝은 독자라면 1장이 일종의 서론이고, 10장은 에필로그임을 파악했을 것이다. 만이 이런 방식으로 책을 구성한 것이 집안과 같은 사적 영역과 직장, 사회와 같은 공적 공간 모두에서 벌어지는 여성혐오 사례들을 선별하여 효과적으로 보여주기 위함이었으리라 짐작할 수 있다.

그러면서 저자는 개별 여성혐오 사례를 떠받치는 거대한 논리가 바로 남성 특권임을 꼼꼼한 논증을 통해 보여준다. 원문에서는 각 장마다 부정 접두사(in-, un-)로 시작하는 형용사를 표제어로 삼아 남성 특권이 여성들의 발화나 진술, 공적 영역 진출을 방해하거나 철저히 부정하는 방식들을 소개한다. (원서와 달리 한국어판에서는 이러한 내용을 독자들에게 좀 더 적확하게 전달하고자 제목의 구조를 손봤다.) 만이 새삼스레 이러한 전술들을 가시화하는 것은 남성 특권과 여성혐오라는 개념이 갖는 논리적 친연성 혹은 인과관계를 고발하기 위함인 듯하다. 만이 소개하는 사례를 하나하나 따라가는 일은 그 자체로 고통스럽다. 만은 이 책에서 북미와 호주의 사례를 주로 다루고 있지만, 《남성 특권》을 읽어가는 내내 독자들은 이와 흡사한, 비교 가능한 한국의 상황을 떠올리지 않을 수 없을 것이다.

두 번째로, 《남성 특권》은 현재 우리에게 필요한 언어를 제공한다는 점에서 무게를 갖는다. 이 책에서 만은 **힘패시**himpathy (남성 가해자에게 유독 감정이입하고, 그에게 선택적 공감을 보이는 행동)와 (담론장에서) **여성 (피해자) 지우기**herasure라는 단어를 제시한다. 이 두 용어가 2015년 이후 더욱 복잡다단해진 페미니즘 담론장에서, 그리고 여러 층위의 백래시를 맞닥뜨리고 있는 여성들에게 중요한 개념으로 기능하지 않을까 싶다. 이 책이 다루는 맨스플레인이라는 개념과 그 사례가 보여주는 것처럼, 제대로 된 언어가 있을 때 직면한 상황을 정확하게 인식할 수 있다. 이처럼 명확한 언어가 있을 때 우리는 이러한 행위가 사라질 언젠가를 위해 계속 싸울 수 있을 것이다.

마지막으로, 《남성 특권》은 여느 학술서나 교양서에서 찾아보기 힘든 긴박함과 숨가쁜 호흡이 전면에 드러나는 책이다. 특히 9장과 10장에서 만은 자기고백적 서술을 선보인다. 중심 사례를 제시하고 그에 대한 비판적 사유를 제시하던 앞장들과 달리(9장의 경우 이런 내용이 전혀 없는 것은 아니다), 이 두 장에서 저자는 좌절감도, 분노도, 슬픔도, 소망도 숨기지 않는다. 예를 들어, 여성 정치인들의 당선 가능성을 방해하는 여러 요인들을 분석하는 9장에서 만은 엘리자베스 워렌에 대한 자신의 지지를 여과 없이 드러낸다. 그리고 10장에서 만은 다음 세대를 상징하는 자신의 딸이 마땅히 누리길 바라는 권리에 대해 구체적으로 나열한다. 그러면서 자신의 저술 작업이 갖는 의의, 우리가 여전히 먼 미래에 대해 낙관하며 현재의 싸움을 해나가야 할 의미를 일깨운다.

10장은 수사적 측면에서 마틴 루터 킹 주니어Martin Luther King Jr. 목사의 유명한 연설 〈나에게는 꿈이 있습니다I Have a Dream〉의 화법을 변주한 것처럼 보인다. 특히 이 장의 후반부는 문체나 구성 면에서 아름답고 마디며, 미래지향적이다. 저자 스스로 고백하듯 현재진행형인 싸움의 결과에 대해서 쉽게 낙관할 수 없는 사람이 결기를 다지기 위해 쓰인 수사라는 것을 염두에 둔다면 더 아름답게 와닿을 것 같다. 저자는 여기에서 자신이 누리고 있는, 자신의 자식도 누리게 될 명백한 특권들을 의식하고 그 특권에서 배제된 사람들과 연대하여 싸우는 방식을 밝힘으로써, 학자로서의 윤리적 성찰을 잘 드러낸다. 만이 여성뿐 아니라 유색인종, 트랜스젠더, 논바이너리, 장애를 가진 주체들이 찾아야 할 자격과 권리에 대해 이 책 전반에 걸쳐 말하고 있는 것을 응집하여 보여주는 대목이라고 할 수 있다. 그동안 여성주의 진영에서 지속해온 법제적, 의학적, 사회문화적 담론 투쟁이 여전히 공고한 남성 특권 사회―가부장제의 다른 이름―에 균열을 내길 열망하면서, 여성들이 마땅히 자신의 것으로 알고 누려야 할 권리가 무엇인지를 미래의 시제를 빌려 제시하는 셈이다. 어떤 열기를 갖고 써내려간 이 두 개의 장에서 만이 우리에게 새로운 여성주의적 글쓰기 수사를 보여주는 것은 아닐까 싶다.

빚진 마음

이 번역은 사실 빚진 마음으로 시작했다. 내가 알게 모르게 빚진 대상을 빠짐없이 나열하기는 불가능하겠지만, 가장 먼저 1990년대 한국의 학계와 사회 전반에서 페미니즘 운동을 이끌었던 분들에게 진 부채를 조금이나마 갚고 싶었다. 1990년대(와 그 이전)에 활동한 여성주의 활동가와 연구자들 덕분에 나는 호주제가 사라진 세상에서 살게 되었다. (그들이 이룬 성취가 이것뿐이겠는가.) 그리고 2010년대 한국의 '페미니즘 리부트'를 이끌어낸 활동가들과 '영 페미니스트'라는 이름으로 호명됐던 1990년대 출생 페미니스트들에게 작게나마 돌려줄 수 있는 것이 있었으면 했다.

미국에서의 학위 과정을 마치고 돌아온 한국에서 지난 5년간 마주한 성차별, 여성혐오로 점철된 상황 속에서 연대가 무엇인지 보여준 사람들에게도 고마움을 표하고 싶다. 몇 가지 장면만 꼽아보자. 2016년 강남역 수 노래방에서 살해당한 여성을 위해 연대한 사람들. 김지은을 위해 싸웠던 수많은 '지은'들. 2020년 6월 서초역 7번 출구 앞에 모여든 사람들. 차별금지법을 위해 목소리를 내는 사람들. 1990년대에 활동한 페미니스트들과 그 즈음에 태어나서 지금 '리부트'의 시대를 연 여성들은 나에게 언어를 줬고, 계보를 알려줬으며, 연대할 용기와 감동을 줬다. 매일 마주하는 현실에서 내가 갈피를 잡을 수 있도록 해줬다. 나는 그들의 치열한 싸움을 때로는 무심히 지켜보았고, 때로는 적극적 방식으로 힘을 보탰고, 때로는 글로 기록을 했다. 내게 주어진 생업을 수행하면서도 나는 강력범죄와 성폭력의 피해자로 무참히 죽어가는 한국 내 여성들의 숫자, 임금 차별과 싸우는 사람들, 코로나 대유행 이후 자살을 택하는 특정 연령대의 여성들을 자꾸만 생각한다. 이런 현실을 생각하면, 여성주의 책 한 권을 번역한 게 어떤 식으로 힘을 보태는 행위가 될지 감히 상상할 수 없다.

마지막으로, 옮긴이에게 부여된 미약한 특권을 활용하여 나의 '히든 피겨들hidden figures'에게 고마움을 전하고 싶다. 나의 동시대인이자 동료이고 친구인 이들이 있어서 내가 살고 있는 시공간이 진공이 되지 않았다. 어떤 글에나 그 글이 나온 공간의 장소성이 담긴다고 생각한다. 인천광역시 송도, 그리고 인천대학교 인문대학이라는 특정한 장소와 내가 맺은 관계가 이 번역 작업의 토대가 되었다. 먼저, 만의 책을 번역할 수 있게 격려해주고 지지해준 노지승 선생님에게 가장 큰 감사를 전한다. 노지승 선생님과의 열띤 대화와 토론이 없었다면 이 책을 번역할 결심을 하지 못했을 것이다. 인문대학에서 만난 페미니스트 선배, 동료들에게 특별한 고마움을 전한다. 김정경 선생님, 이현주 선생님, 오은하 선생님, 각자의 자리에서 글 쓰고 일하는 여자의 삶과 통찰을 보여줘서 언제나 큰 힘이 되었다. 2020년 초에 시작된 코로나 감염병 대유행은 여러 기회를 앗아갔지만, 그럼에도 줌에서 만나 다양한 책읽기를 통해 일상을 나눌 수 있어서 복되다면 복된 시간이었다. 그 시간을 함께해준 나의 북클럽 친구들 용해진, 이은주, 이지윤, 임지현에게 고마움을 보낸다. 처음 대학원 세미나에서 만났을 때부터 지금까지 두세 발짝 앞서서 나에게 페미니스트로서 읽고 쓰고 말하는 법, 연대하는 삶의 본을 보여준 이진화에게도 새삼 고마움을 전한다. 그리고 너그럽고 섬세한 편집자 임세현 선생님의 인내와 배려 없이는 이책이 지금의 형태로 독자를 찾아가지 못했을 것을 안다. 함께 일하는 내내 많은 것을 배우게 되어 더욱 감사하다. 마지막으로, 나에게 평생토록 많은 특권을 허락하고 지지해주신 부모님께 깊이 감사드린다.

남성 특권

초판 1쇄 펴낸날 2021년 8월 19일

지은이 케이트 만

옮긴이 하인혜

펴낸이 박재영

편집 이정신·임세현·한의영

디자인 조하늘

제작 제이오

펴낸곳 도서출판 오월의봄

주소 경기도 파주시 회동길 363-15 201호

등록 제406-2010-000111호

전화 070-7704-2131

팩스 0505-300-0518

이메일 maybook05@naver.com

트위터 @oohbom

블로그 blog.naver.com/maybook05

페이스북 facebook.com/maybook05

인스타그램 instagram.com/maybooks_05

ISBN 979-11-90422-81-9 03300

만든 사람들

책임편집 임세현

디자인 조하늘